rowohlt
BERLIN

Nordsee
Cuxhaven
Brunsbüttel
Nord-Ostsee-Kanal
Kiel
DÄNEMARK
Ostsee
Stade
Hamburg
Lübeck
Elbe-Lübeck-Kanal
Wismar
Rostock
Oste
Bremen
Lauenburg
Schwerin
Verden
Lüneburg
Elbe
Elde
Weser
Uelzen
Leine
Aller
Lüchow
Gorleben
Neubrandenburg
Celle
Jeetze
Wittenberge
Hannover
Havelberg
Havel
Hildesheim
Wolfsburg
Mittellandkanal
Braunschweig
Tangermünde
Schwedt
Helmstedt
Eberswalde
Goslar
Brandenburg
Magdeburg
Potsdam
Berlin
Oder
Göttingen
DEUTSCHLAND
Coswig
Luckenwalde
Dessau
Wörlitz
Wittenberg
Frankfurt/
Oder
Słubice
Halle
Bitterfeld
Schwarze Elster
Erfurt
Weimar
Saale
Leipzig
Mulde
Cottbus
Werra
Jena
Neiße
Diesbar-Seußlitz
Gera
Meißen
POLEN
Saalfeld
Radebeul
Zwickau
Chemnitz
Dresden
Bastei
Coburg
Görlitz
Bad Schandau
Main
Hof
Zittau
Bamberg
Ústí nad Labem
Bayreuth
Liberec
Eger
Terezín
Karlovy Vary
TSCHECHISCHE
REPUBLIK
Schneekoppe
Melník
Iser
Mladá Boleslav
Weiden
Prag
Hradec Králové
0 20 40 60 80 100 km
Moldau
Kutná Hora
Adler
Pardubice
N
O
S
W

BIJ DEZELFDE UITGEVER VERSCHENEN

Frederik van Eeden: *De kleine Johannes*

Mircea Eliade: *Het heilige en het profane*

Abraham Joshua Heschel: *De sabbat*

William James: *Vormen van religieuze ervaring*

William James: *De wil om te geloven en andere essays*

William James: *De onsterfelijkheid van de mens*

Rufus Jones & Daniël Mok: *Quakers, triomf en tragiek van het geweten*

Eva Kessler: *Liefdevol opvoeden, een kunst*

Verena Mayer: *Edmund Husserl, denken zonder vooroordelen*

Daniël Mok: *Een wijze uit het westen, beschouwingen over Rudolf Otto*

Rudolf Otto: *Het heilige, over het buitenredelijke van religie*

Rudolf Otto: *De genadereligie van India en het christendom*

Kocku von Stuckrad: *Geschiedenis van de westerse astrologie*

MIX
Papier van verantwoorde herkomst
FSC® C004472

Technische realisatie: Uitgeverij Abraxas, Amsterdam & Drukkerij Wilco BV, Amersfoort.
Gedrukt op *Bioset* 90 g/m², hout- en chloorvrij papier zonder optische witmakers.
Het druk- en bindwerk van onze boeken wordt verzorgd door PEFC- EN FSC-gecertificeerde grafische bedrijven, die ook in het bezit zijn van de ISO 9001 *Kwaliteitsmanagement* en ISO 14001 *Millieumanagement* certificaten.
Omslagfoto: *Mt. Moses (Sinai)*, Lillian Knight, 2010; inzet: Gustave Doré, op *Exodus* 32:15, 1865.

WWW.UITGEVERIJABRAXAS.NL

INHALT

DRITTER TEIL

DIE MITTELELBE 183

VIERTER TEIL

DIE UNTERELBE 267

VORWORT: DER ANDERE DEUTSCHE STROM

Zwei große deutsche Flüsse gibt es: den Rhein und die Elbe. Der dritte Strom, die Donau, entspringt zwar auf deutschem Boden, strebt aber auf seinem Weg ins Schwarze Meer alsbald neun anderen Ländern entgegen. Der eine, an den alle zuerst denken, ist der Rhein. «Warum ist es am Rhein so schön?», fragt das Volkslied, und alle glauben es zu wissen: nicht nur, weil er so romantische Burgen und Rebhänge aufweist, sondern auch, weil hier das demografische und wirtschaftliche Zentrum der alten Bundesrepublik liegt, des schwäbischen Gewerbefleißes, des rheinischen Weinanbaus, des Frankfurter Bankenwesens und des riesigen Stadt- und Industriekomplexes in Nordrhein-Westfalen, nicht zu vergessen die alte Bundeshauptstadt Bonn. Diese Achse erwies sich allerdings bereits in der Epoche vor 1989 als leicht exzentrisch nach Westen verlagert; seit der Wiedervereinigung von 1990 hat sich dieses Ungleichgewicht verstärkt. Nur widerstrebend, das heißt mit knappem Mehrheitsbeschluss, zogen die Verfassungsorgane nach Berlin um und damit in den Einzugsbereich eines anderen Stroms: der Elbe. Damit honorierten sie die Tatsache, dass Deutschland nunmehr ein größeres Land war als bloß seine Westsektoren in der Zeit des Kalten Krieges; und einmal dehnte es sich sogar noch weiter aus, bis ins Baltikum. Die Mittellinie dieses Raums war die Elbe, die das Reich in zwei ungefähr gleich große Hälften zerlegte, ja die sogar als die geheime Achse Europas gelten kann. Als Adenauer 1955 nach Moskau fuhr, um die letzten Kriegsgefangenen herauszuholen, zog er, als sein Zug die Elbe überquerte, die Vorhänge seines Abteils zu, weil er, wie er sich ausdrückte, die asiatische Steppe nicht sehen wollte. So sprach ein treuer Sohn des Rheins.

Die Elbe wurde zum Strom der DDR, so wie der Rhein der Strom der BRD war. Der weitaus größte Teil ihres Staatsgebiets lag im Gewässernetz der Elbe, ausgespart blieben nur vergleichsweise schmale Randgebiete in Thüringen, an Oder und Ostsee. Mit dem Beitritt der fünf neuen Bundesländer hat das wiedervereinte Deutschland diesen zweiten Strom zurückgewonnen, seinen *anderen* Strom. Er ist der Strom des deutschen Ostens und damit jenes Gebiets, das vor einem Dritteljahrhundert der Bundesrepublik Deutschland beitrat. Ganz angekommen ist es dort nicht; und es scheint, dass die Vorbehalte in jüngerer Zeit eher noch gewachsen sind.

Aber die Elbe ist nicht bloß das Rückgrat des alten und neuen deutschen Ostens. Das entspräche ihr zu wenig in Raum und Zeit. Im *Raum*, denn sie entspringt weitab im Riesengebirge, direkt auf der polnisch-tschechischen Grenze, und erreicht ihren Unterlauf in Hamburg, das zweifellos Teil des alten Westens ist. Auch Berlin, das über Spree und Havel mit der Elbe zusammenhängt, gehörte in Zeiten des Kalten Krieges zur Hälfte dem Westen an. Ja, diese beiden größten deutschen Städte sind von jeher dem anderen Strom tributpflichtig, und schon darum sollte man ihn nicht unterschätzen. Die Elbe misst in ihrer Länge mehr als tausend Kilometer. Sie beginnt als ein südlicher Fluss, in Böhmen, zwischen Hügeln und Barock, bahnt sich ihren Weg durch die grotesken Felsformationen des Grenzgebirges; verwandelt sich in einen nördlichen Tieflandfluss, der aber nicht zahmer, sondern wilder wird, weil Orte, Straßen und selbst Schiffe ihm und seiner unberechenbaren Wasserführung ausweichen, zieht von Menschen weitgehend unbehelligt dahin; und öffnet sich endlich fast unmerklich zum Meer hin. Und auch in der *Zeit* überschreitet die Elbe die Grenzen des Ostens: Ehe die Elbe zur Achse der DDR und der fünf neuen Länder wurde, war sie die Achse Preußens und dank Preußens des Kaiserreichs. An der Elbe trafen die sowjetischen und die amerikanischen Truppen aufeinander: Das war der Anfang vom Ende des Zweiten Weltkriegs. Schon kurze Zeit später verwandelte sich dieser Kontaktbereich jedoch in eine scharfe Grenze, wo Nato und Warschauer Pakt einander gegenüberstanden und sich von ihren Patrouillenbooten aus feindlich beäugten.

In der Frühen Neuzeit durchfloss die Elbe die Zentren der Reformation und des sächsischen Glanzes. An oder nahe ihren Ufern entstanden die gotischen Dome von Kuttenberg, Meißen, Magdeburg und Havelberg, der Dresdner Barock und das Dessauer Bauhaus. Holz und Silber, Braunkohle und Porzellan, Uran und Wein wurden an ihr und ihren Nebenflüssen gewonnen und verhandelt. Und noch weiter zurück, in der Erdgeschichte, bahnte sie sich ihren Weg durch ein Grundgebirge aus Gneis und Granit, schaffte sie in den Urstromtälern das Schmelzwasser der Gletscher ins Meer. In ihrem Einzugsbereich kam es zu den schlimmsten Umweltverwüstungen Mitteleuropas, und dennoch erhielten sich in den Elbauen einige der letzten mitteleuropäischen Naturräume. Die Bagger fraßen riesige Tagebaulöcher ins Land, aber gleich daneben bauten die Biber, die einzigen, die es im Deutschland des 20. Jahrhunderts noch gab, ihre Burgen.

Im Raum der Elbe fand sich ein Platz für die verschiedensten Menschentypen und Menschenbilder: den galanten Adligen am sächsischen Hof, den reuigen Christen in Wittenberg, den Bauern, den Krieger, den neuen Arbeiter des Sozialismus, den pädagogischen Reformer des 18. und den funktionalen Visionär des 20. Jahrhunderts; aber auch den Angler, der auf einem Klapphocker am Ufer sitzt, neben sich einen Eimer mit seinem meist eher unbedeutenden Fang; den Elbschwimmer, der den Flusslauf mit sportlicher Energie seiner ganzen Länge nach in nur zwölf Tagen zurücklegt; den Fährmann, der ihn gelassen vielmals täglich quert. Nicht vergessen seien auch jene, die in der Nervenheilanstalt Sonnenstein und im KZ Theresienstadt ermordet wurden, beides übrigens Orte mit besonders prächtigem Elbblick.

Im Jahr 1993, als sich der Osten öffnete, ging ich nach Chemnitz, um dort eine Stelle als Lateindozent an der Technischen Universität anzutreten. Ich kam aus dem Westen, aus Würzburg, wo ich eine Woche zuvor meine mündliche Doktorprüfung abgelegt hatte, in Germanistik; aber der Osten brauchte Latinisten dringender als Germanisten. Meine Stelle habe ich seit nunmehr einunddreißig Jahren inne, und hier werde ich bleiben. Ich habe also Anteil an beiden Sphären, der westdeutschen und der ostdeutschen, und das ist, glaube ich, eine gute Voraussetzung, um über die Elbe zu schreiben.

Insgesamt zehn Reisen an die Elbe habe ich im Jahr 2023 zwischen erstem Frühling und spätem Herbst unternommen, vom Schnee der Schneekoppe bis hin zum Nebel von Brunsbüttel. Chemnitz, von wo ich gestartet bin, gehört zum elbischen Gewässernetz. Auf seinem Gemeindegebiet vereinigen sich die im Erzgebirge entspringenden Bäche Würschnitz und Zwönitz (dies vermutlich das letzte Gewässer im deutschen Flüsse-Alphabet) zum namengebenden Fluss Chemnitz, was in der Sprache der slawischen Urbevölkerung «steiniger Fluss» heißt. Die Chemnitz mündet in die Zwickauer Mulde, die sich ein Stück weiter mit der Freiberger Mulde zur Mulde überhaupt vereinigt, welche wiederum bei Dessau die Elbe erreicht. Ich lebe also an einem Elbenebenfluss dritten Grades, und wenn ich ein paar Kilometer außerhalb spazieren gehe, erreiche ich sogar den vierten.

Warum ist es an der Elbe so schön? Weil dieser Fluss ein so weites, reiches und tiefes Land durchfließt; und weil so wenige, auch wenn sie schon mal in Hamburg eine Hafenrundfahrt gemacht oder die Dresdner Semperoper besucht haben, ihn wirklich kennen. In diesem Buch soll er zu seinem Recht kommen: der Strom als Ganzes.

ERSTER TEIL
DIE BÖHMISCHE ELBE

WO IST DIE QUELLE?

Schneekoppe! Wer ungefähr so alt ist wie ich, das heißt plus minus sechzig, dem klingt dieses Wort, mit seiner lang gedehnten ersten Silbe und den zwei kürzeren verhallenden hinterher, noch immer wie ein Ruf der Sehnsucht in den Ohren. Kaum erinnere ich mich an die Produkte, die so im Fernsehen beworben wurden; es handelte sich wohl um Reformhauswaren. Bei uns kam so was nicht auf den Tisch. Spät erst sah ich den namengebenden Berg, aber gehört habe ich ihn schon viel früher.

Als ich historische Phasen zu unterscheiden lernte, meinte ich, dass das Warenzeichen «Schneekoppe» ein Erkennungssignal wäre, das Vertriebene aus Schlesien und dem Sudetenland untereinander verwendeten. Aber das stimmt nicht. Die Firma «Schneekoppe» existiert schon seit fast zweihundert Jahren, als es noch gar keine Marken im modernen Sinn gab. Damals wurden vor allem Leinölprodukte angeboten. Die Firma zog nach Westen um wie Zeiss oder Reclam. Es gibt sie übrigens immer noch (sie gehört inzwischen dem ehemaligen Fußballer Philipp Lahm), doch habe ich schon lange keine Reklame mehr für sie zu Gesicht bekommen.

Die Schneekoppe gab es für uns als Kinder aber nicht nur in der Werbung. Wir hatten ein Buch von Rübezahl, aus dem wir immer mal wieder vorgelesen bekamen. So wurden uns Riesengebirge und Schneekoppe zu einer märchenhaften Referenz: irgendwo weit weg, aber mit festem Namen behaftet. Ein gewaltiger Naturgeist war Rübezahl, von wandelbarer Gestalt, gütig zu guten und armen Menschen, die im schlesischen Gebirge ihr kärgliches Auskommen mit Weberei und Holzeinschlag fanden, aber auch der Tücke und Rachsucht fähig.

Und dann gab es natürlich auch noch den Rübezahl des Liedes. Mein Vater sang bei jeder Gelegenheit, beim Kochen, Spülen oder

Autofahren, und eines dieser Lieder war: «Hohe Tannen weisen die Sterne / An der Iser wildspringender Flut. / Liegt das Lager auch in weiter Ferne / Doch du, Rübezahl, hütest es gut.» Die hohen Tannen, die wildspringende Flut, die hatten was, auch wenn ich nicht wusste, wo die Iser sprang. Ich kann alles immer noch auswendig, ohne mich je darum bemüht zu haben, einfach weil das Kinderohr eine Zisterne ist, aus der auch später nicht ein Tropfen verloren geht: «Komm zu uns an das flackernde Feuer / in den Bergen, bei stürmischer Nacht. / Schirm die Zelte, die Heimat, die teure. / Bleib bei uns, halte treuliche Wacht.» Das Schirmen, die teure Heimat: Das alles erkannte ich damals nicht in seinem jungen und mutmaßlich völkischen Charakter, der sich Mühe gab, wie uralt zu klingen. In mir zurück blieben stattdessen hohe Tannen und Rübezahl.

Wir sind, indem wir der Elbe nachgehen, nicht auf der schlesischen, sondern auf der böhmischen Seite des Grenzgebirges unterwegs. Rübezahl existiert auch auf Tschechisch, vor allem an Wirtshäusern und Volkskunstläden taucht er auf. Krakonoš heißt er hier und sieht aus, wie er klingt: grimmig, grob und mit einem Baumstamm bewaffnet. Er soll uns zur Elbquelle führen.

Wer den Ruf «Schneekoppe!» in der Reklamewelt der Kindheit gehört hat, den grüßt sie anders, als wenn sie ihm ganz fremd wäre. Sie grüßt wirklich: als einziger und höchster Berg, der sich im März, wo sich überall sonst schon der Frühling hervorwagt, in vollkommen baumfreies Weiß hüllt. Man sieht ihn schon aus weitem Abstand, wie er das sanft gewellte Hügelland überragt.

Die Schneekoppe, tschechisch Sněžka, ist der höchste Berg Mitteleuropas. Zwischen den Alpen und den nördlichen Meeren, einem Areal von rund einer Million Quadratkilometern (von denen Deutschland etwa ein Drittel einnimmt), gibt es keinen Berg, der die 1600 Meter erreichen würde oder überträfe, die die Schneekoppe misst. Wir starten im zögerlichen Frühling und kommen im Winter an.

Zur Quelle der Elbe wollen wir; und da diese sich unfern des Gipfels befindet, der Gipfel uns aber schon aus großer Ferne entgegenleuchtet, meinen wir, auf Sicht fahren zu können. Das erweist sich als Irrtum. Alles ist ausschließlich auf Tschechisch beschriftet. Die Hinweisschilder sehen anders aus als die deutschen, mit einem kleinen weißen Zieldreieck, der dem blauen Schild oben aufsitzt wie die Schneekoppe dem Horizont, und alle wirken, als wollten sie uns direkt zum Berg hinführen – doch wir verfranzen uns immer mehr. Wir haben es mit einem intensiv genutzten Wintersportgebiet zu tun, welches aber ausschließlich von den Bürgern jener kleinen Nation aufgesucht wird, auf deren Territorium es sich befindet. Das ist in den Alpen anders, wohin die Deutschen, Holländer, Briten zum Skifahren strömen, weil sie selbst keine wirklich hohen Berge haben. Vielleicht gibt es auch Tschechen in den Alpen, aber jedenfalls keine Nicht-Tschechen im Riesengebirge, denn so weit für ein letztlich subalpines Vergnügen zu reisen, fällt den Auswärtigen nicht ein. Der Schnee in den Höhenlagen ist jetzt im März zwar noch da, aber ziemlich matschig.

Wir folgen dem Schild «Pec pod Sněžkou», weil wir darin die tschechische Schneekoppe erkennen. Es handelt sich, wie wir später herausfinden, um den vormals deutschen Ort Petzer unter der Schneekoppe, der aber von unserem Ziel ein Stück abliegt. Lang fahren wir das enge Tal eines wilden Flusses voller Felsen hinauf, das an den Hängen überall mit Skihotels und Ähnlichem bebaut ist, und sind uns schon sicher, das wäre die junge Elbe. Es ist aber bloß die Úpa, die in die Elbe mündet; wir kehren um. Endlich finden wir die Elbe doch, sie durchquert den Ferienort Špindlerův Mlýn, früher auf Deutsch Spindlermühle, und sieht genauso aus wie die Úpa, das heißt vor allem: nicht größer. Wer hat wann entschieden, dass von zwei sich vereinigenden Wasserläufen der eine der Hauptstrom und der andere bloß der Nebenfluss sein soll? Festgelegt werden musste es offensichtlich, aber es geschah, wie es scheint, in einem Akt der Willkür. Das Problem wird uns weiter stromabwärts noch einmal beschäftigen, wo Elbe und Moldau zusammenfinden und es heißt, die Moldau münde in die Elbe, obwohl die Moldau der deutlich längere und größere Fluss ist. Ähnlich steht es ja auch mit Mississippi und Missouri sowie mit Donau und Inn in Passau. Dort lehrt der Augenschein, dass der mächtige Inn es ist, der die kleinere Donau in sich aufnimmt; aber so steht es eben nicht in den Karten.

Je mehr man sich ihm naht, desto fraglicher wird der Ursprung. Aus allen Schluchten und Spalten sprudeln die Wasser hervor, jedes davon könnte der entscheidende namengebende Quell sein. Schließlich stehen wir auf dem Kamm; ein weißer Adler auf rotem Grund verkündet, dass hier die polnische Grenze verläuft. Höher hinauf geht es nicht mehr. Es herrscht reger Fußgängerbetrieb. Ringsum stehen, weit auseinander, weil es hier mehr Platz gibt als im beengten Tal, große düstere Hotelkästen, Bauden genannt. Viele von ihnen sind mit dunklem Holz verkleidet und mit kleinen, hölzernen Balkonen geschmückt, sie stammen offenbar noch aus der Zeit der sozialistischen Moderne. Neuere Gebäude finden sich kaum, obwohl die Touristen mit ihren Geländewagen und glänzenden Skianzügen sich ganz auf der Höhe der Gegenwart bewegen.

Wir haben kein Navi, unsere Karten sind schlecht, die tschechischen Hinweise an den Straßen für uns nicht verständlich. Unser Schuhwerk eignet sich nicht für den tiefen, nassen Schnee. Wo soll hier die Quelle sein? Vermutlich nicht weit; aber doch außerhalb unserer Reichweite. Es kommt nicht zum Trophäen-Selfie. Klar ist: Wir befinden uns im Quellfeld, doch wir erreichen nicht jenes kleine Betonbecken, dessen Bilder wir gesehen haben, viel unscheinbarer als die bombastische Donauquelle in Donaueschingen, die offiziell als jener Punkt gilt, von dem der Strom, als kleiner Wasserfaden erst, seinen Ausgang nimmt. Wo wir der Elbe unzweifelhaft ansichtig werden, etliche Kilometer quellabwärts, hat sie schon eine Breite von mehreren Metern; und obwohl recht flach, verfügt sie doch sichtbar über die Macht, Steine zu rollen und Bäume zu stürzen. Auch die hohen Mauern, zwischen die man sie in den Ortschaften gezwängt hat, verraten den Respekt vor der Kraft des Stroms.

Das Problem des genauen Verlaufs wird sich am Ende wiederholen: Wo geht die Elbe in die Nordsee über? Immer weiter öffnet sich dann der Trichter, immer salziger wird das Wasser, Ebbe und Flut spielen herein. Gern wüsste ich, wer ihre Länge mit genau 1094 Kilometern angegeben hat. Auch beim Rhein glaubte man bis vor ein paar Jahren, die Länge genau zu kennen – und stellte eines Tages betroffen fest, dass er hundert Kilometer kürzer war als gedacht. Nun heißt es, er messe 1233 Kilometer; das wäre sogar um 12 Kilometer kürzer als die Elbe, wenn man als deren Quelllauf die längere Moldau ansetzt und damit auf 1245 Kilometer kommt. Damit wäre die Elbe nicht mehr als die Nummer zwei unter den deutschen Strömen abqualifiziert, sondern die strahlende Erste.

Die Donau ist natürlich noch viel länger, fast dreitausend Kilometer. Aber sie stellt keinen eigentlich deutschen Strom dar, sondern entspringt hier nur, um dann neun weitere Staaten zu berühren und sich ins Schwarze Meer zu ergießen, wo Europa in Asien übergeht. Die Elbe und der Rhein hingegen haben gemeinsam, dass sie rein deutsche Flüsse wo nicht sind, so doch waren, und wo nicht rein deutsch, so doch innerhalb jenes Gebildes verliefen, das fast ein Jahrtausend lang das Heilige Römische Reich hieß (erst spät mit dem Zusatz «Deutscher Nation»). Heute ist der Rhein ein internationaler Fluss, er entspringt in der Schweiz, hat Österreich, Liechtenstein und Frankreich zu Anrainern, durchquert Deutschland und erreicht in den Niederlanden das Meer. Bis zum Westfälischen Frieden 1648 gehörten alle diese Lande zum Reich. Dann traten Quelle und Mündung, die Schweiz und die Niederlande, aus dem Verband aus, Frankreich drang ins Elsass vor und setzte seine Festungen ans Ufer.

Die Elbe blieb noch länger ein Binnenstrom. Böhmen war seit dem 10. Jahrhundert Bestandteil des Reichs, seit dem 16. Jahrhundert stand es sogar unter unmittelbarer Kontrolle des Habsburger Kaisers und war damit dem Reich enger verbunden als zum Beispiel Bayern und Preußen, die sich von ihrem Oberherren nicht viel vorschreiben ließen. Auf das Reich folgte 1815 der Deutsche Bund; auch in ihm blieb Böhmen samt Mähren eingeflochten. Das änderte sich erst 1866 auf dem Schlachtfeld von Königgrätz, auf dem der Bund sein Ende fand. Seither erst bildet die lange Kammlinie, die vom Bayerischen und Oberpfälzer Wald über Erzgebirge, Zittauer Gebirge, Riesengebirge bis zu Isergebirge und Adlergebirge läuft und Böhmen und Mähren wie der Rand einer Schüssel umschließt, statt einer feudalen Geländemarke eine echte internationale Grenze, nämlich zwischen dem Kaiserreich Österreich und dem 1871 neu gegründeten Deutschen Reich. Noch einmal, für sieben kurze und schlimme Jahre, kehrte die Elbe in ihrer Gesamtheit «heim ins Reich», als Folge des Münchner Abkommens von 1938 und des deutschen Einmarschs in Resttschechien ein halbes Jahr später.

Nach dem Zweiten Weltkrieg aber wurde die Elbe noch weit grundhafter auseinandergerissen als der Rhein; denn quer zu ihrem Lauf ging der Eiserne Vorhang nieder. Es gab nunmehr zwei deutsche Staaten, einen östlichen und einen westlichen, und über eine bestimmte Strecke verlief die Grenze mitten im Strom oder auch an einem der Ufer (die unterschiedliche Interpretation dieser Linie führte zu politischen Verwicklungen). Für die DDR, die nach Abschottung strebte, war die Wassergrenze eine Verlegenheit, denn im Fließenden kann man schlecht Zäune bauen, und die Elbgrenze war für sie wie eine Wunde, welche sich der Vernarbung sperrte, die man bei Landgrenzen erzwingen kann. Damals wurde die Elbe offensichtlich wieder, was sie viele Jahrhunderte lang eher verdeckt gewesen war: die Achse Europas.

Damals also war die Elbe ein Fluss durch drei Staaten und zwei Blöcke, wobei dem Westen allerdings nur das kleinste Stück zufiel; das letzte und entscheidende, die Mündung, mit dem großen Hafen Hamburg. Eine unglückliche Zertrennung: der DDR, die sich mit dem überwiegenden Teil ihres Territoriums im Elbraum befand, mit vielen und teils auch schiffbaren Nebenflüssen, wurde ihr natürlicher Ausgang ins Weltmeer vorenthalten; der Westen dagegen behielt nur den Ausgang, ohne dessen flussverknüpftes Hinterland, zu dem vor allem Berlin gehört. Gleich oberhalb von Hamburg fing Feindesland an. Das ist nun zum Glück vorbei. Und auch an der Grenze zwischen Tschechien und dem, was einmal die DDR war, will kein Grenzposten mehr irgendwelche Dokumente sehen. Die Elbe fließt wieder von Anfang bis Ende in einem Raum, in dem es für Reisende keine Kontrolle gibt. Die Elbe: eine europäische Erfolgsgeschichte, die alles andere als selbstverständlich war.

Und wo kommt ihr Name her? Flussnamen pflegen die langlebigsten von allen zu sein. Wenn neue Bevölkerungen auf der Bildfläche erscheinen, benennen sie die Orte um oder gründen und taufen sie ganz neu, auch Berge und Regionen wechseln oft die Bezeichnung; Flüsse so gut wie nie. Flüsse heißen von jeher so wie heute, kleinere Lautverschiebungen abgerechnet. Und zwar führen sie im Grunde den immerselben Namen: Fluss. Der Rhein ist verwandt mit *rinnen* und dem griechischen *rhéo*, was ebenfalls fließen heißt; dasselbe gilt für den italienischen Reno, den märkischen Rhin und die westeuropäische Rhône. Auch Donau, Don, Donez, Düna und wiederum Iser, Isar, Isère, je einer anderen Familie des Flüssigen angehörig, laufen darauf hinaus. Und die Elbe ist verwandt mit dem nordischen *älv*, was, kaum erstaunlich, Fluss bedeutet. Albis heißt der Strom schon beim römischen Historiker

Tacitus, der ihn nach der Schlacht im Teutoburger Wald, die die Römer zum Rückzug auf die Rheingrenze zwang, nur noch von ferne kannte: Elbe, ein Name, den man früher häufig hörte und heute gar nicht mehr ... So trauert ein Imperialist. Orte und Berge existieren in der Mehrzahl, sie müssen unterschieden werden. Von Flüssen, großen Flüssen wenigstens, gibt es im Gesichtskreis der namensstiftenden Gemeinden offenbar immer nur einen, und da langt es, wenn der Fluss Fluss heißt.

GRAFEN, DIE SICH WIE KÖNIGE FÜHLEN

Dort, wo das Riesengebirge in die Ebene ausstreicht, liegt der Ort Kuks mit der gleichnamigen Schlossanlage. Die Elbe ist hier schon recht breit, aber nur noch halb so wild wie ein paar Kilometer flussaufwärts. Das Schloss selbst steht zwar nicht mehr, aber das bemerkt man kaum vor der Pracht der überlebenden Nebengebäude. Vor allem das Hospital, in beherrschender Lage am steilen Elbhang, wirkt ganz und gar palasthaft. Graf Franz Anton von Sporck errichtete auf seinem Landbesitz eine private Badeanstalt, denn die Quellen hier galten als heilkräftig. Im frühen 18. Jahrhundert war das noch etwas Neues. Nicht nur adlige Standesgenossen reisten zur Kur an, sondern auch begüterte Bürgerliche wie zum Beispiel Johann Sebastian Bach, mit dem der Graf befreundet war und der mehrfach hier weilte.

Die Elbe teilt das Gelände säuberlich in zwei Areale. Das linke Ufer war, wie eine Tafel am Fluss berichtet, dasjenige des Todes, gewidmet Tanz, Gesang und Festivitäten, was doch eigentlich recht lebhaft anmutet; das rechte das des Lebens, bestimmt zu Buße und Gebet. Das hört sich schon fast an wie der Eiserne Vorhang zwischen West und Ost, der über der Elbe doch erst viel später niederging. Wenn man den ziemlich langen Aufstieg auf der rechten Seite hinter sich gebracht hat, steht man erneut an einem Scheideweg: Auf der einen Seite zieht sich eine allegorische Reihe der zwölf Tugenden hin, ausgeführt als virtuose Sandsteinplastiken, abschließend mit dem Engel des guten Todes, und auf der anderen spiegelbildlich die Reihe der zwölf Laster. Wer den Lasterweg einschlägt, den erwartet am Ende jener Genius, der den bösen Tod bedeutet. Die Zwölfzahl erstaunt, denn üblich sind bei Tugenden wie Lastern bloß sieben – was wohl hüben wie drüben die zusätzlichen fünf sein mögen? Auch bei näherer Betrachtung kommt man nicht dahinter, was welcher Figur entspricht. Nur bei einer – dickbäuchig, mit einem vollen Teller und von einem Schwein begleitet – sind wir ziemlich sicher, dass es sich um die Völlerei handelt. Wenn man dann die frei stehenden Skulpturen längs ihrer Rückseite abschreitet, scheinen alle moralischen Unterschiede ausgelöscht und ein Jenseits von Gut und Böse erreicht. Tugenden wie Laster schwingen ihre steinernen barocken Faltengewänder in den Himmel empor und gehen in den freien Zug der Wolken über. Nicht einmal ein sandsteinernes Skelett, das sich zu Füßen des bösen Todesengels windet, flößt Grauen oder Zerknirschung ein, sondern in der feinen Behandlung seiner Knöchelchen vielmehr Bewunderung für die Kunst des Steinmetzen Matthias Bernhard Braun, der jahrzehntelang in einer Art kultureller Symbiose mit dem Schlossherrn das umfangreiche Ensemble schuf. Mit den christlichen Werten und Unwerten war es den beiden jedenfalls kaum ernster als ihren zeitgenössischen Kollegen, die ihre Gärten mit antiken Göttern zierten und dabei doch gute Christen blieben, wenigstens soweit es sich um süddeutsche Prälaten handelte. Das Ganze ist eigentlich reichlich frivol.

So schien es jedenfalls bestimmt den Jesuiten, mit denen der Graf im Dauerclinch lag. Er gilt als Begründer der böhmischen Aufklärung, verlegte auf eigene Kosten fragwürdige Schriften, die er im grenznahen Zittau drucken und an der Zensur vorbei ins

Land schmuggeln ließ, wurde vor Gericht gestellt und zum Tod verurteilt, seine Bibliothek, die dreißigtausend Bände umfasste, eingezogen. Da schaltete sich der Kaiser ein, als dessen Stellvertreter der Graf in Böhmen amtierte, und sorgte für die Freilassung des Delinquenten sowie die Rückgabe der Bücher. Auch die Geldbuße wurde von hundert- auf sechstausend Goldstücke ermäßigt. Weniger glimpflich erging es seiner Badeanstalt, woran aber nicht die Jesuiten schuld waren, sondern die Elbe: Ein verheerendes Hochwasser im Jahr 1733 vernichtete nicht nur das Schloss samt einem großen Teil der Kuranlage, sondern es blieben danach auch die Heilquellen unauffindbar, bis heute.

Ist man auf die Höhe des Hospitalbergs mit seinen guten und bösen Allegorien gestiegen, erstaunt man, wie weit sich der Komplex ausdehnt – bestimmt annähernd so weit wie die Parkanlage Nymphenburg in München. Man beginnt die nahezu königliche Macht zu ahnen, die der böhmische Adel besaß. Überall sonst in Europa hätte diese Pracht allein dem Souverän zugestanden, und ein Vasall, der sich so etwas herausnahm, wäre als verdächtiger Konkurrent, wenn nicht als Hochverräter behandelt worden. Die Habsburger hingegen konnten offenbar auf ihre selbstherrlichen Magnaten nicht verzichten und fanden es klüger, sie gewähren zu lassen. Ihr Reich war riesig, aber kein Staat im modernen Sinn, und um es zu regieren, benötigten sie die Unterstützung der Feudalherren. Wo sonst wäre es denkbar gewesen, dass ein bloßer Graf, und noch dazu einer, der den Zorn der Staatskirche erweckt hatte, ein Opernhaus mit stehendem Ensemble unterhielt? Nur in den Weiten Böhmens.

Kuks ist kein Einzelfall. An der oberen Elbe begegnen wir noch zwei weiteren Königsresidenzen, die sich bloße Grafen bauen ließen. In Pardubice befindet sich der Sitz der Grafen von Pernštejn, auf Deutsch Pernstein – bei diesen Herren blieb es immer etwas ungewiss, welcher Nationalität im modernen Sinn sie angehörten. Man weiß nicht recht, ob man den Kasten eine Burg oder ein Schloss nennen soll, denn er legt schon Wert auf eine gewisse Ästhetik, die sich an Vorbildern der italienischen Renaissance orientiert, lässt sich aber mit seinen Gräben und dicken Mauern notfalls bestimmt auch noch verteidigen. Der Innenhof mit seinen übereinandergetürmten Arkaden verrät den noch etwas plumpen Schönheitssinn. Auf den Wällen stehen spätmittelalterliche Kanonen mit mehreren Rohren, zur Zeit ihres Einsatzes die modernsten Europas.

Am erstaunlichsten von allen aber präsentiert sich Schloss Kačina, an dem man vorbeikommt, wenn man nach Kutná Hora will. Wir trauen unseren Augen nicht, als wir mit einem Mal an dieser nicht enden wollenden Fassade aus weißem klassizistischen Stein vorüberfahren. Wir halten an und steigen aus, um sicherzustellen, dass es diese Fata Morgana wirklich gibt. Und von so etwas hatten wir noch nicht einmal gehört? Ja, so war es: In den frühen Jahrzehnten des 19. Jahrhunderts hatten sich hier die Grafen Chotek von Chotkow und Wognin eine Residenz erbaut, die hinter dem Lustschloss Gattschina der russischen Zaren nicht zurückstehen wollte (und ihr vielleicht auch den Namen verdankt). Zwei riesige Flügel in strengem griechischem Stil greifen in weitem Bogen nach vorn und schwingen sich dem Besucher entgegen. Bald eine halbe Stunde braucht man, um den Komplex zu umrunden. Das Weiße Haus in Washington, einer ähnlichen Ästhetik verpflichtet, scheint eine Hundehütte daneben. Der Tempelgiebel des Hauptgebäudes verherrlicht Ackerbau und Jagd, doch nicht ganz gleichberechtigt. Der Wagen der Diana fährt vorn vorbei und überschneidet den der Ceres dahinter, denn die Jagd oblag den Herren selbst, während für die Landwirtschaft ihre Bauern zuständig waren. Die lateinische Inschrift verkündet, dass Graf Chotek dieses Anwesen für sich, seine Freunde und die Nachwelt habe errichten lassen – *sibi, amicis et posteris*, eine lässig stolze Widmung, die das

Private und das Repräsentative in einer einzigen, quasi göttlichen Geste zusammenfasst.

Eine Gräfin dieses Geschlechts wurde, viel später, zur Gemahlin des österreichischen Thronfolgers Franz Ferdinand und fiel gemeinsam mit ihm im Juni 1914 dem Attentat von Sarajewo zum Opfer. Sie war also gleichberechtigter Anlass des Weltkriegs. Aber die Habsburger wollten ihr als bloßer Gräfin nicht mal ein ebenbürtiges Begräbnis gönnen. Auch Kronprinz Rudolf, eine Generation zuvor, hatte sich eine Gräfin zur Geliebten erkoren, und, weil sie vom regierenden Haus nicht als standesgemäß akzeptiert wurde, mit ihr zusammen Selbstmord begangen. Den Habsburgern hat es kein Glück gebracht, wenn sie ihren Grafen und namentlich ihren Gräfinnen den Rang bestritten. Was für Gräfinnen, was für Grafen!

MENTAL MAPS

Einquartiert haben wir uns in Hradec Králové, weil es ungefähr in der Mitte jenes Oberelbraums liegt, den wir uns für unsere erste Reise vorgenommen haben. In Hradec Králové nimmt die Elbe einen wichtigen Nebenfluss auf, die Orlice oder Adler. Nachdem die Elbe ihren Ursprung hinter sich gebracht und auf wenigen Dutzend Kilometern bereits tausend Meter ihres Gefälles seit ihrer Quelle in tausendvierhundert Meter Höhe eingebüßt hat, also mehr als zwei Drittel auf lediglich fünf Prozent ihrer Strecke, fließt sie nun als noch rascher, aber schon deutlich beruhigter Gebirgsfolgefluss (ähnlich der Isar in München) durch Böhmen, in einem weiten, fast halbkreisförmigen Bogen, erst nach Süden, dann nach Südwesten, dann nach Westen, um schließlich das Land in nordwestlicher Richtung zu verlassen. So verbleibt sie für rund 370 Kilometer in Tschechien, mehr als einem Drittel ihres Gesamtlaufs.

Das wissen theoretisch selbst die Hamburger. Praktisch aber ist diese Gegend in Deutschland so gut wie unbekannt.

Nicht dass sie eigentlich abgelegen wäre. Von Chemnitz, wo ich wohne, ist sie noch nicht einmal dreihundert Kilometer oder drei Stunden mit dem Auto entfernt. Das ist so viel wie von Chemnitz nach Berlin – oder von Würzburg, wo ich herstamme, nach Chemnitz. Auch die Entfernung nach Chemnitz wird von Westdeutschen (die meistens selbst nach über dreißig Jahren darüber nicht viel mehr wissen, als dass es einmal Karl-Marx-Stadt hieß) gewöhnlich überschätzt. So nah sind Dinge, die wir nicht kennen? Das mag sich keiner eingestehen, und so entstehen die «Mental Maps», die Landkarten im Kopf, die von den gedruckten öfters erheblich abweichen. Erstbesucher aus dem Westen, die nach Chemnitz kommen wollen, bitte ich im Vorfeld gern um eine Vermutung, wie weit sie fahren müssen. Sie kämen regelmäßig in Polen heraus.

Auf den Mental Maps von Tschechien existiert eigentlich nur ein einziger Ort: Prag. Elf Millionen Besucher kamen vor der Pandemie jedes Jahr ins Land, und diese Zahl dürfte ungefähr wieder erreicht sein. Von diesen besuchen zwei Drittel ausschließlich die Hauptstadt, und der Großteil des Rests benutzt Prag als Sprungbrett in die Umgebung. Man sieht sich Karlstein an oder Kutná Hora, beide in einem Tagesausflug von der Hauptstadt zu erreichen, gewissermaßen im Sternschritt, wie ihn der Basketball erlaubt. Außerhalb dieses Umkreises kommen höchstens noch die nordwestböhmischen Bäder in Betracht, Karlsbad, Marienbad, Franzensbad (ihre tschechischen Namen mag sich das deutsche Publikum nicht merken). Auf den böhmischen Nordosten verfällt von sich aus kaum jemand – höchstens die von hier stammenden Vertriebenen, eine Generation, die inzwischen hochbetagt oder tot ist. Die Jüngeren haben meist nicht einmal die Namen dieser schönen deutschlandnahen und einst auch deutsch besiedelten Städte gehört.

Man muss das nicht bedauern. Es gibt viele solcher Regionen in Europa und sogar in Deutschland selbst, Regionen, von denen die Leute nicht einmal wissen, dass sie sie nicht kennen. Kommen sie doch mal an einen solchen Fleck, so zeigen sie sich beeindruckt und sprechen von einer Entdeckung, die sie dann auch gern in den Tönen des Entdeckerstolzes weiterempfehlen. Das scheint etwas übertrieben, denn diese Gegenden waren keineswegs durch riesige Distanzen oder schwer überwindliche Barrieren abgeschieden, sondern lagen einfach ein Stück ab von den Trampelpfaden, zu denen Touristen immer tendieren, auch wenn sie das Gegenteil versichern. Die Hotspots des Tourismus addieren sich wohl zu nicht mehr als ein paar Dutzend Fußballfeldern. Wer Bekannte in Mykene oder auf der Alhambra trifft, pflegt in den erstaunten Ruf auszubrechen: Nein, so was! Dabei ist die Wahrscheinlichkeit, dass ein Münchner einen anderen Münchner trifft, an diesen Orten größer als in einer Autowerkstatt des Münchner Stadtrands.

«Entdecken» muss man Hradec Králové also wie gesagt nicht. Ein Erlebnis bedeutet es trotzdem, und zwar vor allem das Erlebnis, dass ein so unbekannter Ort so nah und hindernislos zu erreichen ist. Nicht Kolumbus bietet sich hier zum Vergleich an, sondern das Ei des Kolumbus: Draufkommen muss man! So muss man auch auf Hradec Králové kommen, ähnlich wie aufs Périgord oder das thüringische Vogtland. Es ist eine schöne, ersichtlich wohlhabende Stadt. Und gar nicht so klein: Knapp unter hunderttausend Einwohner zählt sie, wie so viele Städte in Tschechien, die es anscheinend vorziehen, knapp unter der Großstadtmarke durchzuschlüpfen, damit sie sich ihres provinziellen Status nicht zu genieren brauchen. Ich habe oft gefunden, dass große Provinzstädte die angenehmsten sind, gerade weil sie nicht viel von sich hermachen. Es ist alles da und verpflichtet zu nichts. Man hat die Auswahl, die man in Kleinstädten entbehren muss, und zugleich die Muße und den Raum, die man in Großstädten nicht findet. So ist Hradec

Králové – oder zumindest kommt uns die Stadt in den drei Tagen, die wir hier sind, so vor. Es ist bemerkenswert, was drei Tage an einem fremden Ort bedeuten können, wenn man sich wohlfühlt. Sie werden zu einer Epoche mit Anfang, Mitte und Ende. Und wenn man weiterreist, dann mit einer Empfindung des Abschieds.

Wir kommen an einem Freitagabend im Vorfrühling an, kurz ehe es Nacht wird – die beste Zeit für eine Erstbegegnung. Dann ist auf Erden schon alles dunkel, speziell die Silhouetten der Gebäude, der Türme und Kirchen, aber der Himmel besitzt noch die Qualität von lichtem Porzellan, in pastellenen Grün- und Blautönen. Allerdings hat ein Freitagabend seine Tücken, wenn man etwas essen oder trinken gehen will. Die zahlreichen Restaurants, Bars und Cafés sind voll bis auf den letzten Platz. Man bedauert sehr ... Und es sind viele junge Leute unterwegs, die wir durch die Fenster sehen, wie sie in lachenden Runden sitzen und Wein trinken. Wo junge Leute, ein ganzer Laden voll, sich Wein leisten können, geht es wahrscheinlich vielen Menschen gut.

Wir kriegen dann doch noch einen Platz und etwas zu essen. Es schmeckt uns ausgezeichnet, mir vor allem eine kräftige dunkle Rinderbrühe, die ich so noch nie bekommen habe. Kulturen, die auf Suppen halten, schenkt man gern Vertrauen. In Tschechien ist noch keiner verhungert. Außer vielleicht, in diesem Erz- und Kernland des Fleischgenusses, einige Vegetarier – aber auch das beginnt sich in Hradec Králové gerade zu ändern. Am Nebentisch sitzt – wie soll man es nennen: ein Weiberabend? Ein Damenkränzchen? Vielleicht doch das Zweite. Kolleginnen sind es vermutlich, vielleicht Lehrerinnen, schick und animiert. Wir verstehen kein Wort von dem, was sie sagen, aber an ihrer heiteren Stimmung besteht kein Zweifel.

PESTSÄULEN

Wir lernen in den nächsten Tagen noch mehr nordostböhmische Städte kennen: Pardubice, Kolín, Kutná Hora, Jičín, alle an der Elbe gelegen, die hier Labe heißt, oder nicht weit von ihr. Einige tragen den Zusatz «n. L.» für *nad Labem*. Sie weisen, ohne dass es langweilig würde, alle den gleichen Grundplan auf. Den Kern bildet immer ein großer Platz, in einigen Fällen augenscheinlich zu groß für den Ort, dem er dient. Offenbar ging es im 13. oder 14. Jahrhundert, als die Städte gegründet wurden, immer mit diesem Platz los, der seine Abmessungen schon zu Beginn ein für alle Mal erhielt. Das ist ein koloniales Muster und erinnert daran, dass in dieser Gegend nicht so sehr etwas wuchs als vielmehr gewollt wurde. Ein Stück abseits hält sich die gotische Hauptkirche, zumeist mit zwei Türmen, von denen jeder noch vier Nebenspitzen aufweist, sodass der Eindruck dem einer komplexen Hieb- und Stichwaffe gleicht, einer surrealistischen Hellebarde, namentlich als abendlicher Schattenriss. Das Gegengewicht bildet ein säkularer Turm, mit Tor oder Rathaus verbunden, der eine Höhe von sechzig oder siebzig Metern erreichen kann.

Und nie fehlt in der Mitte des Platzes die Mariensäule, ein barockes Ensemble, das sich ansteigend aus Heiligenfiguren aufbaut, über denen hoch erhoben die Gottesmutter steht und ihren Segen spendet; das Ganze stets von bemerkenswerter künstlerischer Qualität. Das Barock war der letzte europäische Stil, dem Meisterwerke auch in der Provinz gelangen. Die Inschriften sind doppelt verschlüsselt: Zum einen sind sie lateinisch, was schon zur Entstehungszeit nur wenige verstanden haben dürften und heute wohl so gut wie niemand mehr; zum anderen enthalten sie codiert das Jahr der Entstehung in Form eines Chronostichons – einige der Buchstaben sind größer ausgeführt als die anderen, sie entsprechen den Zahlzeichen des römischen Systems, und zählt man alle diese markierten I, V, X, L, C, D und M zusammen, erhält man ein bestimmtes Jahr. Dies ist wichtig, denn es erinnert an eine Epidemie, nach deren Beendigung die Bürger der Madonna dankten. Darum heißen diese Mariensäulen auch Pestsäulen. Wie kann man einer Macht danken, die eine Pest beendet hat? Heißt das nicht, dass sie auch imstande gewesen wäre, deren Anfang zu verhindern? So fragt ein Heide oder Protestant. Für einen Katholiken aber sieht es so aus, dass Gott die Pest zur Strafe für die Sünden der Menschen schickt, seine Mutter jedoch, als sie die Gestraften leiden sieht, von Mitleid bewegt wird und ihren Sohn um Erbarmen anfleht. Maria spielt in diesen Stadtbildern ersichtlich eine wichtigere oder jedenfalls populärere Rolle als Gott.

Nein, so richtig populär ist Gott hier nicht. Die Tschechen sind neben den Ostdeutschen das unreligiöseste, jedenfalls das am meisten entkirchlichte Volk Europas. Religion, das heißt die katholische, war hier zumeist die Angelegenheit der deutschen Herren und wurde mit Zwang gegen die tschechischen Untertanen durchgesetzt. Zwei religiös motivierte Fensterstürze, bei denen Entsandte der Obrigkeit zu Schaden kamen, einer aus dem Rathaus der Prager Neustadt, der andere vom Hradschin herab, markieren die Zäsuren der tschechischen Geschichte. Zweimal entspannen sich daraus langwierige Kriege, der Hussitenkrieg und der Dreißigjährige. In Hradec Králové trägt der große weltliche Turm die Inschrift *Deus providebit / Tamen vigilandum*: Gott wird Vorsorge treffen, trotzdem heißt es wachsam sein. Hier herrscht nicht ganz das Vertrauen, das sich in den Mariensäulen ausspricht. Es klingt eher wie das Diktum des Aufklärers Lichtenberg: Die Tatsache, dass man in der Kirche zu Gott um gutes Wetter betet, macht es nicht überflüssig, dass man auf deren Dach einen Blitzableiter installiert.

HEILE ORTE

Die Städte Böhmens haben fast alle eine Eigenschaft, die in Mitteleuropa eine Rarität bedeutet: Sie sind unzerstört. Der Zweite Weltkrieg hat nahezu überall auf dem Gebiet des Deutschen Reichs, dem Herzen Mitteleuropas, zur völligen Zerstörung der Zentren geführt. Im Westen und in der Mitte geschah das durch Luftangriffe, vielfach noch ganz am Ende, als bisher verschonte Kleinodien wie Dresden und Würzburg Anfang 1945 in Trümmer sanken. In Tschechien aber fanden bis ganz zum Schluss keine Kampfhandlungen statt, auch nur wenige Bombenangriffe. Denn Böhmen und Mähren waren ja nicht Feindesland, sondern vom Feind besetzt.

Alles an diesen Städten ist gerettet. Den großen Platz von Hradec Králové umringen barocke und teils noch ältere Bauten, akzentuiert von ein paar modernen, aber gut eingepassten Konstruktionen aus der goldenen Zeit der jungen Republik. Und doch wirkt das Ganze nicht heil, oder doch nur in dem Sinn, wie Waren in einem Schaufenster heil sind: unberührt und mit angehaltenem Atem. Die Historie ist da; aber ohne ihre Spuren. Wenn man zum Beispiel den Hochrhein bereist und die deutschen und Schweizer Städte zu seinen beiden Seiten betrachtet, die teils sogar hüben und drüben denselben Namen tragen (Laufenburg, Rheinfelden): Dann merkt man an unscheinbaren, aber deutlichen Zeichen, wie die Kontinuität auf der Schweizer Seite, im Gegensatz zur deutschen, über Jahrhunderte durch keinen Bruch gestört worden ist und alles in ruhiger Alterung von jeher fortbesteht. Das ist in Hradice Králové nicht so. Hier ist das Alte neu, was bedeutet: Man sieht ihm an, dass es mehr oder weniger auf einen Streich renoviert worden ist. Jede Fassade verkündet die EU-Fördermittel.

So sah das vor vierzig Jahren bestimmt nicht aus. Zu Silvester 1980/81 war ich zum ersten Mal in Prag, in der langen bleiernen Zeit nach Prager Frühling und Einmarsch der Staaten des Warschauer Pakts, und erschrak über die Finsternis dieser Stadt, die doch damals schon ein Magnet für Touristen war. Alles war schwarz und dem Verfall preisgegeben. In den Hauseingängen standen Geldwechsler, die wispernd ihre illegalen Dienste anboten, und die Dunkelheit half ihnen dabei, uns zu betrügen: Sie zählten uns jeden Schein zweimal vor, sodass wir zum Schluss verblüfft nur die Hälfte der versprochenen Summe in den Händen hielten. Nicht die Stadt Kafkas war es, sondern, um einige Grade verschatteter, die des Golems, eines Nachmittelalters mit mangelhafter Straßenbeleuchtung, wo man nicht wissen konnte, was um die nächste Straßenecke lauert. Und das war die Hauptstadt – man stelle sich vor, wie es in der Provinz aussah. Das alles ist heute vergessen und glattgebügelt.

Noch einen Bruch gab es in dieser Gegend. Die meisten dieser Städte hatten bis zum Kriegsende einen großen deutschen Bevölkerungsanteil, vielfach war es die Mehrheit. Sie wurde von einem Tag auf den anderen vertrieben, in einem Tempo, das selbst der gewiss nicht zimperliche Stalin übertrieben fand. Zwanzig Minuten bekamen die Leute, um ihre Sachen zu packen, dann mussten sie weg. Diese beiden Brüche also – der Bevölkerungsaustausch von 1945 und die postsozialistische Runderneuerung nach 1989 – drücken sich im wunderbar konservierten Stadtbild von Hradec Králové gerade dadurch aus, dass sie sich verleugnen. Hier fehlt nichts: Das ist es, was fehlt. In Ordnung ist es so bestimmt trotzdem. Wie sonst hätte man es machen sollen? Stolpersteine für die Sudetendeutschen? Da käme man aus dem Stolpern nicht mehr heraus.

Wir gehen an der Elbe entlang. Sie ist hier schon ein recht stattliches und nicht mehr allzu rasantes Gewässer. Oberhalb davon, auf dem Hügel, liegt die Altstadt; auf der anderen Seite, zur Ebene hin, erstreckt sich das große Gebiet der Stadterweiterung vom 19. und frühen 20. Jahrhundert, als Hradec Králové zum Industriestandort wurde. Mehr als andernorts am Oberlauf gehört der Fluss zur Stadt selbst, die Häuser treten teilweise dicht an ihn heran, wenngleich man überall eine mehrere Meter hohe Kaimauer für nötig befunden hat. Am Elbufer zieht sich ein Park mit reichem Statuenschmuck entlang, aber auch ein großes Wasserkraftwerk, das, befände es sich beispielsweise in Berlin, unbestritten als ein Hauptwerk des funktionalen Jugendstils bekannt wäre. Hier steht es einfach so in der Gegend herum, und es bleibt dem Besucher überlassen, seine Schönheit ohne Anleitung durch einen Reiseführer auf eigene Faust zu würdigen. Ein zweiter Fluss, die Orlice, deutsch Adler, mündet mitten im Stadtgebiet ein. Wo sie zusammentreffen, fragt man sich wieder, warum von den zwei augenscheinlich etwa gleichrangigen Flüssen der eine in der Namensgebung die Oberhand behielt und der andere nicht. Direkt am Zusammenfluss steht ein Familienvater, der mit einem Stock versucht, einen Ball aus dem Wasser zu angeln. Seine Frau und der kleine Sohn verfolgen von einer Parkbank aus seine Bemühungen. Schließlich schafft er es und weist lachend seinen Fang vor. Dieser Ball hätte tausend Kilometer weiter die Nordsee erreichen können. Das wird nun nicht passieren.

JUGENDSTIL UND WAFFENSCHAU

Der Weltreisende und Literaturnobelpreisträger V. S. Naipaul empfiehlt: Nimm stets das beste Hotel am Platz und verliere kein Wort darüber. Sonst nämlich behelligst du den Leser bloß mit einer Liste deiner Beschwerden, statt ihm eine Vorstellung des Orts zu geben. Das ist ein sehr guter Rat. Aber wie könnte man ihn angesichts unseres Hotels befolgen, das so unverkennbar eine Geschichte erzählt? *Okresní Dům* heißt es, Kreishaus, hat also zur Zeit seiner Entstehung vor rund hundertzwanzig Jahren eine offizielle Funktion erfüllt.

Das Gebäude, im Geschmack des Jugendstils errichtet, muss völlig verwahrlost gewesen sein, als es ab 2006 wieder als Hotel hergerichtet wurde. Nicht alles ist originalgetreu, vieles von den fragilen Details scheint verloren gegangen, sodass man zur Nachschöpfung griff. Speziell beim Jugendstil gibt es wenig dagegen einzuwenden, stellt er doch seinerseits eine Strömung der Stimmung und Anverwandlung dar. Die Wendeltreppe, die zu uns in den dritten Stock emporführt, verdankt sich unverkennbar einer Neuerfindung: Aus Glas ist sie, und die Stufen von einem opaken Rosa, das durch eine leichte bräunliche Eintrübung die kleinmädchenhafte Unschuld, die man mit dieser Farbe verbindet, von sich weist und einen plüschig-sinistren Unterton annimmt. Ist das ironisch? Ist das mondän? Schwer zu sagen; aber jedenfalls ist es vollkommen originell. Diese Treppe könnte ihren Platz in einem Horrorfilm einnehmen, ähnlich der kilometerlangen Auslegware in Stanley Kubricks *The Shining*. Obwohl ich nicht schwindelfrei bin und es einen Aufzug gibt, lasse ich mir dieses gläserne Wunder nicht entgehen und sehe beim Abstieg mit leichtem Schauer gern in den rosig getönten Abgrund zu meinen Füßen. Auch der riesige Frühstückssaal ist wiederhergestellt. Eine Reihe von Fenstern, in einer Apsis umlaufend, zeigt den Flug von Kranichen in buntem Glas, hoch über einer frühlingshaften Landschaft, inmitten herrlich strahlender Wolken.

Schräg gegenüber vom Hotel befindet sich das Ostböhmische Museum, auch dieses in der Architektur des Jugendstils – soweit von einer solchen die Rede sein kann, denn eigentlich mag der Jugendstil das Bauen nicht. Steine, Ziegel und Wände sind ihm zu viereckig und die Herausforderungen der Schwerkraft zuwider. Wenn seine Musen das Wort «Statik» hören, kriegen sie Migräne. Die Villa Esche in Chemnitz etwa, entworfen von Henry van de

Velde und Visitenkarte der Stadt, weist wunderbare Heizkörper in Gestalt goldener Harfen auf. Doch sie heizten nicht, und Frau Esche starb in Schönheit an einer Lungenentzündung. Das Ostböhmische Museum jedenfalls gibt sich Mühe. Vor ihm steht ein bronzener Brunnen, welcher auf vier goldenen Kugeln ruht, geformt wie jene, die der Prinzessin hineinfiel und die der Frosch ihr heraufholen musste: ein Märchenmotiv. An der Fassade beiderseits des Eingangs thronen zwei streng blickende, barbusige Göttinnen oder Allegorien mit Mauerkrone. Schweigend scheinen sie dem Eintretenden zuzurufen: Man lache nicht! Innen dann trifft man auf ganz andere Dinge, als man nach solchem Auftakt erwartet hätte.

Dieses Heimatmuseum bietet sich vor allem als eine Leistungsschau der tschechischen Rüstungsindustrie und des zugehörigen Militärs dar. Kleinteilig erstrecken sich die Exponate auf viele Räume. Ein wenig gerümpelhaft wirkt das alles und erfüllt vom Stolz auf einen technischen Stand, der merklich nicht der neueste ist. Patronengurte gibt es zu besichtigen und Modelle von Düsenjägern aus einer Zeit, als diese Technik noch jung war, dazwischen lebensgroße Puppen von Kampffliegern in ihren Cockpits und Lederkluften, gut konserviert, dabei etwas modrig, wie Moorleichen. Ein Offizier ist da, der galant mit Gattin und Kinderwagen spazieren geht, in der Hand ein obskures Objekt in den tschechischen Farben, halb Wimpel und halb Fliegenwedel. Ein anderer begrüßt vor einer Ladentür eine Dame mit Glockenhut und Stola, der Chic von 1930. Nicht eine Silbe der umfangreichen tschechischen Beschriftungen verstehen wir, sie sind ein Geheimnis, das die Tschechen untereinander haben; mit auswärtigem Besuch wird hier nicht gerechnet. So verwandelt sich uns alles in ein Bilderbuch, was gegenüber den Anforderungen, die Museen durch ihre belehrenden Tafeln sonst zu stellen pflegen, eine gewisse Entlastung bedeutet. Selten wandert man so leichten Fußes durch eine historische Ausstellung. Was wir aber auch so begreifen: dass es vor allem um die goldene Zeit der ersten tschechoslowakischen Republik geht, 1918 bis 1938, ein Doppeljahrzehnt, auf dem indes von Anfang an ein Schatten lag. Das viele Militär, in Bildern und Dioramen, wirkt bei aller zur Schau gestellten Effizienz so fesch, ja fröhlich, dass man sich sagen muss: Es ist doch am Ende das Beste gewesen, dass es nie zum Einsatz kam. Als 1938/39 die Deutschen einmarschierten, entschied sich das Land, keinen bewaffneten Widerstand zu leisten. Kein Schuss fiel (wenigstens kein offizieller). Sonst wäre es den Tschechen, Militärs wie Zivilisten, wohl ergangen wie wenig später den Niederländern oder gar den Polen. So blieb die Besetzung Tschechiens das vergleichsweise mildeste Regime, das vom Dritten Reich im östlichen Teil Europas ausgeübt wurde – was Repressalien und Massaker wie die Auslöschung des Dorfes Lidice nach dem Attentat auf den böhmischen «Reichsprotektor» Reinhard Heydrich natürlich nicht ausschloss.

Dass es hier einmal eine deutsche Bevölkerung gab, muss man den kleineren Exponaten ablesen. Übereinander hängen zwei völlig identisch gestaltete Plakate in rot-gelber Signalfarbe. «Smi diabetik mlsati?», fragt das tschechische, und erteilt auch gleich die Antwort: «Ano – ale jen diabetiché bonbony.» Und das deutsche echot gewissenhaft: «Darf der Diabetiker naschen? Jawohl – doch nur Diabetiker Bonbons.» Kann man aus solchen Zwillingsfunden folgern, dass einmal Frieden geherrscht hat zwischen den beiden Volksgruppen?

SCHLACHTENBUMMLER

So ziemlich alles in diesem unordentlichen Museum läuft auf Krieg hinaus. Doch eben nicht auf den totalen Krieg, den wir uns angewöhnt haben, für dessen Normalform zu halten. Im Einzugsbereich des Museums fand eine der größten Schlachten des 19. Jahrhunderts statt, von der Zahl der Kombattanten fast so groß wie die Völkerschlacht bei Leipzig und größer als die Schlacht von Waterloo. Sie heißt nach unserem Standort: Königgrätz. Das ist der deutsche Name von Hradec Králové. Hier fügte Preußen dem Feind Österreich am 3. Juli 1866 die entscheidende Niederlage zu, die dazu führte, dass Österreich mit seinen zahlreichen Nebenländern aus dem Verband des Deutschen Bundes ausschied und Bismarck die kleindeutsche Lösung durchsetzen konnte, die fünf Jahre später in der Reichsgründung ihren Abschluss fand. In den Tagen darauf rückte das preußische Militär in die benachbarten Städte ein, auch in Königgrätz/Hradec Králové, und ließ zweisprachige Affichen anbringen, ebenso zwillingshaft wie später die Reklame für die Diabetikerbonbons, jedoch hier zusätzlich unterschieden durch die Schrifttype: Fraktur für Deutsch, Antiqua für Tschechisch; und Deutsch zuerst.

«Einwohner des glorreichen Königreichs Böhmen!», beginnt der Text. «Infolge des gegen unsere Wünsche vom Kaiser von Österreich herbeigeführten Krieges betreten wir nicht als Feinde und Eroberer, sondern mit voller Achtung für Eure historischen und nationalen Rechte Euren heimatlichen Boden. Nicht Krieg und Plünderung, sondern Schonung und Freundschaft bieten wir allen Einwohnern ohne Unterschied des Standes, der Confession und Nationalität. / (…) Wenn Ihr uns freundlich entgegen kommt, werdet ihr uns nur als Freunde, nicht als Feinde kennen lernen. / Namentlich handelt Ihr töricht, wenn ihr aus Euren Wohnungen flieht und Ihr dieselben der Zerstörung preis gebt. Ihr thut besser, wenn Ihr die Soldaten freundlich erwartet und mit ihnen freundlich wegen der Lebensmittel unterhandelt, welche durchaus nothwendig sind.»

So sah es aus, wenn vor anderthalb Jahrhunderten der Feind ein Land oder eine Stadt einnahm, wenigstens in Europa. So sah es vorher nicht aus, als im Dreißigjährigen Krieg das protestantische Magdeburg in die Hände der Katholiken fiel und fast die komplette Bevölkerung massakriert wurde. So sah es später nicht aus, als Hitler seinen Vernichtungsfeldzug im Osten führte. Aber dazwischen lag eine historische Wärmezeit, grob gerechnet von 1648 bis 1914, in der die eroberte Bevölkerung im Großen und Ganzen damit rechnen durfte, am Leben zu bleiben. Einquartierungen und Requirierung von Lebensmitteln sind die Hauptübel, mit denen sie es zu tun bekommt – und der Weg dahin geht über freundliche Unterhandlungen.

Nun mag man sagen, das sei Propaganda. Aber es fällt doch der Ton auf, den der Sieger dem Besiegten gegenüber anschlägt, voller Respekt vor dessen Heimat und religiöser Empfindlichkeit, ein Ton, der zwar die Peitsche neben dem Zuckerbrot nicht verschweigt, aber sie an die nachdruckloseste Stelle des Texts setzt, nämlich kurz vor, aber nicht ganz ans Ende. Das Ende lautet so: «Das Übrige überlassen wir mit voller Zuversicht dem Gott der Heerscharen! Sollte unsere gerechte Sache obsiegen, dann dürfte sich vielleicht auch den Böhmen und Mähren der Augenblick darbieten, in dem sie ihre nationalen Wünsche gleich den Ungarn verwirklichen können. Möge dann ein günstiger Stern ihr Glück auf immerdar begründen. – Das preußische Ober-Commando.»

Damit freilich wurde es dann erst einmal doch nichts. Als sich das Habsburgerreich ein Jahr nach Königgrätz neu organisierte, kam die kaiserlich-königliche Doppelmonarchie Österreich-Ungarn heraus, während das glorreiche Königreich Böhmen in einem verfassungsrechtlichen Sinn nicht neu auferstand, sondern bei Österreich verblieb. Territoriale Verluste hatte dieser Staat trotz seiner Niederlage nicht hinnehmen müssen; der maßvoll beschränkte Zweck dieses Kriegs, der Austritt Österreichs aus dem Deutschen Bund, war erreicht. So ging Krieg im Europa des 19. Jahrhunderts.

Das heißt aber nicht, dass die Schlachten sanfter gewesen wären. Sie dauerten bloß nicht so lange wie im 20. Jahrhundert und waren in der Regel nach einem Tag vorbei. (Zogen sie sich einmal über mehrere Tage hin wie die Völkerschlacht, so wurde das als Ausnahme gewürdigt.) An der Schlacht von Königgrätz nahmen mehr als vierhunderttausend Soldaten teil, von denen allein auf österreichischer Seite dreizehntausend den Tag nicht überlebten.

Im Auto suchen wir nach dem Schlachtfeld, was gar nicht so leicht ist, denn es befindet sich fast zwanzig Kilometer entfernt, bei den Dörfern Chlum und Sadová. Es existiert dort ein kleines Museum, das aber aus technischen Gründen (so viel können wir dem Zettel an der Tür entnehmen) an diesem Tag geschlossen hat, was wir kaum als Verlust betrachten. Dafür treffen wir draußen auf so etwas wie einen Schlachtenlehrpfad. Auf Schlachtfeldern gibt es generell nicht viel zu sehen; nicht einmal auf dem von Verdun, wo die Kämpfe mit mörderischer moderner Artillerie sich fast über das ganze Jahr 1916 hinzogen und nur die zerdellte Beschaffenheit des Bodens im nachgewachsenen Wald auffällt: jede Delle ein alter Einschlag. So landschaftsgestaltend war es hier nicht zugegangen. Aber man sieht zahlreiche kleine Friedhöfe und Denkmäler, die sich über die Fläche verteilen. Fünfhundert Denkmäler sollen es insgesamt sein, kleine Tempel, kleine Säulen mit einem Zaun herum. Das Gedenken war damals noch nicht so zentralisiert wie später in Verdun, wo die Gräberreihen mit ihren einförmigen weißen Kreuzen sich endlos über die Hügel ziehen wie Weinberge im Winter. Bei Königgrätz hat jedes Bataillon, ja zuweilen eine einzelne Familie die Sache selbst in die Hand genommen, was irgendwie tröstlicher aussieht, obwohl das Töten auch damals schon in ziemlich industrialisiertem Maßstab vor sich ging.

In diese Zeit fallen auch die Anfänge des Roten Kreuzes. Nach den Schlachten des italienischen Unabhängigkeitskriegs wenige Jahre zuvor war man darangegangen, die Rettung der Verletzten und Bergung der Toten frontübergreifend zu organisieren. Plötzlich erschien die uralte Erfahrung, dass man die unversorgten Verwundeten auf den Schlachtfeldern tagelang schreien hörte und sich riesige Rabenschwärme zum Schmaus einfanden, nicht mehr hinnehmbar. Man muss das zweifellos als einen Fortschritt der Humanität verbuchen. Etwas später führte man verpflichtend die Blutablaufrinne am Bajonett ein – wenn beim Nahkampf das Bajonett in den Bauch des Feindes gerammt wurde, sollte das Blut ungehindert austreten können, statt dass innere Blutungen die Sache verkomplizierten. Hier wird die Frage nach dem Fortschritt schon etwas kniffliger.

Ein weiterer, wenn auch nicht unbedingt ein humanitärer Fortschritt war das Phänomen des Schlachtenbummlers, das in den Kriegen von 1866 und 1870 entstand. Ein Bummler war jemand, der zu seinem Vergnügen auf den Boulevards spazieren ging, das deutsche Gegenstück zum französischen Flaneur. Als solche Bummler reisten die neugierigen Patrioten den preußischen Heeren hinterher, um zu gucken, wie der Sieg vor Ort aussah: eine besondere Art von Erlebnistourismus. Fünfzig Jahre früher hatte es dieses Phänomen noch nicht gegeben, denn damals war jede Reise, die über ein paar Meilen hinausging, ein mühsames Abenteuer gewesen. Fünfzig Jahre später verwandelten sich die Schlachtfelder in eine Hölle, denen selbst der kühnste Eventtourist lieber fernblieb. Aber 1866/70 bestand das europäische Eisenbahnnetz schon annähernd in heutiger Dichte und Bequemlichkeit (und war vielleicht sogar effizienter); das verlockte zu Ausflügen.

Die berühmtesten Schlachtenbummler von 1866 waren Theodor Fontane und Adolph Menzel. Fontane schlenderte durch Bad Kissingen, wo vor den Augen der entsetzten kaffeetrinkenden Kurgäste plötzlich Reiterverbände eingedrungen waren und sich in den Straßen gegenseitig niedergeschossen hatten. Menzel, der interessanteste deutsche Maler des 19. Jahrhunderts, suchte das Schlachtfeld von Königgrätz auf. Einem Freund schrieb er: «Auch ich empfand ein Pflichtgefühl, das mir keine Ruhe mehr ließ, am Krieg wenigstens zu riechen!» Der Gaffer, der Künstler und der Patriot gehen hier eine unklare Mischung ein. Er kam noch rechtzeitig vor den Beerdigungen und rückte den Toten und Schwerverletzten mit seinem Zeichengerät auf den versehrten Leib. Diese Grafiken gehören zu den krassesten Zeugnissen eines Krieges überhaupt. Die Toten und Verwundeten liegen in der schäbigen Umhausung von Scheunen oder Ähnlichem auf dem Boden, auf Stroh oder Stoff, den man vor Dreck und Blut kaum noch erkennen kann. Bauch und Geschlecht sind schamlos aufgedeckt; darauf kam es in ihrer Lage nicht mehr an. Einem wollte man noch etwas Gutes tun, indem man seinen zerrissenen Beinstumpf in eine Art Trog bettete – er ist aber schon tot. Ein anderer, mit einer grässlichen und stümperhaft zugeflickten Bauchverletzung, wird es erkennbar nicht mehr lange machen. Hier musste der Künstler sich eilen.

Menzel war von kleinem, fast zwerghaftem Wuchs, er musste sich kaum hinabbeugen, um all das ganz nah zu erfassen; diese Bilder haben keine Distanz. Vom Patrioten ist hier nichts mehr übrig und der Gaffer ganz in den Künstler verschlungen. Und doch bleibt, über das ungeschönt Schockierende dieser Bilder hinaus, beim Betrachten ein Missgefühl. Es wird erzeugt durch den Umstand, dass Menzel, nachdem er mit der Zeichnung schon fertig war, die Bilder koloriert hat. Er hat die Szene in eine gelblich-bräunliche Tönung getaucht, die alles sein kann, fahle Haut, fauliges Stroh, vielleicht sogar Exkremente. Man glaubt diese Farbe zu riechen. Es ist aber wohl ein anderer Geruch, als der Künstler ihn im Sinn hatte, als er frohgemut aus Berlin aufbrach. Schlachtenbummler sind auch wir, allerdings ohne Drang zur Aktualität.

Heute liegt das Belehren zu jener Schlacht in tschechischer Hand. Man könnte meinen, eigentlich könnte es den Tschechen egal sein, wer von ihren beiden Zwingherren, die da aneinandergeraten waren, den Sieg davontrug. Aus dem Amerikanischen

Bürgerkrieg, der nur ein Jahr vor Königgrätz zu Ende ging, ist eine Anekdote überliefert, in der sich ein Soldat des Nordens, als er in den Süden gelangte, an einen alten Schwarzen wandte, der in der Sonne saß: Warum er und seine Leute sich nicht stärker in diesem Krieg engagierten, es gehe doch schließlich um ihr Schicksal. Worauf der Schwarze erwiderte: Haben Sie schon einmal zwei Hunde gesehen, die um einen Knochen kämpfen? Natürlich, sagte der Soldat. Und, Sir, fuhr der alte Mann fort, hat der Knochen gekämpft? So ein Knochen waren die Tschechen auch. Aber den bunten Tafeln, die sich im Gelände verteilen, entnehmen wir trotz unserer Sprachunkenntnis, dass die tschechischen Sympathien klar auf der österreichischen Seite liegen, also der der Verlierer. Immer stehen die Österreicher und ihre Wappen, ja selbst die verbündeten Sachsen (o ja, auch die Sachsen verloren mal wieder!) vor und über den Preußen, als käme es auf diese gar nicht so an. Die österreichischen Offiziere sind abgebildet wie die wahren Helden, und immer mit ihren ganzen, oft kauzig langen Namen. Es kämpften gewiss auch genug Tschechen mit, aber sie dienten wohl eher in den Mannschaften und schafften es nicht aufs Bild.

Vielleicht verhält es sich ja so, dass die Erfahrungen ab 1938 die vor 1918 überdeckt und verdrängt haben, die schlechten jüngeren die schlechten alten. Was sich in Tschechien zwischen 1938 und 1945 begab, dafür zeichnete jenes neue Reich verantwortlich, das in Königgrätz, wenn nicht geboren, so doch gezeugt worden war. Als ich das fidele Lied «Wie Bähmen noch bei Ästreich war» zuerst hörte, in der Kindheit, ging es weiter: «vor fünfzig Jahr, vor fünfzig Jahr», dann «vor sechzig Jahr», dann «vor siebzig Jahr»; dann verklang es. Und der brave Soldat Schwejk, der seinen asymmetrischen Kampf gegen österreichische Musterungsärzte führt, die in Wahrheit Henker sind, gibt heute vor allem eine gemütlich schmunzelnde Figur zum Schmuck von Bierkneipen ab. Ja, die Zeit ändert viel.

DIE LETZTEN TAGE DER MENSCHHEIT

Wer wissen will, wie es zuging, als Böhmen noch bei Östreich war, dem sei die Lektüre der *Fackel* von Karl Kraus empfohlen, die der Wiener Satiriker von 1899 bis 1936 in fast tausend Nummern und überwiegend allein schrieb, und besonders seines Tausendseitendramas «Die letzten Tage der Menschheit». Das fängt noch im alten Jahrhundert humoristisch an, mit dem ewigen Sprachenstreit der beiden Völker, steigert sich zu den schauerlichen Weltkriegsszenen mit Major Metzler und Hauptmann Niedermacher und setzt sich nach 1918 fort, als die Deutschen, rund ein Drittel der Gesamtbevölkerung im böhmisch-mährischen Westteil des neuen Staates Tschechoslowakei, sich nunmehr als unterdrückte Minderheit fühlten, worauf sie mit Bosheit und Ressentiment reagierten. Wer das Riesenwerk liest, wird die friedensstiftende Kraft zweisprachig beworbener Diabetikerbonbons nicht mehr überschätzen. Den deutschen Einmarsch erlebte Kraus nicht mehr mit, weder in Wien noch in Prag; er starb 1936 – zu seinem Glück, wie man fast sagen möchte.

Über Karl Kraus habe ich meine Promotion geschrieben. Sieben Jahre hat das gedauert, wie im Märchen, und manchmal glaubte ich, Kraus besser zu kennen als jeden lebenden Menschen. So ergreife ich gern die Gelegenheit, seinen Geburtsort aufzusuchen: Jičín, damals Gitschin, nicht allzu weit entfernt von der Oberelbe. Dort hatte sein Vater eine Fabrik für Papiertüten. Es ist für mich eine kleine Wallfahrt.

Der Besuch von literarischen Gedenkorten bringt nicht viel, eher noch weniger als der von Schlachtfeldern; das war mir vorher klar. «Wer den Dichter will verstehn, / Muss in Dichters Lande gehn», das gilt höchstens, wenn der Dichter den Förster vom Silberwald gestaltet hat, nicht aber die letzten Tage der Menschheit.

Und doch wollte ich dorthin. Das Haus steht noch, wie es im Geburtsjahr 1874 stand, ein dreistöckiges Eckhaus am völlig überdimensionierten Marktplatz der Kleinstadt, nicht weit vom Rathaus. Es stammt wohl aus der ersten Hälfte des 19. Jahrhunderts, hat eine markant reliefierte Sockelzone und trägt das warme Schönbrunner Gelb der habsburgischen Reichsarchitektur, das auch loyale Untertanen gern benutzten. Die Stadt hatte ihre Blütezeit unter Wallenstein, der als Herzog von Friedland während des Dreißigjährigen Kriegs seine Residenz hierher verlegte. Seither scheint nicht mehr viel passiert zu sein, und man fragt sich, wie die wenigen Jugendlichen, die an ihren Treffpunkten herumhängen, ihre Jugend in diesem ruhigen, wenn auch weiträumigen Ort erleben – wahrscheinlich im Gefühl, dass das Leben an ihnen vorübergeht, und ihnen doch in realen Jahren vom Gesamtguthaben abgezogen wird. Am Geburtshaus aber ist eine Gedenkplakette angebracht. Sie zeigt in Bronze das schöne ausdrucksvolle Porträt von Kraus als Vortragendem von Esterle, und sie ist zweisprachig beschriftet, wobei Tschechisch den Vortritt erhält. In dem Haus befindet sich immer noch, hundertfünfzig Jahre nach der väterlichen Papiertütenfabrik, ein Schreibwarenladen mit der Inschrift *Papírnictví*. Viel zu sehen, wie gesagt, gibt es hier nicht. Und doch habe ich das Gefühl, als hätte ich an dieser Stelle eine schon lang fällige Reverenz erwiesen und sich für mich ein Kreis geschlossen.

SYNTHESIA EXPLOSIA

Pardubice ist neben Hradec Králové die andere größere Stadt an der Oberelbe, ebenfalls mit knapp hunderttausend Einwohnern. Sie ist berühmt für zwei Produkte, die eine gewisse materielle Ähnlichkeit miteinander aufweisen: Beide bilden eine knetbare Masse von gelblicher bis bräunlicher Färbung. Das eine ist der Perník, eine

Art Lebkuchen, gern als Trägersubstanz für Herzen mit Zuckerguss oder, speziell in diesen Frühlingstagen, für osternahe Erzeugnisse verwendet. Wir sehen es in den Schaufenstern, kosten zwar nicht davon, denn heute am Sonntag sind die Geschäfte zu, können uns jedoch seine schwere, klebrige, süßliche Konsistenz auch so ganz gut vorstellen. Es finden dabei Mehl, Zucker, Milch, Öl, Kakao und Mandeln Verwendung, und wie man dem Backvideo im Internet entnehmen kann, ist der Teig am Ende so zäh und schwer, dass man den Backtrog umkehren und die Masse mit einem Spatel lösen muss, damit man sie überhaupt herausbekommt.

Das andere ist Semtex, der berüchtigte Plastiksprengstoff, der sich, weil er schon in geringen Mengen gewaltig wirkt, leicht zu verbergen ist und dank seiner Knetbarkeit in unwahrscheinlichste Hohlräume passt (zum Beispiel Schuhabsätze), bei Terroristen großer Beliebtheit erfreut. Semtex soll beschaffen sein wie Marzipan. Dreihundert Gramm genügten, um ein Passagierflugzeug über der schottischen Kleinstadt Lockerbie zum Absturz zu bringen. Der erste Anschlag auf das World Trade Center im Jahr 1993 wurde ebenfalls mit Semtex ausgeführt, auch wenn damals nur ein mehrere Stockwerke der Tiefgarage umfassendes Loch entstand. Offiziell darf Semtex heute nur noch mit Zusatzstoffen auf den Markt gelangen, die von Spürhunden erschnüffelt werden können; es soll aber nach wie vor einen großen Schwarzmarkt geben. Jedenfalls existiert es, gleich der tschechischen Braunkohle, noch immer.

Es scheint eine gewisse tschechische Affinität zu Dingen zu geben, die explodieren, wovon wir uns ja auch schon im Ostböhmischen Museum überzeugen konnten. Die Pistole, als erste praktikable Handfeuerwaffe, ist eine tschechische Erfindung: Der Name bedeutet «Pfeifchen», und sie wurde erstmals von den Hussiten im 15. Jahrhundert eingesetzt. In den Jahren der ersten tschechoslowakischen Republik schrieb Karel Čapek den Roman «Krakatit» – der Titel sagt eigentlich schon alles. Krakatit, das ist im

Grunde die vorweggenommene Atombombe. Der Held Prokop hat das Geheimnis entschlüsselt, wie man der Materie das ihr innewohnende Zerstörungspotenzial entbinden kann.

«‹Ich sage dir, ich habe Methoden gefunden! Mensch, Zernitrat, in dem steckt Leidenschaft drin; und Chlor, Chlor, Tetragrad-Chlorstickstoff wird durch Licht entzündet. Du schaltest eine Glühbirne ein – und bumm! Aber das ist noch gar nichts. Sieh mal›, verkündete er und steckte plötzlich seine magere, schrecklich zugerichtete Hand unter der Decke hervor. ‹Wenn ich etwas in die Hand nehme ... spüre ich ... die Atome summen. Als wäre es ein Ameisenhaufen. Jeder Stoff kribbelt anders, verstehst du?›

‹Nein.›

‹Das ist die Kraft, weißt du? Die Kraft. Die Kraft in der Materie. Die Materie hat ungeheure Kraft. Ich ... ich fühle, wie es in ihr wimmelt. Zusammengehalten wird sie durch ... gewaltige Anstrengung. Sobald du etwas durcheinanderbringst, fällt sie auseinander – bumm! Alles ist Explosion.›»

Woher diese Begeisterung für alles, was knallt? Vielleicht fehlt es in einem Land, das seit Königgrätz keine größeren militärischen Auseinandersetzungen auf seinem Territorium erlebt hat (und auch Königgrätz war ja gewissermaßen ein Gastspiel von außerhalb), diesbezüglich ein wenig an Vorstellungskraft – «bumm!» klingt darum lustiger als anderswo. Pardubice allerdings wurde als Standort von kriegswichtiger Industrie bombardiert (gezielt das Industriegebiet, die Altstadt blieb unversehrt). Auch die Einmärsche der Nazis 1939, der Alliierten 1945 und des Warschauer Pakts 1968 geschahen zwar mit militärischer Gewalt, aber so gut wie kampflos.

Semtex ist nach dem Ortsteil Semtin benannt, wo es hergestellt wird. Wir haben keine große Hoffnung, auf die zuständige Fabrik zu treffen, denn so etwas hängt man nicht an die große Glocke. Umso erstaunter sind wir, als wir umstandslos an die Pforte der Semtex produzierenden Firma «Explosia» gelangen. Sie gehört zum Chemiekonzern «Synthesia», der hier ein riesiges Areal einnimmt. Folglich steht über dem Eingang in roten und blauen Lettern «Synthesia – Explosia», was wie eine der Zauberformeln bei Harry Potter klingt, wo man sich immer wundert, wie ein solches Fake-Latein magische Wirkungen erzielen kann. Weiter als bis zu diesem Schild dringen wir lieber nicht vor. Ich steige aus und mache so rasch wie möglich ein paar Bilder, denn wir rechnen mit Werkschutz und Schlimmerem. Aber keiner kümmert sich um uns. Es ist, wie gesagt, Sonntag.

Die Firma macht sogar Reklame. An der Straße vor der Fabrik steht eine große Plakatwand, die für «Explosia» wirbt. Zu sehen ist eine junge Frau in einem roten, extrem engen Ganzkörper-Latexanzug, die auf einer Rakete durch den Himmel reitet. Eine Rakete steht ja eigentlich für Rapidität. Diese hier aber scheint sich mit einer gewissen Beschaulichkeit zu bewegen und in eher geringer Höhe. Das Ding sieht aus wie ein Fisch, gehorcht in seinem Design den frühfuturistischen Vorstellungen von Stromlinienform und stößt am hinteren Ende Rauch und Feuer aus wie eine Dampflok. Was sich hier sehen lässt, liegt deutlich unter der Leistungskraft des beworbenen Produkts. Die Reiterin schwenkt einen Wimpel mit dem Firmennamen. Ließe man jemand raten, er würde auf Science-Fiction oder Superhelden der Fünfziger tippen. Macht sich hier jemand einen Spaß? Und wenn ja, welchen? Es wirkt jedenfalls ziemlich obskur.

BÖHMEN LIEGT AM MEER

Tschechien ist ein Binnenland im Herzen Europas und so weit entfernt vom Meer, wie es auf unserem kleinen, stark gegliederten Kontinent eben geht: Es liegt etwa gleich weit weg von Nord- und

Ostsee einerseits, Mittelmeer und Schwarzem Meer andererseits (na gut, das Schwarze Meer ist noch ein Stück weiter weg). Und doch gibt es ein inniges Verhältnis zwischen Böhmen und dem Meer. Schon Shakespeare verlegte das Land in seinem «Wintermärchen» an eine verlassene Küste, unklar ob aus Unkenntnis, Willkür oder Ironie. Ingeborg Bachmann, von Shakespeare angeregt, schrieb ein Gedicht mit dem Titel «Böhmen liegt am Meer»: «Liegt Böhmen noch am Meer, glaub ich den Meeren wieder / Und glaub ich noch ans Meer, so hoffe ich auf Land. / Bin ich's, so ist's ein jeder, der ist so viel wie ich. / Ich will nichts mehr für mich. Ich will zugrunde gehen. / Zugrund – das heißt zum Meer, dort find ich Böhmen wieder. / Zugrund gerichtet, wach ich ruhig auf. / Von Grund auf weiß ich jetzt, und ich bin unverloren.» Getrost blickt die Dichterin auf das, was doch unmöglich sein sollte. Auch Franz Fühmann, Volker Braun und Hans Magnus Enzensberger haben Texte vorgelegt, die «Böhmen am Meer» heißen. Hier waltet ein starkes Motiv.

Es ist ein Motiv des Lebens, eine bodenständige Sehnsucht in die Ferne und älter noch als Shakespeare. Schon im «Ackermann aus Böhmen» des Johannes von Tepl, einem Text aus der Zeit um 1400, taucht es auf. Tepl ist eine nordböhmische Stadt, die selbst heute nicht mehr als dreitausend Einwohner hat, im Einzugsbereich der Ohře, früher deutsch Eger, des nach der Moldau wichtigsten Nebenflusses der Elbe auf tschechischem Territorium. Der Ackermann klagt den Tod vor Gott an, dass er ihm seine geliebte junge Frau entrissen hat. Er erhebt seine Klage und Anklage: «Nun wirt zu mir gesprochen: schabe abe! [Kratz ab!] Bei trubem getranck, auf durrem ast, betrubett, swarcz und zurstort bleyb und hewl an unterlaß! Also treibt mich der wint, jch swymm dohin durch des wilden meres flut, die dunen [Sturzseen] habent vberhant genommen, meyn ancker hafftet nynndert. Hirumbe ich an ende schreyen will: jr Todt, euch sey verflucht!» Das Meer ist Drohung und Rettung zugleich, es verleiht noch in der höchsten Gefahr den Mut, den man braucht, um ihm zu widerstehen.

Ja, Böhmen liegt noch am Meer! Wohin wir auch kommen, erblicken wir Anker und Nixen. Das älteste Haus in Pardubice trägt ein großes Stuckrelief, welches den Propheten Jona zeigt, wie er inmitten eines Seesturms von einem Walfisch verschluckt oder ausgespuckt wird (das ist schwer zu entscheiden); auf die Wasserwirbel ist viel Aufmerksamkeit verwendet. König Ottokar II., der im 13. Jahrhundert vorübergehend die Kontrolle über Österreich errang, hoffte von dort über Slowenien und Friaul ans Mittelmeer vorzudringen; vergeblich. Ein Jahrhundert darauf trat Karl IV., der für Böhmen die Kaiserkrone gewann, den umgekehrten Weg nach Norden an. Schlesien und Brandenburg hatte er bereits in seinen Besitz gebracht und an der unteren Elbe den Stützpunkt Tangermünde errichtet. Es fehlte ihm zum Ostseezugang bloß noch die dritte Provinz, Mecklenburg – da starb er. Sein Königreich hatte wieder mal knapp das Meer verpasst. Albrecht von Wallenstein, Herzog von Friedland mit Hauptquartier in Jičín, ließ sich vom Kaiser den Titel eines Generals des Ozeanischen und Baltischen Meeres verleihen und zog seine Streitmacht vor der Hanse- und Hafenstadt Stralsund zusammen. Er soll ausgerufen haben: Stralsund muss fallen, und wenn es mit Ketten an den Himmel geschmiedet wäre! Aber Stralsund fiel nicht; und so gelangte auch dieser böhmische Magnat nicht ans Ziel.

Doch betraf dieser Drang nicht nur die Könige, Kaiser und Feldmarschälle, er ging durchs ganze Volk bis hinab zu den Kindern. Dass vor hundert Jahren für sie der Matrosenanzug angesagt war, kam ihnen gerade recht. Am Anfang seines 1974 erschienenen Romans «Das Städtchen, in dem die Zeit stehenblieb» lässt Bohumil Hrabal den kleinen Ich-Erzähler sich auf dem Heimweg von der Schule trödelnd ans Ufer der Elbe verlieren, wo die Sandschiffe ausgeladen werden. Das Städtchen lässt sich identifizieren als

Nymburk an der Elbe, wo Hrabal aufwuchs. Der Erzähler bewundert die Sandschaufler, die ihm wie Hochseematrosen erscheinen, wegen ihrer tiefen Bräune, ihrer kraftvollen Schaufelwürfe und besonders wegen ihrer maritimen Tattoos. Vor allem der Stärkste von ihnen hat es ihm angetan, der auf der Brust eingraviert ein Segelschiff trägt, dessen Segel mit den Atemzügen schwellen und erschlaffen wie unter dem Wind des Ozeans. So eines will er auch! Sonst kann er nicht weiterleben. Was das wohl kosten mag? Na, nicht mehr als ein Glas Rum. Das erschwingt er, wenngleich er dazu den Opferstock der Kirche (er ist Ministrant) bestehlen muss beziehungswiese sich von Jesus einen Kredit bewilligen lässt, fünf Kronen. «Herr Lojza, das gehört Ihnen für einen anständigen großen Rum!» Dafür macht sich der alte Praktiker Lojza in der Kaschemme «Unter der Brücke» ans Werk, während die Sandschaufler herumsitzen und feixen. Als es beendet ist, fühlt das Kind sich überglücklich – nur um daheim unter dem Spott der Familie zu entdecken, dass ihm statt eines Segelschiffs eine großbusige Seejungfrau mit einem Bart bis zum Nabel eingeritzt wurde. Jetzt wird er sich nie mehr, wie er doch träumte, in Hamburg als Seemann verdingen können. So schlagen Jubel und Stolz um in Demütigung: eine scheinbar lustige, in Wahrheit tieftraurige Geschichte.

Ach, die Tschechen und ihr Meer! Das ist noch was anderes als bei den Ungarn, die zur selben Zeit, in der Hrabals Geschichte spielt, von Admiral Horthy regiert wurden, in Erinnerung daran, dass Ungarn bis 1918 Anrainer des Mittelmeers war; dann verlor es zwei Drittel seines Territoriums samt allen Seezugangs. Die Ungarn litten unter einem Phantomschmerz, der ihnen vorgaukelte, das amputierte Glied wäre noch da. Der Schmerz der Tschechen aber ist ein träumerischer – ein Schmerz ähnlich dem der Juden, die jahrhundertelang, ehe der Staat Israel neu gegründet wurde, einander beim Passahfest zuriefen: Nächstes Jahr in Jerusalem! Und was rufen die Tschechen einander zu, wenn sie sich begegnen? Ahoj!

SILBER UND GEBEIN

Kutná Hora, zu Deutsch Kuttenberg, ist Weltkulturerbe. Das langt heute. Ein Ort, der diesen Status erreicht, darf der Aufmerksamkeit des internationalen Tourismus sicher sein, zumal dann, wenn er sich nur sechzig Kilometer, das heißt einen Tagesausflug weit, von Prag befindet. Die Stadt schickt sich gegenwärtig an, so etwas wie ein Prag 2.0 zu werden. Die lange Promenade zur Kathedrale hin, die nach links steil zu einem Talgrund abfällt, ist mit barocken Heiligen besetzt, gleicht auch sonst der Karlsbrücke auf verblüffende Weise und zieht die schlendernden Paare an. Erste Straßenmusikanten haben sich eingefunden. Die Preise, auch für Eintritt, haben Prager, also internationales Niveau erreicht. Die Stadt ist wunderbar, die Kathedrale mit ihren außergewöhnlichen Zeltdächern von atemberaubender Höhe. In dieser Stadt wurden im Spätmittelalter ergiebige Silberadern gefunden, die Böhmen auf ein Vierteljahrtausend zum reichsten Land Europas machten; die Stollen wurden bis in eine Tiefe von fünfhundert Metern getrieben, tiefer als damals irgendwo sonst. Dann versiegte der Segen, das viele billige Silber aus der Neuen Welt tat ein Übriges. Ab dem 16. Jahrhundert stand die Zeit für Kuttenberg still. Das wird der Stadt heute durch die Unesco honoriert. Man kann sich leicht vorstellen, wie die gegenwärtigen mittelstarken Besucherzahlen sich in den nächsten Jahren in einen Strom verwandeln wie in der Goldenen Zentrale selbst.

Am Stadtrand von Kutná Hora liegt das Kloster Sedlec. Dort gibt es ein Beinhaus. Wo sind all die Toten hin, jene «größeren Heere», wie sie ein Dichter genannt hat? Immer noch, trotz allen Bevölkerungswachstums, übertrifft ihre Zahl die der Lebenden um ein Vielfaches. Wo man sie verbrannt hat, sind sie geschwunden zu ein paar Aschenflöckchen. Doch über die längste Zeit hinweg hat man sie, wenigstens in Europa, in der Erde der Friedhöfe bestattet. Grab und graben, das gehört zusammen. Man kann das an derselben Stelle nicht beliebig oft machen. Nach vier oder fünf Belegungen, so hat es mir einmal ein Friedhofswärter erklärt, den ich fragte, warum eine größere Wiesenfläche ganz frei von Grabsteinen war, ist der Boden «satt», wie er sich ausdrückte, das heißt vor Fettigkeit außerstande, weitere Leichname zu zersetzen. Diesen fetten, satten Boden stellt man sich ungern sinnlich vor; er scheint selbst zu Menschenfleisch geworden. Ein Begrabener aber soll doch vor allem verwesen, bis nur noch die Knochen übrig sind.

Diese Knochen (acht Kilo sollen sie maximal wiegen, nachdem das Fleisch von ihnen gewichen ist) stellen eigentlich keine sehr hohen Ansprüche; nur dass man sie eben lässt, wo sie sind, auf einer kleinen Parzelle der Erde. Doch auch dies schon kann der Nachwelt zu viel werden. Die Mönche von Sedlec befanden, dass ihr Friedhof, der sich, weil es hier ein bisschen heiligen Staub aus Palästina gab, über Jahrhunderte großen Zuspruchs erfreut hatte, zu viel Platz wegnahm. Sie wollten ihn verkleinern und an seiner Stelle einen Acker anlegen. Die Ernährung der Lebenden hat Vorrang vor der Ruhe der Toten. Aber man wollte es auch nicht machen wie auf dem Schlachtfeld von Waterloo, wo man die ausgeackerten Gebeine verkaufte, um sie zu Dünger und Zuschlagsstoff für Mörtel zu zermahlen – eine einzige Schlacht reichte hin, um eine ganze Industrie zu versorgen. In der Erde also konnten sie nicht bleiben; aber irgendwo bleiben mussten sie. Zu diesem Zweck gibt es Beinhäuser auch andernorts, welche die Lagerung in kompakterer Weise vollbringen als die in der Fläche zerstreuten Einzelgräber. In Sedlec aber ließ man sich dazu noch etwas Besonderes einfallen.

Viele Tausend Tote haben sich hier versammelt, die Pesttoten des 14. Jahrhunderts ebenso wie die Opfer der Hussitenkriege im 15., diese oft mit furchtbaren Schädelverletzungen. Sie haben ihren

Menzel nicht gefunden, was vielleicht ein Glück ist. Versammelt ist nicht ganz das richtige Wort, denn die Knochen sind thematisch sortiert und die Skelette somit auseinandergerissen; der Einheit des individuellen Körpers hat man keine Achtung bezeigt. Wer die Kapelle betritt, gewinnt den Eindruck, dass vor allem die Schädel und die langen Röhrenknochen der Arme und Beine von Interesse waren. Sie wurden zu mehreren gewaltigen zelt- oder pagodenförmigen Strukturen aufgemauert, alles in strikter Symmetrie, als wäre damit einer gewissen Mindestpietät Genüge geschehen. Hier stecken die größten Massen an Knochen, denn vor allem die Massen galt es ja unterzubringen. Daneben aber werden die Wände von langen, schweren Knochenketten und -draperien geschmückt, immer abwechselnd ein Schädel und ein paar gekreuzte Schenkel, wie bei der bekannten Piratenflagge, aber so artig angeordnet, dass die Knochenkreuze wie Schleifchen wirken. Wo ein solcher knöcherner Schwung oder Faltenfall sein unteres Ende erreicht, hat man hängend ein paar Rippen angebracht, um eine Quaste anzudeuten. Der Kronleuchter, der sich im Zentrum von der Decke herabsenkt, steht hinter keiner Pracht aus Murano zurück; und hier haben auch die kleineren Knöchlein eine Heimstatt gefunden, die Unterkiefer beispielsweise, die sich hübsch komplex zu Ketten verhaken, indem sie ineinander zu beißen scheinen. Auch Rückenwirbel und Steißbeine mit ihrer reizvollen Siebstruktur sind eingearbeitet. Für feine verschnörkelte Inschriften taugen speziell die sonst verschmähten Fingerknöchelchen.

Eine besondere Herausforderung hat das große Wappen mit seinem Figurenschmuck bedeutet: Hier steigert sich das Handwerk der Knochenplatzierung zur Kunst im engeren Sinn. Ein Vogel trägt einen Schnabel, für den man eine Elle gespalten und gespitzt hat; aus Rippen ist ein Federkopfschmuck gefügt. Ein Staatswappen aus Menschenknochen – welch eine Allegorie der Geschichte! Ob der Künstler das so gewollt hat oder ob er einfach nur gut im Zug war, als er den Werkstoff, der seine Form doch schon in einem Menschenleib gefunden hatte, zum neuen Zweck umfunktionierte? In gewisser Hinsicht gleicht das hier verwendete Material dem Holz von Balken und Bildwerken, das lange Zeit für sich wuchs, ehe es starb und von außen seine zweite, seine neue Bestimmung empfing.

Was soll man von diesem Arrangement halten? Ist es tiefsinnig oder geschmacklos, melancholisch oder blasphemisch zu nennen? Unter den Besuchern sind auch Kinder, die sich unbefangen benehmen. Es scheint nicht so, als erlebten sie hier eine Erstbegegnung mit dem Tod; oder wenn doch, als würde es sie jedenfalls nicht verstören. Wollte man selbst so ausgegraben und ausgestellt sein, wenn man dereinst tot ist? Zwar gibt es immer die Fraktion der Kyniker, die leichthin erklären, es tue ihnen dann sowieso kein Zahn mehr weh, und man solle sie, wie es Diogenes in seiner Tonne haben wollte, statt in ein Grab in den Straßengraben werfen. Doch in allen zivilisierten Ordnungen gilt es als Schmach für die Toten, ihre Angehörigen und die Gesellschaft insgesamt, wenn man die Leichen nicht vor den Blicken der Lebenden verbirgt. Können diese Knochen ohne jede Spur von Fleisch denn noch als Leichen, als Menschen gar gelten? Eine Frau, die tief errötet wäre, hätte ein Fremder ihre Scham erblickt – heißt es sie verhöhnen und verraten, wenn nun die Öffentlichkeit ihr bleiches Schambein zu sehen bekommt, das nicht mal sie selbst je sah? Diese Toten sind noch nicht einmal mehr nackt. Nackt ist, was sich an den Lebenden entblößen lässt, ohne sie umzubringen. Das trifft beim Skelett nur auf einen einzigen Bereich zu, und das sind die Zähne. Eigentlich sind die Zähne unser grauenhaftestes Teil. Hier im Beinhaus sind die Toten, oder was von ihnen übrig ist, jedenfalls verwahrt. Mehr leistet selbst die Cheopspyramide nicht, um von den bescheideneren Grabdenkmalen späterer Zeit bis hin zu unserer eigenen zu schweigen.

Dieses Beinhaus erzählt die Wahrheit über das Leben: dass es sich in Schichten ereignet. Wir überschätzen immerzu das Faktum, dass gerade wir gerade jetzt lebendig sind. Das durfte noch jede dahingesunkene Generation so lange von sich behaupten, bis die nächste kam. «Unser, unser sind die Stunden, und der Lebende hat Recht!», heißt das bei Schiller. Das stimmt ja auch; aber kein Privileg hat ein rascheres Verfallsdatum als dieses. Wen die geologische Tatsache kaltlässt, dass alle Kalksteingebirge aus den Gehäusen, das heißt den Außenskeletten winziger Meerestiere bestehen, die sich über die Jahrmillionen auf dem Grund der Meere zu kilometerstarken Sedimenten angehäuft haben, ehe sie bis in die Höhe des Mount Everest emporgestemmt wurden – der kommt vielleicht doch ins Grübeln, wenn er diese zwar kleinformatigeren, aber dafür umso eindrücklicheren Schädelarchitekturen sieht. Sie belehren darüber, was von uns als Toten bleiben wird: wenig. In Arkadien, der idealen Sehnsuchtslandschaft der Antike, gab es ein Grab mit der Inschrift: *Fui, quod es; eris, quod sum* – Ich war, was du bist; du wirst sein, was ich bin. Das ist ein beherzigenswerter Gedanke. Aber es fehlt ihm der Aspekt der Masse. Das universale Faktum der Sterblichkeit lässt sich nicht fassen als Dialog, als der Besuch eines Wanderers bei einem Sesshaften, wobei sie die Radieschen zufällig von zwei verschiedenen Seiten betrachten, von oben und von unten, als wären sie bloß an der Achse der Grasnarbe gespiegelt wie die zwei Hälften einer Spielkarte. Die Masse, die Masse macht's.

STREIT UM KAFKA

Unser Quartier nehmen wir diesmal in Mělník. Hier mündet die Moldau, tschechisch Vltava, in die Elbe, tschechisch Labe. So steht es jedenfalls auf den Landkarten. Wer vom hohen Sporn der

Mělníker Altstadt mit ihrer weit ins Land sichtbaren Silhouette auf das flache und bewaldete Mündungsgebiet hinabsieht, dem bietet sich jedoch ein anderes Bild: Er sieht zwei große Arme Wasser und einen kleinen. Der eine große ist die Moldau, der andere der Moldaukanal, und nur der dritte und kleinste die Elbe selbst, die wie ein Nebenfluss und Nachgedanke erscheint. Hier tritt die Willkür bei allen Flusszuschreibungen in Erscheinung: Was mündet wo hinein, wer ist der kleine und wer der große Koalitionspartner, der mit seinem Namen sozusagen den Regierungschef stellt? Die Zuschreibung muss sehr alt sein, älter als die tschechische Nation, denn als diese im 19. Jahrhundert zu sich selbst kam, erkor sie statt der Elbe die Moldau zu ihrem Zentralgewässer und ihrer nationalen Hauptsache. An ihr liegt Prag, etwa dreißig oder vierzig Kilometer oberhalb von dem Punkt, an dem wir stehen, und nach ihr benannte Smetana sein musikalisches Hauptwerk, dessen Melodien selbst mir, der wenig von Musik weiß, in den Ohren klingen.

Nur in wenigen Fällen hat man sich entschlossen, Gleichberechtigung walten zu lassen und beiden Flüssen ihr Eigenleben zuzugestehen, ehe sie sich miteinander in etwas Drittes verwandeln, wie etwa die Werra und die Fulda bei ihrer Vereinigung in Hannoversch Münden zur Weser. Von nun an allerdings wird es keinen Zweifel mehr geben, was die eigentliche Elbe wäre: Mit der Moldau im Leib kann ihr kein Nebenfluss mehr das Wasser reichen, beziehungsweise er tut genau das, indem alles Wasser nunmehr unzweifelhaft der Elbe zugutekommt.

Rechter Hand tief unter uns liegt der Hafen von Mělník, an dem vor allem Hunderte gestapelter Container ins Auge fallen. Bis hierhin ist die Elbe aufwärts schiffbar, und das bedeutet, dass es mit allen Frachten von da an auf dem Landweg weitergehen muss. In Bewegung erblicken wir allerdings nur einen einzigen leeren Kahn, der von einem kleinen, kräftigen Boot geschoben wird, und auch in den nächsten Tagen nur kleinere Fahrzeuge. Es sieht so aus, als wäre jetzt, Anfang Juli, der Wasserstand schon zu niedrig für den kommerziellen Verkehr; überall im weiteren Verlauf treten die Steine aus dem Bett hervor. An dem steilen Hang aber, der in Richtung des Hafens abfällt, wächst der Wein.

Im Großen und Ganzen kann man die Elbe, anders als den Rhein, nicht als einen Strom des Weins bezeichnen. Nur an zwei begünstigten Stellen hat er sich behauptet. (Früher freilich gab es überall in Mitteleuropa Weinbau, bis hoch zur Ostsee; und man fragt sich, ob damals das Klima besser war oder bloß die Trinker anspruchsloser.) Diese zwei Stellen finden sich bei Mělník und dann wieder bei Dresden, vor allem in der Meißner Gegend. Beides sind kleine Areale, Mělník noch einmal das deutlich überschaubarere. Doch pflegt der Wein, das heißt der Stolz auf ihn, eine Region noch in kleinsten Mengen zu prägen, denn schon die bloße Tatsache seiner Existenz, und sei es gewissermaßen als Spurenelement, verkündet: Hier hat man Teil am Süden und seiner Lebensart. Wie er mundet, scheint da zweitrangig. Wir lassen uns im Weinladen beraten und erwerben einen Riesling: Er erweist sich als frisch, aber säuerlich und etwas flach, von den gepriesenen Fruchtaromen können wir nichts entdecken. Als abendlicher Terrassenwein mag er hingehen. Beim nächsten Kauf sind wir klüger und nehmen einen Rotwein, der hier gleichfalls gedeiht; denn man kann sich drauf verlassen, dass ein schlechter Roter immer besser ist als ein schlechter Weißer.

In Mělník bin ich vor fünfzehn Jahren schon mal gewesen. Das heißt, ich glaubte in Mělník zu sein, denn dieser Name war als Ort der Konferenz angegeben, die ich besuchen wollte. Tatsächlich hatte es sich um das etwas außerhalb gelegene Schloss Liblice gehandelt, weshalb ich damals die Moldaumündung nicht finden konnte und enttäuscht war. Ein Fahrer, der ein Schild mit meinem Namen emporhielt, hatte mich nachts vom Prager Bahnhof abgeholt. Mit ihm konnte ich auf der rund einstündigen Fahrt, die folgte, kein einziges Wort reden, weil er kein Deutsch und ich kein Tschechisch sprach, eine beklemmende Situation. Die Konferenz trug den Titel «Kafka und die Macht», tschechisch «Kafka a moc», also mehr oder weniger: Kafka als solcher. Kafka wird von den Tschechen als der Ihrige beansprucht, obwohl seine Sprache Deutsch war und er das Tschechische wohl nie besonders gut beherrscht hat. Doch er ist nun einmal die weltweit berühmteste Persönlichkeit, die aus dem Gebiet des heutigen Tschechien hervorging (neben Sigmund Freud natürlich, aber der kam schon als kleines Kind nach Wien, während Kafka blieb). Sein wohlbekanntes Porträt ziert das Plakat der Ausstellung «Naši Němci», «Unsere Deutschen», die wir später in Ústí sehen werden.

Im Untertitel trug die Konferenz drei Daten: 1963–1968–2008, betonte also eine historische Dimension, von der die deutschen Teilnehmer wenig wussten. Hier in Schloss Liblice hatte in den frühen Sechzigern schon einmal eine Kafka-Konferenz stattgefunden, deren Charakter sich dem auswärtigen Gast nur sehr allmählich erschloss und deren Neuinszenierung am selben Ort die tschechische Seite mit großer Genugtuung empfand, als den Abschluss eines großen Bogens, die Erfüllung eines alten Wunschs. Worum es damals genau gegangen war, spielte keine so große Rolle; wichtig war, dass die Konferenz überhaupt möglich wurde. Sie war ein Zeichen der Hoffnung in dunkler Zeit gewesen. Nun gilt Kafka bei uns ja nicht gerade als Hoffnungsträger. Aber dass dieser bürgerlich-dekadente Schriftsteller wieder gelesen und diskutiert werden durfte, schien in der Tschechoslowakei, wo der Schnee des Stalinismus länger lag als in den anderen Staaten des Ostblocks und Kafka selbst dann noch verboten blieb, als Chruschtschow ihm schon ein «Dauervisum» verschaffen wollte, eine Ära des Tauwetters zu verheißen. Die Tschechen, die höflicherweise alle Deutsch sprachen (denn die Deutschen wollten immer schon und wollen auch jetzt kein Tschechisch lernen), lasen ihren Kafka ganz anders als im

Westen üblich: Für die Westler war das Kafkaeske eine Metapher oder ein Symbol, für die Tschechen jedoch direkter Ausdruck ihrer eigenen Erfahrungswelt.

Je deutlicher diese alte Konferenz, die ein halbes Jahrhundert zurücklag, in den Raum trat, desto stärker nahmen die Spannungen zu; der höfliche Ton wich dem gereizten, die deutsche Sprache der tschechischen. Ein älterer Herr, der die Veranstaltung von 1963 mitorgansiert hatte, und der Sohn eines anderen Organisators gingen aufeinander los. «Leute wie Sie haben an diesem Ort nichts zu suchen!», rief der eine und «Lüge! Lüge!» der andere, worüber uns der Dolmetscher nur widerstrebend informierte. Der deutsche Moderator sah hilflos zu. Die Konferenz von damals hatte als die erste Morgenröte des Prager Frühlings gegolten, der dann so schnell schon wieder vorbei sein sollte und einer weiteren finsteren Zeit bis 1989 Platz machte. Ja, so bietet sich die tschechische, die tschechoslowakische Geschichte von 1948 bis 1989 dar: zwei bleierne Nächte, ungefähr gleich lang, voneinander getrennt durch einen kurzen Frühlingsblitz.

CASANOVA IM EXIL

Etwas seitwärts von der Elbe liegt die freundliche Kleinstadt Duchcov, früher deutsch Dux. Wir besuchen sie ihres Schlosses wegen, mit dem es eine besondere Bewandtnis hat. Uns fällt die große Menge von Mehlschwalben auf, die um das Schloss herum die Luft erfüllt, und wir bemerken auch bald schon den Grund dafür: Unter dem Gesims des barocken Baus befindet sich ein Klötzchenfries, der sich um alle Gebäudeteile herumzieht, und immer zwischen zwei solchen Klötzchen entsteht eine kubische Nische gleicher Größe, das heißt mit vielleicht zwanzig Zentimetern Kantenlänge. Das ist genau, was die Schwalben brauchen, um ihre

Lehmnester wetterfest und außer Reichweite ihrer Feinde zu verankern. Hunderte von Nestern hängen hier, keine Nische bleibt unbesetzt. Ein ganz ähnliches Bauwerk mit Nistbesatz haben wir auch schon in Mělník gesehen, es reichte für alle Schwalben des Stadtkerns, manche Nischen waren sogar doppelt und dreifach belegt, dicht gedrängt. Man denkt sich: Wie leicht könnte es wieder viel mehr Schwalben geben, wenn man einfach bestimmte altbekannte Bauglieder in den architektonischen Kanon der Gegenwart aufnehmen wollte. Schwalben mag schließlich jeder, und die alten Häuser auch.

Gekommen sind wir aber wegen etwas anderem. In Schloss Dux verbrachte der Abenteurer und Liebhaber Giacomo Casanova seine letzten dreizehn Lebensjahre als Bibliothekar des Grafen Waldstein, in einer Bibliothek, die vierzigtausend Bände zählte. Man stellt diese letzte Zeit seines Lebens gewöhnlich als eine der Verdüsterung und Resignation dar. Casanova, der hier die Geschichte seines Lebens in zwölf Bänden schrieb, hat die Duxer Jahre selbst nicht mehr darin aufgenommen – sagt das nicht eigentlich alles? Hauptquelle für diese Zeit ist daher ein Brief, den der im Schloss verkehrende Aristokrat Charles de Ligne verfasst hat. Darin zeichnet er das Bild eines schwer leidenden, tief gekränkten Mannes, der einen unendlichen und aussichtslosen Krieg gegen die Häme und Niedertracht seiner Umgebung führt. Der Koch macht ihm keine Makkaroni, die Casanova doch täglich braucht. Die Suppe serviert man ihm absichtlich zu heiß. Ein Stallknecht hat nicht die Mütze vor ihm gezogen. Wenn mehr Besuch kommt als erwartet, muss Casanova am Katzentisch essen. Der Pfarrer will Casanova bekehren, obwohl der doch bereits Katholik ist, wenngleich ein aufgeklärter. Man verdächtigt ihn zu Unrecht, trotz seiner inzwischen rund siebzig Jahre eine Dienstmagd geschwängert zu haben, und zerreißt sich das Maul. Er spricht Deutsch, man will ihn nicht verstehen. Er macht seine ein halbes Jahrhundert zuvor erlernten

Verbeugungen, und man lacht; er deklamiert mit großem Pathos seine französischen und italienischen Verse, und man lacht. Man lacht über seinen Hut mit der weißen Feder, seinen goldbestickten Seidenrock und seine Seidenstrümpfe mit den strassbesetzten Kniebändern. «Cospetto!», ruft er. «Ihr Lumpengesindel, ihr seid lauter Jakobiner!» Denn das Jahr ist bereits 1793, und wenn die Französische Revolution auch nicht bis Böhmen vordringt, so gehört Casanova dennoch einer vergangenen Epoche an.

Fellinis berühmter Film hat sich von diesem Brief bis in die Einzelheiten inspirieren lassen, es fehlen darin weder die Makkaroni noch die verlachten Verse, und wie es Casanova wirklich tat, nennt er auch im Film seinen Hauptwidersacher nicht Feldkirchner, wie er eigentlich hieß, sondern Faulkirchner, wobei man sich fragt, ob dies mehr aus Unkenntnis oder Kenntnis der deutschen Sprache geschah. Fellinis Casanova ist eine eindrückliche Gestalt gedemütigter Größe und eines Stolzes, der sich nicht geschlagen gibt, auch wenn der gealterte Lebemann sich inzwischen nicht mehr im Spiegel beschauen mag, weil ihm die Zähne fehlen.

Aber das ist nicht die ganze Wahrheit. Bei Fellini herrscht Finsternis und Winter, Casanova haust in einem hadesartigen Exil am Rand der Welt. Diese Schilderung trifft auf das heitere Schloss Dux mitnichten zu, und es ist auch längst nicht so abgelegen, wie Fellini es aussehen lässt, sondern befindet sich mitten in der kleinen Stadt. Diese wiederum ist eingebunden in das dichte Netz der Städte am Südhang des Erzgebirges, von hier gehen Wege und schnelle Posten nach Prag, Wien, Dresden, Breslau, die Casanova eifrig nützt. Er steht weiterhin und vielleicht mehr denn je in Korrespondenz mit den großen Geistern Europas bis hin zum Kaiser, er reist nach Wien, um Mozart beim Libretto zu «Don Giovanni» zu unterstützen. Casanovas Beiträge zur Oper werden zuletzt doch nicht berücksichtigt; er mag den Schluss mit dem Steinernen Gast nicht. Generell muss man wohl sagen, dass Casanova zu sehr Don

Juans Gegentyp war, als dass er ihn fruchtbar hätte mitgestalten können. Don Juan, als großer Einzelner den Zusammenhängen der sozialen Welt fast wie ein Gott enthoben, will die Frauen durch die Liebe vernichten, während er selbst unverletzt über ihr zerstörtes Leben hinwegschreitet, wofür er am Schluss zur Hölle fährt. Casanova hatte die Frauen, in der engen Verwebung eines schillernden Milieus, immer als seinesgleichen geachtet und nie Wert darauf gelegt, ihr Einziger zu sein, wie der andere es tat. Für Casanova war es ein Spiel, die Tragödie stand ihm fern. Falls er sündigte, dann nicht wie der Frevler Don Juan, sondern eher in dem Sinn, wie eine Frau von einer Sünde spricht, wenn sie diätswidrig ein Stück Torte verzehrt.

Und es wäre auch verfehlt, die Bibliothek, in der Casanova landet, analog der Hölle, in die Don Giovanni fährt, als seinen Orkus aufzufassen, wo er nunmehr als Schatten zu büßen hätte, was er im irdischen Licht verbrach. Vielmehr war Casanova schon immer ein Mann des Buchs gewesen. Undenkbar, dass Don Juan über sich selbst geschrieben hätte, ja es steht zu befürchten, dass es sich am Ende bei ihm um einen bloßen Mythos handelt; es sind andere, die ihn erzählen müssen. Casanova aber entsteht als Figur überhaupt erst aus den eigenen Schriften. Die liest zwar keiner, dazu sind sie viel zu lang und zu repetitiv, obwohl als Quelle der Zeit von unschätzbarem Wert; aber sie stellen doch das Sprungbrett dar, von dem sich abschnellend die Gestalt ihre Kontur erlangt, ähnlich wie bei Don Quixote, den ja auch keiner lesen muss, um ihn vor Augen zu haben. Die Befassung mit den vielen ihm anvertrauten Büchern mochte Casanova vorkommen wie eine Fortschreibung der Amouren, die seinem nunmehrigen Alter entsprach: Die Bücher, in Leder und das heißt in Haut gebundene, endlose Reihen von Körpern, die ihm schnippisch den Rücken zukehren, scheinen einander alle zu gleichen – aber wenn man sie aufschlägt, sind alle verschieden und jedes interessant.

Die Bibliothek ist inzwischen in alle Winde verstreut, und in Dux hat sich nicht einmal Casanovas Grab erhalten. Was wir aber doch zu sehen hoffen, das ist sein Sterbesessel. Mit einem hellrosa Rosenmuster soll er bezogen sein. Wir schließen uns also einer Führung durch die Gemächer des Schlosses an. Einerseits haben wir Pech, denn es handelt sich gerade nicht um die spezielle Casanova-Führung, sondern den allgemeinen Rundgang, andererseits aber doch auch wieder Glück, denn heute findet etwas Besonderes statt: Unsere Führer und Führerinnen haben sich passend zur Umgebung kostümiert. Zehn junge Leute in den farbenfrohen Kleidern des 18., teils auch des 19. Jahrhunderts geben einander das Heft in die Hand, was einen Riesenaufwand bedeutet, wenn man bedenkt, dass sie es für nur vier Besucher tun; außer uns noch ein tschechisches Paar, das in seinem Touristenoutfit scharf gegen die Eleganz der Führenden absticht. Und nur diese zwei bekommen mit, was ihnen erzählt wird, denn geführt wird selbstverständlich auf Tschechisch.

Aber wir fühlen uns für das mangelnde Sprachverständnis reich entschädigt. Nicht nur müssen wir die Schönheit der Kostüme bewundern und die Eleganz, mit der sie getragen werden; die Tragenden wachsen förmlich in sie hinein, ja man mag gar nicht von Kostümen sprechen – Gewänder sind es, die mit ihren Hüten und Bändern und Schleifen und Blumen ihre Träger und Trägerinnen sozusagen erst erschaffen. Die drei Männer und sieben Frauen sagen nicht nur ihren Text herunter, sie agieren ihn, je nach Temperament verschieden, aber alle mit großer Lust am Spiel, dem eigenen und dem der andern. Denn wenn der eigene Part beendet ist, ziehen sie sich nicht etwa in die Kulissen zurück, sondern bleiben da, immer noch in ihren Gewändern; doch zum Zeichen, dass es sich bei ihnen nunmehr statt um Akteure um ein Publikum handelt, nehmen sie anachronistische Gegenstände zur Hand, Mobiltelefone und Colabüchsen. Der Herr mit Zylinder ist ein Witzbold, die jungen Frauen lachen über seine Scherze, das steckt an, wir lachen mit, obwohl wir kein Wort verstehen. «Alles klar?», fragt uns ein begnadeter Tänzer auf Deutsch. Wir würden gern den Sterbesessel sehen, sagen wir. Der Tänzer geht telefonieren, ob man uns nicht vielleicht außer der Reihe ... und kehrt mit einem Ausdruck des Bedauerns zurück. Aber eigentlich war das Ganze viel besser als ein Sessel, der doch bloß ein Sterbesessel gewesen wäre. Die Truppe um uns herum aber, die sich mit solchem Schwung in ein verflossenes Zeitalter einfühlte, war lebendig.

Das Tschechische bleibt uns, wie gesagt, verschlossen, was aber nicht ausschließt, dass es eine *deutliche* Sprache ist. Einzelne uns bekannte Wörter wie «kral», der König, oder «zámek», das Schloss, hören wir mit großer Klarheit heraus. Im Übrigen hat es seinen eigenen Reiz, wenn man Gesprochenes nicht verstehen kann: Die Welt wird zum Stummfilm, das verändert sie. Man sieht nur noch, und das umso mehr. Und dann gewinnen Sprachen, die man nur hört und nicht begreift, einen musikalischen Charme, der verloren geht, wenn sich der Text erschließt. Das Gemeinte ist weit weg, der Klang jedoch ganz nah. Mein tschechisches Lieblingswort ist «zmrzlina», was die Eiscreme bedeutet. Das wirkt mit seinen fünf anlautenden Konsonanten auf dem Papier sehr sperrig, aber wenn man es hört (oder mit strenger Beachtung der Ausspracheregeln – silbische Konsonanten, das Z als stimmhaftes S – selbst nachzubilden versucht), dann entfaltet es eine wunderbare summende Süßigkeit. Zmrzlina.

BÖHMISCHE DÖRFER

Ja, die Deutschen wollten und wollen kein Tschechisch lernen. Sogar die Ortsnamen sind ihnen zu viel. Die «böhmischen Dörfer» stehen für etwas vollkommen Unverständliches, von dem man aber auch nichts wissen *will*. Der Ausdruck ist ein Achselzucken, so wie Schüler und Studentinnen mit «Keine Ahnung» antworten; noch etwas gereizter vielleicht. Das einzige böhmische Dorf, das in der alten Bundesrepublik Heimatrecht erwarb, ist Holleschitz. Hier lebte der Kater Mikesch mit der Großmutter. Mikesch lernt die menschliche Sprache, was in seinem Fall wohl heißen musste: die tschechische, denn die Erzählung von «Kocour Mikeš» stammt von dem tschechischen Schriftsteller Josef Lada. Otfried Preußler, 1923 im böhmischen Reichenberg/Liberec geboren, hat sie, ohne den Urheber zu verleugnen, als seine eigene ins Deutsche gebracht. Preußler gehört zu den Vertriebenen aus der Zeit nach dem Zweiten Weltkrieg. Seine Großmutter, der er viele seiner Geschichten verdankte, sprach besser Tschechisch als Deutsch, er selbst aber spürte als Kind heftigen Widerwillen gegen das Tschechische, weil es, wie er später sagte, für die deutschen Kinder mit der schweren Hypothek belastet war, es im tschechoslowakischen Staat der Zwischenkriegszeit lernen zu *müssen*.

Mikesch selbst ahnt von diesen Konfliktlagen nichts, er spricht Tschechisch für die tschechischen und Deutsch für die deutschen Kinder. So lernte ich ihn kennen, als er 1964 von der Augsburger Puppenkiste fürs Fernsehen adaptiert wurde; damals war ich vier. Der Kater Mikesch gehört zu meinen ältesten Erinnerungen; eine echte Erinnerung ist es also nicht, sondern eher ein traumartiges Gefühl, das mir von ihm geblieben ist. Meine eigentliche Erinnerung setzt erst etwa ein Jahr später ein mit «Der Löwe ist los» und «Kommt ein Löwe geflogen», gleichfalls von der Augsburger Puppenkiste. Der aufgeweckte Mikesch jedenfalls gibt seine außergewöhnliche Fähigkeit an andere Tiere weiter, den störrischen Ziegenbock Bobesch, das Schwein Paschik, das einfach nicht zunehmen will (warum wohl?), schließlich an seinen Nachfolger, das Maunzerle, das ihn zu vertreten hat, als er in die weite Welt zieht. Mikesch tritt nämlich im Zirkus auf, um Geld zu verdienen, welches er braucht, um der Großmutter den von ihm zerbrochenen Rahmtopf zu ersetzen, worüber beide, Mikesch und Großmutter, untröstlich waren. Im Internet gibt es heute alles, als könnte auf der Welt nie wieder etwas verloren gehen, und so sehe ich wieder die wunderbare Ungelenkheit dieser Figuren mit ihren zappelnden Gliedern und unbeweglichen Gesichtern, die der Phantasie so herrlich viel zu tun gaben.

Wo genau lag Holleschitz? Diese Frage verbietet sich bei böhmischen Dörfern von selbst. Sie scheinen nicht nur aus der Zeit, sondern auch aus dem Raum gefallen. In der flachwelligen, kleinteiligen böhmischen Landschaft verwirren sich die Richtungen – man gibt es nach einiger Zeit auf, nach Karte fahren zu wollen, und lässt sich aufs Geratewohl von Ort zu Ort tragen. Solche Dörfer sehen wir, indem wir in gemütlichem Tempo mehr oder weniger der Elbe folgen, in reichlicher Zahl. Gleich bei Mělník liegt ein solches Dorf. Wie es hieß, habe ich leider vergessen und später auf der Karte nicht mehr ausmachen können. Man kommt hier mit dem Auto nicht direkt an den Fluss, der Weg reicht nur für Fahrräder oder höchstens ein Moped. Er läuft an der Eisenbahn entlang und bildet eine schmale Spur auf der Brücke, die hier die Elbe überquert. Der Verkehr ist relativ lebhaft; der Ort wirkt still. Aber es gibt, hier wie überall in den kleinen Orten und in Deutschland fast nirgends mehr, eine Gastronomie, nichts Großes, eine Bierkneipe mit ein paar Bänken und einem Schirm vor der Tür, aber immerhin. Die Häuser präsentieren sich zu großen Teilen immer noch im graubraunen Spritzputz der sozialistischen Zeit.

Am Fluss findet sich eine Anlandefläche für Boote, eine Bank, wo ein älterer Mann sitzt und aufs Wasser schaut, und ein großer Weidenbaum mit einer Kinderschaukel. Wir fühlen uns irgendwie heimisch, was vermutlich daran liegt, dass es uns erinnert, wie auch in der alten BRD vor fünfzig Jahren die Dörfer aussahen. Kein Ehrgeiz von «Unser Dorf soll schöner werden» hat mit seinen Geranienkübeln diesen Ort gestreift, er hat, wenn auch nichts eigentlich Schönes, so doch etwas Beruhigendes an sich. Befremdlich wirkt ein fast lebensgroßes Reiterdenkmal aus hellem Stein auf schriftlosem Sockel. Das Pferd steht wie angewurzelt, der Reiter scheint weiterzuwollen, er schwenkt ungeduldig in einer ausdrucksvollen Gebärde die Hand durch die Luft. Er ist nackt, sein Blick ist starr. Hengst wie Reiter haben ein auffällig großes Geschlechtsteil, das scheint eine geheime Verbindung zwischen ihnen zu stiften. Rings um die Sockelplatte, im Viereck ausgelegt, hat eine Schlange ihren Platz gefunden, an ihren Enden zusammengeknotet wie im Comic. Sehr merkwürdig das Ganze.

Ähnlich ruhig, aber von eher abweisendem Charakter präsentiert sich Kostomlaty pod Řípem (diesmal habe ich in weiser Voraussicht das Ortsschild fotografiert). Die Bauernhöfe sehen aus wie Festungen, mit hohen Umfassungsmauern. In der Mitte befindet sich ein Lindenbaum, belagert von geparkten Autos und Betonverbundstein, daneben ein mit Betondeckel abgeschirmtes Rund, das vielleicht einmal der Dorfbrunnen war. Der öffentliche Raum scheint hier auf null reduziert, außerhalb der verschlossenen Hoftore sieht es offenbar niemand als seine Aufgabe an, die Fahrbahn in Schuss zu halten oder mehr vom hohen Unkraut am Wegesrand zu mähen, als seine Ziege frisst. Wie alle tschechischen Dörfer hat auch dieses in seinem Zentrum eine Kirche. Aber wir kommen nicht an sie heran, obwohl wir es von allen Seiten probieren: Immer enden die Pfade oder führen plötzlich seitwärts um den Bau herum, wie in Kafkas Roman «Das Schloss». Jahrhundertelang ist an dieser kleinen Kirche gebaut worden, sie hat eine romanische Apsis, ein gotisches Langhaus, das recht kurz ausfällt, und einen gestauchten barocken Turm. Vernachlässigt, aber robust sieht sie aus, als ertrüge sie es ohne Weiteres auch noch mal hundert Jahre, wenn keiner sich um sie kümmert. Niemand braucht dieses Gotteshaus.

Tschechien ist, wie erwähnt, neben Nordkorea und noch vor

Ostdeutschland das unreligiöseste Land der Welt. Kann das jemanden erstaunen? Immer war die Kirche hier die Sache der Deutschen, und wenn die Tschechen gegen beides aufbegehrten, die Herrschenden und deren Religion, da traf sie die Gewalt. Im Jahr 1419 kam es zum ersten Prager Fenstersturz, als die Hussiten die Vertreter der deutschen Obrigkeit aus dem Fenster des Neustädter Rathauses in Prag hinabbeförderten, nachdem der tschechische Reformator Jan Hus unter Bruch aller Zusagen auf dem Scheiterhaufen verbrannt worden war. Es schlossen sich die Hussitenkriege an, die nach fünfzehn Jahren mit der Wiederherstellung der alten Zustände endeten, mehr oder minder jedenfalls. Zweihundert Jahre später, beim Zweiten Prager Fenstersturz, warfen die protestantischen Stände die deutsch-katholischen Abgesandten des Kaisers aus dem Fenster des Hradschin, und wieder kam es zum Krieg, der diesmal doppelt so lange dauerte, und wieder siegte die deutsch-katholische Ordnung. Die vielen Kirchen und Klöster, die man hier überall sieht, wurzeln minder tief im Boden als ihre Gegenstücke in Süddeutschland und Österreich, die ihnen auf den ersten Blick so sehr ähneln, gewissermaßen bloß wie Milch- und nicht wie Weisheitszähne: weil sie sich nicht dem Volksglauben, sondern der kolonisierenden Überwältigung verdanken. Als die Deutschen weg waren, war auch die Religion weg. Einen dritten Prager Fenstersturz braucht es nicht mehr zu geben.

Auf einem kleinen Hügel hinter der Kirche hat sich jemand einen Ruheplatz angelegt, wo wir gleichfalls nicht hinkommen beziehungsweise es gar nicht erst versuchen. Eine hölzerne Bank steht dort, daneben eine junge, noch angebundene Linde, der Wappenbaum Tschechiens, und eine Laube mit Wein, dem Stolz der Region. Höher als beide aber, wenngleich an einem Mast aufgezogen, der eher einem dünnen Stämmchen gleicht, weht die tschechische Flagge. Das Ensemble ist so rührend-bieder wie ein Bild von Spitzweg. Aber auch und gerade im Biedermeier schlummert der Nationalismus und wartet auf seine Stunde. Und der ist niemals harmlos.

Auch in Přerov legen wir einen Halt ein. Es hatte uns das Schloss gelockt, das es hier wie in jedem zweiten oder dritten böhmischen Dorf gibt. Es selbst schien weitgehend leer zu stehen. Wer um Himmels willen benötigt denn auch heute so viel umbauten Raum in der Pampa beziehungsweise kann es sich leisten, ihn in Schuss zu halten? Aber das Vorwerk, also der Wirtschaftshof der adligen Herren, ist zu einem Heimatmuseum umgestaltet. Recht groß ist das Ganze, ein richtiges Dorf im Dorfe, einschließlich eines Kirchleins und eines Friedhofs. Schaufensterpuppen in bäurischer Tracht sollen für einen Eindruck des vergangenen Lebens sorgen, bewirken aber eher das Gegenteil: Die Wochenbettszene in der Wohnstube sieht aus, als hätte sich eine Totgeburt ereignet. Von allem Gerät gibt es Dutzende Exemplare, Pflüge (wie viele verschiedene Typen veralteter Pflüge!), Öfen, Wagen, Schlitten, Mahlgewichte; offenbar hat in zweihundert Jahren niemand auch nur das Mindeste weggeworfen. Warum? Vermutlich, weil der Sentimentalität zu viel Stauraum zur Verfügung stand. Drei Zeitalter sind es, die hier miteinander ringen und ineinander übergehen: das alte Holzzeitalter, das sich bis weit ins 19. Jahrhundert erstreckt, als man alles, auch die komplizierten Dinge wie Mühl- und Wagenräder, selbst aus Holz herstellte und das rare Eisen nur für die am härtesten beanspruchten Teile nahm, Pflugscharen, Fassreifen und dergleichen; dann das Eisenzeitalter, als das in Fabriken hergestellte Metall billiger wurde und man Herde und Pflüge ganz aus ihm zu verfertigen begann; und schließlich das Industriezeitalter, das seine Markenprodukte mit Logo auf Waschmittelpackungen und Zündholzschachteln bis in die letzten Winkel des Landes trug. Danach, so darf man aus dem zeitlichen Rahmen folgern, den sich das Museum gesetzt hat, endet die bäuerliche Kultur als eigenständiges oder jedenfalls ausstellungswürdiges Phänomen.

Irren wir uns, wenn wir meinen, dass uns die Leute auf den Dorfstraßen nicht nur sachlich kühl, sondern auch mit etwas Misstrauen anblicken? Verübeln könnten wir es ihnen nicht, wenn sie sich fragen, was hier ein deutsches Auto zu suchen hat, auch wenn es sich dabei um einen Škoda Kamiq handelt. Das muss noch nicht Feindseligkeit bedeuten. Aber sie kennen eben nicht den Grund für unser Hiersein. Würden sie ihn billigen, wenn sie ihn wüssten? Das hinge sehr davon ab, ob wir uns sozusagen auf dem linken oder dem rechten Fuß begegnen würden und wie sich die erste Minute des Zusammentreffens gestaltete. Wie es aussieht, wenn ein Fremder ohne klaren Auftrag in einem böhmischen Dorf aufkreuzt, darüber hat Kafka einen ganzen Roman geschrieben, von dem bemerkenswerterweise der Schluss fehlt.

BÖHMISCHE STÄDTE

Nicht nur böhmische Dörfer sehen wir, sondern auch böhmische Städte. Der zentrale, immer etwas zu groß ausfallende Platz, auf den alles zuläuft – die erwähnte Familienähnlichkeit dieser Städte –, heißt Rynek, das ist das deutsche Wort Ring in abgeänderter Gestalt, denn unter einem Ring versteht man hier, anders als in Westeuropa, nicht eine Straße in ihrem kreisförmigen Verlauf, sondern vielmehr die kreisförmige oder auch viereckige Linie, die die Häuser um ihren Platz bilden. In der Mitte ragt die barocke Pestsäule empor, etwas seitwärts steht die gotische Kirche, gern mit steilem mehrzipfligem Getürm, und als ihr Gegengewicht ein Rathaus oder Schloss.

Schöne Altstädte sind es. Zuweilen hat auch der in Tschechien besonders düstere Sozialismus zugeschlagen, aber eher punktuell. So kommen wir, immer der Elbe folgend, durch Poděbrady, Nymburk, Roudnice, Litoměřice. In Roudnice betrachten wir den gewaltigen Kasten von einem Schloss hoch über dem Fluss, der nach 1989 an die alteingesessene Familie der Lobkowitz restituiert wurde. Es mochte ihr wie eine späte Genugtuung erscheinen; aber wenn man sich die bröckelnde Substanz anschaut, an der nur hier und da ein kleines Stück renoviert worden ist, dann ahnt man, dass mit der Rückgabe die Probleme für die Familie erst losgingen. (In Zlín hat der Alteigentümer der Schuhfabrik Bat'a die Rückerstattung glattweg abgelehnt: Er kam, besah sich die Anlage und ging wieder.) In Litoměřice bewundern wir den Rathausturm, der die eigenwillige Form eines hussitischen Kelchs aufweist, nach oben sich weitend. In Poděbrady stehen wir unter der riesigen Reiterstatue Georgs von Poděbrady, des einzigen genuin tschechischen Königs, den Böhmen in den letzten sieben Jahrhunderten hatte und dem der Historismus eine Gestalt und ein Gesicht gegeben hat, als wüsste er, wie der Mann ausgesehen hat. Und immer ist da der Fluss mit seinen Brücken. Er bewegt sich jetzt in einer breiteren Ebene, die offenbar sehr fruchtbar ist. Zwischen den vielen kleinen Städten bleibt genug Raum für den Garten Böhmens, wir sehen Hopfen, Gurken, Kürbisse.

Eine Stadt, etwas landeinwärts gelegen, sticht in ihrer nüchternen Modernität deutlich ab: Mladá Boleslav, früher deutsch Jungbunzlau, das Herzstück der tschechischen Industrie. Hier befinden sich die Škoda-Werke. Einen Škoda fahren wir auch! Das hatte sich bei der Autovermietung eher zufällig so ergeben. Die Stadt erinnert mich an meinen eigenen Herkunftsort Schweinfurt, als «Company Town» der Metallbranche. Was in Schweinfurt Kugellager und Getriebe, das ist hier das Auto. In die Fabriken kommen wir natürlich nicht. Aber Škoda hat ein Museum, in der die Firma stolz sich und ihre Geschichte präsentiert. Die gegenwärtig lieferbaren Gefährte sind selbstverständlich auch vertreten. Doch der Akzent liegt eindeutig auf jener Epoche, als das Automobil schon nicht mehr der gebrechliche Abkömmling der Pferdekutsche war, aber auch noch nicht wie heute das triviale Mittel des Massentransports, sondern hochgemutes Privileg jener wenigen, die sich darin und damit vor allem zeigen wollten.

Es waren zugleich jene beiden Jahrzehnte der ersten tschechoslowakischen Republik, in denen das Land seine prekäre Blüte erlebte. Damals fuhr die Herrschaft noch im Fond und hatte Chauffeure, oder wenn man selbst fuhr, dann tat man es sportlich. Da gibt es den lackschwarzen Sarkophag mit Kühlerfigur wie ein Szepter, aus dem jederzeit vier dunkel gekleidete Gentlemen mit Sonnenbrille, Hut und MG steigen könnten; da findet sich der kleine rote Flitzer, der fast nur aus Nase besteht; da erlebt die Stromlinienform ihre Apotheose, ein Wagen wie ein vom Sturm getriebener waagrechter Regentropfen, der weit windschlüpfiger aussieht, als es die seinerzeit möglichen Geschwindigkeiten wahrscheinlich erforderten – ein Anblick so ähnlich wie die ausgefuchst aerodynamischen Fahrradhelme auf den Köpfen der rüstigen Rentner, denen wir am Fluss allenthalben begegnen. Zwischen diesen Exponaten hält sich eine große Zahl junger Frauen in einheitlichem Dress auf, deren Aufgabe, besonders in dieser Menge, sich nicht leicht erraten lässt, die aber jedenfalls mehr wie Hostessen auf einer Tagung als wie Museumswärterinnen wirken.

Und im Dachgeschoss wartet noch eine Zugabe, eine Serie puppenstubenhafter Kleinplastiken aus Bronze, die als Wimmelbilder die tschechische Geschichte erzählen. Wir sehen eine Alchemistenküche im Prag Rudolfs II. Ende des 16. Jahrhunderts und eine von tschechischen Abenteurern unternommene Weltreise im Automobil (man rate, welcher Marke), die hier gerade Station in Afrika macht – es stehen sich ein trompetender Elefant und der Wassertropfen-Škoda gegenüber, im Augenblick kommt keiner voran. Den Aufbruch von 1918 verkörpert das riesenhaft gewordene Ungeziefer aus Kafkas «Verwandlung», das gerade ein Hausdach erklimmt, und sein Körper ist als Auto ausgeführt, mit Insektenbeinen statt der Räder, wahrhaft ein Käfer: ein Einfall von schauerlicher Originalität.

WALLFAHRT

Eigentlich ist er gar nicht so hoch, der Říp, der heilige Berg der Tschechen, der sich wie eine abgeplattete Halbkugel aus dem welligen Umland heraushebt, komplett bewaldet inmitten der Felder. Von hier aus soll der Stammvater der Nation, Čech oder Tschech, die Besiedlung des ganzen Landes eingeleitet haben. In früheren Jahrhunderten befand sich auf seinem Gipfel ein Heiligtum des St. Georg, weshalb die Deutschen ihn Georgsberg nannten. Im 19. Jahrhundert indessen, als das tschechische Nationalgefühl erwachte, entsann man sich der älteren Überlieferung, und er verwandelte sich von einer religiösen in eine nationale Wallfahrtsstätte. Da sein Anblick uns auf eine so lange Strecke begleitet – er ist wirklich eine markante Landmarke –, beschließen wir, ihn kennenzulernen, und wollen mit dem Auto hinauf. Das geht aber nicht, der Weg ist für Fahrzeuge gesperrt, man muss ihn zu Fuß antreten, auf einer schönen ansteigenden Allee aus blühenden Linden. Hierin ist es doch der alte Wallfahrtsort geblieben, dem man sich mit der Andacht der Mühe zu nahen hat, das heißt zu Fuß. Zieh deine Schuhe aus, denn der Ort, an dem du stehst, ist heilig, sprach einst Gott zu Moses aus dem brennenden Dornbusch. Heute heißt das: Lass deinen Wagen stehen.

Plötzlich wirkt der Berg viel höher als die 486 Meter, die er tatsächlich misst, und wir ziehen es vor, statt uns selbst zu bewegen, den Pilgern zuzusehen, Familien zumeist, die vom gebührenpflichtigen Parkplatz aus mit Kinderwagen und Rucksäcken hinansteigen, oder noch nicht einmal steigen, denn der Gradient ist mäßig, sondern lediglich wandern. Die Pilgerschaft, diese besondere Art und Bereitschaft, etwas zu ergehen statt zu erfahren, ist nicht tot. Sie fällt schwerer als die übliche Anreise, doch auf ihre Weise auch wieder leicht, denn man braucht dazu keinen Glauben oder sonst ein anspruchsvolles mentales Gerüst, sondern bloß die eigenen Füße. Vielleicht hätten wir doch mitgehen sollen.

DIE KUNST VON THERESIENSTADT

Wer andere Konzentrationslager der Nationalsozialisten kennt, der ist erstaunt von Terezín, bekannter unter seinem deutschen Namen Theresienstadt. Gegenüber der Stadt Litoměřice auf dem Steilufer der Elbe gelegen, fehlen dem Lager die typischen Bestandteile wie Baracken und Appellhöfe, von denen heute gewöhnlich nur noch exemplarische Restbestände vorhanden sind; es ist alles noch in seiner ursprünglichen Gestalt vorhanden. Ja, es war schon da, als die Nazis sich entschlossen, ein KZ daraus zu machen, denn es handelt sich um eine komplett übernommene habsburgische Festung, angeblich die modernste ihrer Zeit, das heißt der namensgebenden Epoche Maria Theresias im 18. Jahrhundert. Erfüllt hat sie ihren Zweck, die Nordflanke Österreichs gegen die Preußen zu sichern, nie; denn als die Preußen 1866 kamen, nahmen sie einen östlicheren Weg, und es ereignete sich rund hundert Kilometer entfernt die Schlacht von Königgrätz. Festungen pflegen ja nur selten den Kampfhandlungen ausgesetzt zu sein, für die man sie angelegt hat; sie geraten in Feindeshand durch Aushungerung oder Verrat oder werden, wie Theresienstadt, schlicht übergangen; selten fallen sie im Donner der Kanonen.

Aber sie lassen sich leicht zu Gefängnissen umfunktionieren. Was in einer Weise konstruiert ist, dass keiner reinsoll, lässt sich leicht so umnutzen, dass keiner rauskommen kann. Das Städtchen wirkt, wenn man erst mal die Umwallungsanlagen hinter sich hat, fast idyllisch, ziemlich verschlafen, ein ideales Setting für Historienfilme über das gute alte Europa, wie Hollywood es liebt. Die Wegweiser kündigen ein Auto- und ein Nostalgiemuseum an, lassen aber das historische Hauptaugenmerk dieses Orts lieber beiseite. Im Haus des Gehenkten spricht man nicht vom Strick. Man muss sich die Gedenkstätten, die sich dennoch als dichtes Netz über den schachbrettartigen Grundriss verteilen, auf eigene Faust zusammensuchen.

Theresienstadt ist anders. Es war als eine Art «Edel-KZ» gedacht, wohin man die böhmischen und westeuropäischen Juden sowie Prominente bringen wollte, nicht als Vernichtungslager. «Der Führer schenkt den Juden eine Stadt», lautete der sinistre Titel eines Propagandastreifens. So blieb es allerdings nicht, später wurde Theresienstadt zu einem ganz normalen Durchgangslager auf dem Weg nach Auschwitz. Sechzigtausend Menschen lebten in einem Bezirk, der für etwa dreitausend berechnet war, die meisten in unsäglichen Quartieren in Kellern und auf Dachböden. Doch noch 1944 konnte man, nach gebührender Vorbereitung (die Kranken und Schwachen wurden vorab eliminiert), dem Internationalen Roten Kreuz, das eine Kommission schickte, die Komödie eines Musterghettos vorspielen, in dem für alles gesorgt war, vorzüglich die Kultur.

Was damals geschah, bleibt uneinholbar. Infolgedessen verlegt sich die zentrale unter diesen Stätten, das Ghettomuseum, auf die Spur und das Symbol. Kinderzeichnungen hängen an den Wänden, die unter anderen Umständen an den Kühlschranktüren der Verwandtschaft gelandet wären, hier aber den Charakter eines Vermächtnisses der ermordeten Unschuld annehmen. Was macht ein Kind, das in drei Monaten sterben wird? Es baut einen Schneemann und malt ein Bild davon. Man sollte es so stehen lassen und keine Begleittexte hinzufügen, die die «kleinen Künstler» würdigen, wie es leider der Fall ist. Die Wände eines Raums sind mit den Namen der toten Kinder von Theresienstadt bedeckt, so klein, dass man sie kaum lesen kann, ja dass man aus der Entfernung gar nicht sieht, dass hier etwas geschrieben steht. Ein Foto, das ich davon aufgenommen habe, scheint zunächst nur eine monoton elfenbeinfarbene Fläche wiederzugeben. Erst die Vergrößerung (was für ein unausschöpfliches und unbestechliches Medium die Fotografie doch ist!) zeigt die vielen Tausend schwach eingemeißelten Namen. Sie reichen aus, einen ganzen Raum zu füllen.

Spuren und Symbole, Unterpfänder dessen, was keiner ermessen kann, der nicht dabei war; und auch der nicht, denn wer durchkam, bleibt beschädigt von der Maßlosigkeit. Die Nazis waren pedantische Schlächter und ließen einen Wust von Akten zurück. Sie metzelten nicht einfach dahin, sondern legten Wert auf bürokratische Ordnung. So verordneten sie zusätzlich zum Judenstern, den hier sowieso alle tragen mussten, differenzierende Armbandzeichen, für Krankenschwestern und Feuerwehrmänner, sogar für Blinde. Die gelbe Blindenbinde mit den drei schwarzen Punkten hat das Judengelb sozusagen vorab eingesogen. Was bedeutete sie für diejenigen, die sie tragen mussten? In unserer heutigen Zivilgesellschaft fordert sie zu besonderer Rücksichtnahme auf. Hieß es das für die Nazis auch? Oder behandelten sie den jüdischen Blinden im Gegenteil als einen doppelt Stigmatisierten, den sie schon vor allen anderen zum Krüppel schlugen? Wurde der entsprechend Markierte geschont oder extra gepeinigt? War die Binde also ein Stichwort für speziellen Sadismus oder aber Ausdruck des Ordnungssinns, der bloß wissen wollte, woran er mit dieser Person war? Wir sehen es dem Exponat nicht an, wir sehen bloß das Exponat.

Im Untergeschoss des Ghettomuseums befindet sich ein Raum, der sich der heutigen Rezeption widmet. Auch hier wurden Kinder eingespannt, Kinder von heute, als könnten sie das Schicksal der anderen, der vernichteten Kinder irgendwie wettmachen. Diese neu verpflichteten Kinder malen allerdings nicht so unschuldig wie die anderen, sondern haben von den Erziehungsberechtigten ihre mahnenden Vorgaben erhalten. Die erschrockenen Kinder waren natürlich bereit zu allem, sie zeichneten verdammte Streichholzmännchen wie von Giacometti. Aber es scheint unfair, es ausgerechnet die Kinder ausbaden zu lassen.

Die Rezeption! Ich erinnere mich noch gut daran, wie beim Kosovokrieg 1999 beide Seiten, die Pazifisten und diejenigen, die diesen Krieg unbedingt führen wollten, in den Schlachtruf ausbrachen: Nie wieder Auschwitz! Offenbar lernt aus der Geschichte jeder immer bloß das, was er will, das heißt, was er vorab zu wissen glaubt und nunmehr als Durchsetzungshilfe verwendet. Theresienstadt soll ein Ort des Gedenkens sein. Aber diejenigen, die es heute betreiben, nutzen es außerdem noch zu etwas anderem, nämlich als aktuelles Argument für eigene Belange. Eine entsprechende Schrifttafel, auf Englisch, damit es alle mitkriegen, speziell die Besucher aus Israel und den USA, fragt – oder genauer gesagt, fragt nicht, sondern schleudert das Instrument der rhetorischen Frage wie einen Blitzstrahl:

«Unfortunately, even today there are people who are prepared to believe Holocaust deniers who claim that no Jews were exterminated during the war and that everything was just a purposeful fabrication of the winners over Germany. Why do such people refuse to believe in the well-documented facts about the Holocaust? Why are people still convinced of the existence of a worldwide Jewish or similar conspiracy? Why are they still denying the serious nature of the Covid-19 pandemic? Why are some people so sure that the results of the recent US presidential elections were rigged? That the Russian army is not guilty of committing war crimes in Ukraine? And that only their Czech presidential candidate was the best choice? Which different factors play their part in the process of shaping human judgments? Particularly in case of Holocaust denial?»

Unfortunately. Das Ganze ohne Absatz, als wäre alles ungefähr dasselbe. Ich habe es extra nicht ins Deutsche übersetzt. Man muss hören, wie die partikulare Gruppe, die hier spricht, mit dem Englischen umgeht. Völlig korrekt, aber in einer affektiven Intensität, die Partei- und Landesfarbe trägt. Diejenigen, die das Verfügungsrecht über diesen stark magnetischen Ort innehaben, meinen damit zugleich das Recht zu besitzen, beliebige andere Ereignisse nach ihrem Gutdünken einzunorden. Selbst wer den falschen Kandidaten im tschechischen Wahlkampf unterstützt (ein lokales Hickhack, von dem die meisten auswärtigen Gäste wahrscheinlich kein klares Bild haben), der sei verdammt kraft der Deutungshoheit, die *wir* über diesen geschichtskräftigen Ort ausüben! Hätten die Toten ein Grab, sie müssten sich umdrehen darin, wenn sie sähen, wozu sie herzuhalten haben. Niemand ist wehrloser als die Toten vor den Lebenden.

Terezín ist das KZ der Kultur. Auf dieses Lager trifft nicht zu, was bei allen anderen zu gelten scheint: dass die Insassen angesichts ihrer bevorstehenden Vernichtung verstummen mussten. Stattdessen wurden sie ermutigt, sich zu äußern, wenngleich natürlich innerhalb bestimmter Grenzen. Ist das ein Privileg? Wahrscheinlich schon. Jedes Sprechen, auch das provisorische und unbedarfte, gibt denen eine Stimme, deren Verstummen noch früh genug erfolgen wird. Terezín, das heutige Terezín, stellt in großem Stil das Kulturschaffen der Morituri aus. Besonders gut für Menschen ohne Zukunft eignet sich das Theater, denn Theater erfüllt sich im Augenblick. Was spielte man? «Esther» zum Beispiel, die Geschichte der Jüdin, die ein Mordkomplott gegen das ganze jüdische Volk abwandte und zeigte, dass dies einmal möglich war. «Carmen» zum Beispiel, die «Zigeunerin», die sterben muss, aber vorher so sensationell gelebt hat. Dazu sind die Bühnenbilder und Kostüme, wenn nicht erhalten, so doch dokumentiert, und geben einen Eindruck, was es bedeutet haben mag, diese hochgemute

Kunst in verzweifelter Lage zu erleben, jetzt, und doch in diesem Jetzt als umschriebene Ausnahme.

Anders steht es mit der bildenden Kunst. Hier dauern wahrhaft nur die Porträts. Erstaunlich viele davon haben sich erhalten. Entstanden sind sie aus alten Traditionen und oft von bewundernswerter Qualität (es waren hier so viele Künstler interniert!), aber darüber hinaus mit der besonderen Kraft versehen, ein Antlitz zu bewahren, das in den meisten Fällen kurz danach endgültig verschwand. So wirken sie mit einer ganz anderen Dringlichkeit als ein Tizian oder van Dyck, deren Modelle zwar alle auch schon lang tot sind, aber eben nicht so: wie vorgezogene Totenmasken, die sozusagen irrtümlich und glücklicher- oder auch unglücklicherweise noch das Leben haben und ausdrücken können, das ihnen demnächst geraubt werden wird.

Die Porträts stellen einen besonderen Fall dar. Aber die Kunst, die es sich vorgenommen hat zu überliefern, was hier geschieht, erscheint insgesamt von bedauerlicher Unkraft; sie verfügt nicht über die adäquaten Mittel. Wie sollte sie auch? Hat es doch nicht einmal die Unbestechlichkeit der Fotografie geschafft, für Klarheit zu sorgen. Und die Literatur? Zwar vermag sie sich, wenn es hart auf hart kommt, besser als ihre Schwesternkünste in einen Schlupfwinkel zu retten; sie braucht keine Bühnen, Kostüme, Leinwände und Malfarben, es genügt ihr ein Bleistiftstummel und der Rand einer alten Zeitung. Aber wo sie mehr sein will als Dokumentation, wo sie in den Bereich des Dichterischen eintritt, entgeht sie schwer dem Diktum des Frivolen. Auch können wohl die meisten Besucher, Tschechen, Amerikaner, Israelis, diese vorwiegend deutschen Exponate gar nicht verstehen; und wenn sie übersetzt werden, bleibt von ihrem dichterischen Anspruch nicht viel übrig. Auch hier gilt natürlich, dass niemand diesen Texten den Rang des Zeugnisses verweigern wird. Aber sie wollten darüber hinaus eben ausdrücklich auch noch etwas anderes sein: Kunst, gültiger Ausdruck von etwas, das sich nur so und nicht anders sagen lässt.

Vieles von dem, was sich hier findet, benutzt die Mittel eines abgeblühten Jugendstils und eines verbrauchten Expressionismus. Man verwendet, was man hat. Auch ein anderer Autor hat aus dem, was er hatte, was gemacht, und was er hatte, war das Kabarett. Es klingt so:

Ich kenn ein kleines Städtchen,
Ein Städtchen ganz tiptop,
Ich nenn es nicht beim Namen,
Ich nenns die Stadt Als-ob.
Nicht alle Leute dürfen
In diese Stadt hinein,
Es müssen Auserwählte
Der Als-ob-Rasse sein.
Die leben dort ihr Leben,
Als obs ein Leben wär,
Und freun sich mit Gerüchten,
Als obs die Wahrheit wär.
(...)
Des Morgens und des Abends
Trinkt man Als-ob-Kaffee,
Am Samstag, ja am Samstag,
Da gibt's Als-ob-Haché.
Man stellt sich an um Suppe,
Als ob da etwas drin,
Und man genießt die Dorsche
Als Als-ob-Vitamin.
Man legt sich auf den Boden,
Als ob das wär ein Bett,
Und denkt an seine Lieben,

Als ob man Nachricht hätt.
Man trägt das schwere Schicksal,
Als ob es nicht so schwer,
Und spricht von schönrer Zukunft,
Als ob schon morgen wär.

Es kommt nicht darauf an, dieses Gedicht gegen die anderen auszuspielen. Sie drücken auf ihre Weise dasselbe aus. Und doch spürt man, dass die Kessheit der Wehmut etwas voraushat, nämlich den *Widerstand*. Es legt in der Form des Witzes Widerspruch ein. Nichts müssen die Mächtigen aller Zeiten und Länder mehr fürchten als den Witz. Der Witz spaltet sich im Lachen von der Ausweglosigkeit seiner Lage ab und erringt blitzhaft eine unmöglich scheinende Freiheit. Die Regimes aller Couleur pflegen stets komplett humorlos zu sein. Der eingeschmuggelte Witz ist so etwas wie bei Loriot die Nudel auf der Backe: eine winzige Irritation, sichtbar nicht dem, der sie im Gesicht sitzen hat, sondern dem Gegenüber; und dieses Gegenüber kann plötzlich nirgends anders mehr hingucken, ihm verwandelt sich dessen ganze Physiognomie unter dem Gewicht dieser einen Nudel. Ich bewundere diese Couplets, wie sie in ihrer scheinbaren Beiläufigkeit eine solche federnde Kraft besitzen, wie sie den Schlüsselbegriff des Als-ob wie aus dem Nichts hervorzaubern und sogleich in so viele erhellende Facetten zerlegen. Zu ihren herausragenden, lebendigen Qualitäten rechne ich auch, dass sie die Melodie, nach der sie zu singen wären (und Couplets müssen unbedingt gesungen werden), schon in sich tragen, nicht zwingend eine neue, aber eine sich allen aufdrängende Melodie, und sie hilft, wie immer in Liedern, dass der Text sich ins Gedächtnis gräbt: So wird aus dem Monolog spontan ein gemeinschaftliches Ereignis und in der Verlängerung vielleicht sogar eine Tradition.

In diesem Gedicht präsentiert sich eine Alternative zu jener anderen Antwort auf die Geschehnisse der Zeit, die sich lehrplanmäßig als die schlechthin gültige durchgesetzt hat: Paul Celan. Bei Celan hat man sich darauf geeinigt, dass das Unsägliche auch das Unsagbare sein müsse und jedes Sprechen sich mithin entlang der prekären Bruchkante zum Abgrund des Schweigens zu bewegen habe: immer noch weniger, und immer noch schwerer zu verstehen. Das trifft auf Celans persönlichen Habitus auch zweifellos zu. Sofern es aber die gedenkenden Nachgeborenen betrifft, wird es für sie durch solche zum Rätsel abgemagerte Kargheit nicht schwieriger, sondern im Gegenteil eher einfach: Sie müssen sich keine unangenehmen Einzelheiten anhören, sondern können sich gerade so frohgemut, wie der Dichter selbst herb war, an die Interpretation machen, und zwar jeweils ganze zehnte Klassen auf einmal. Celan, wohlgemerkt als *rezipierter*, stellt in der Literatur das Pendant zur Abstraktion in der Malerei dar: etwas, das den Kunstsinnigen die Höhe der ästhetischen Zeitgenossenschaft bestätigt, mangels figürlicher Eindeutigkeit aber gottlob keine weiteren Ansprüche an sie stellt. So gelangt das Informel in die Anwaltskanzleien und die «Todesfuge» mit ihrer schwarzen Milch und dem Tod als Meister aus Deutschland in die Lesebücher. Übrigens kann sich kein Mensch ohne erhebliche Anstrengung irgendwas von Celan auswendig merken, was bei Lyrik immer ein schwerer Nachteil ist. Wenn Lyrik ihr natürliches Bündnis mit dem Gedächtnis aufkündigt, und wäre es aus den besten Gründen, ist sie verloren. Dennoch möchte man sich nicht wünschen, dass besagter Kabarettist – er hieß, wie ich erst später herausfand, Leo Straus – Schule gemacht hätte. So etwas lässt sich nicht beliebig oft wiederholen, noch weniger als die Gebärden von Expressionismus und Jugendstil.

Es gibt in diesem Kunstmuseum auch so etwas wie ein Denkmal. Wie ein angemessenes Denkmal für die ungezählten Ermordeten des Faschismus auszusehen hätte, darum ist ja in den letzten dreißig Jahren mit Erbitterung gerungen worden; und die Ergebnisse blieben, was man ihnen vorwerfen mag, was aber auch in der Natur der Sache liegt und bestimmt nicht das Schlechteste daran war, irgendwie unbefriedigend und unzulänglich. Was hier in Terezín steht, ist eigentlich kein richtiges Denkmal, denn Denkmäler gehören an die frische Luft, sondern eher ein halbprivater Indoor-Schrein. Man hat auf den Koffer als Grundbaustein zurückgegriffen; er wird uns ganz ähnlich später noch bei «Unseren Deutschen» begegnen. Aus mehreren von diesen altertümlichen Lederkisten ist die Skulptur, um das Gebilde neutral zu benennen, zusammengesetzt, verleimt oder genagelt, ungefähr acht Stück, die sich zu einer Art windschiefem mannsgroßem Kreuz zusammensetzen; gerade eben windschief genug, um christliche Anklänge zu unterbinden, die im Zusammenhang mit dem Holocaust ziemlich fehl am Platze wären.

Aber warum Koffer? Klar versteht man, dass es sich hierbei um eins der wenigen materiellen Überbleibsel der totalen Vernichtung handelt. Und dass durch den Koffer die geografische Entwurzelung derer, die darin ihre Habseligkeiten transportiert haben, sinnfällig wird. Schon etwas argwöhnischer nimmt man zur Kenntnis, dass der quader- und eben nicht menschenförmige Koffer offenbar dem Wunsch zur Abstraktion entgegenkam. Doch es stimmt noch mehr nicht an diesem Ding: Der Koffer deutet den Holocaust im Paradigma der Reise. Die Reise wäre indes ein sehr verhüllendes und beschönigendes Paradigma zum Ausdruck dessen, was hier geschehen ist. Der jüdische Autor Albert Drach, der spät zu Ehren kam, erinnert sich daran, dass in einer gewissen Phase der Judenverfolgung das Motto «Juda verrecke» unter der Hand noch abgemildert wurde zu «Juda verreise», man den Juden also nahelegte zu emigrieren, ehe es zu spät war. Das war 1938. Drach entrann, das Türchen war noch offen, aber bald danach fiel es zu. Als Theresienstadt eingerichtet wurde, war es bereits zu spät und das Verreisen keine Alternative mehr. Warum also diese verdammten Koffer?

NAŠI NĚMCI – UNSERE DEUTSCHEN

Ústí nad Labem, das frühere Außig, ist uns, ich möchte nicht sagen empfohlen, aber doch herausgestrichen worden als die hässlichste Stadt Tschechiens. Ich möchte das nicht unbedingt bestätigen, denn auch Havířov bei Ostrava, wo ich vor zwanzig Jahren mal jemanden besucht habe, könnte Anspruch auf den Titel machen. Ich habe mich damals über einen in Deutschland lebenden Tschechen geärgert, der mir sagte: Was um Himmels willen wollen Sie in Havířov? Grade drum fuhr ich hin! Auch hier sind Götter, antwortete der alt gewordene Heraklit, als von weither angereiste Besucher sich wunderten, wie er es in seiner verräucherten Berghütte aushielt. Auch hier leben Menschen, müsste man heute sagen – das genügt doch, um hinzufahren und sich umzuschauen.

Die Stadt, auch sie knapp unter der Großstadtgrenze, quetscht sich ins hier schluchtartig verengte Tal der Elbe, hat kaum Raum zur Entwicklung und ist deshalb unregelmäßig gewachsen; man orientiert sich nur schwer. Dazu trägt sie starke Züge der historischen Diskontinuität, die ja meistens der Hauptgrund ist, wenn man einen Ort als hässlich empfindet. Drei Viertel der Bewohner waren Deutsche gewesen, und man war 1945 mit ihnen noch härter verfahren als sonst wo im Land. Unmittelbar nach dem Ende des Weltkriegs war es zu einer Explosion in einer Fabrik gekommen, man bezichtigte die Deutschen der Sabotage, und es kam zu einem Massaker, dem, je nachdem, welche Quelle man heranzieht, zwischen achtzig und zweitausend Menschen zum Opfer fielen. Wohl eher zweitausend. Augenzeugen berichten, wie man eine Frau samt Säugling und Kinderwagen von der Elbbrücke stieß und dass ein kahlköpfiger Mann am Bahnhof mit einem Knüppel ganz allein ein Dutzend Leute totschlug. Ganz so spontan, wie es hieß, war diese Ausschreitung wohl nicht; es sollen Akteure aus Prag angereist sein, die durch ihr eindrückliches Beispiel den noch im Land verbliebenen Deutschen den Entschluss zur Ausreise erleichtern sollten. Bei der sozialistischen Neugestaltung der Stadt brauchte man danach kaum Rücksicht auf überkommene Interessen und Geschmäcker zu nehmen. Und so sieht sie aus.

Wir parken in der Nähe des Bahnhofs, was ja auch in anderen Städten eine Problemzone zu sein pflegt. Hier gibt es, ins Auge fallend, viele Roma. Sie gelten als die «schwarzen Tschechen», was über das Verhältnis der mehrheitlichen «weißen Tschechen» zu ihnen schon viel aussagt. Ústí war um das Jahr 2000 in die Schlagzeilen geraten, als die Stadtgemeinde eine Mauer errichten ließ, die die Wohngebiete der Roma von der übrigen Stadt abtrennte: Endlich wollte man seine Ruhe haben vor Müll, Ratten, Gestank, viel zu vielen Kindern ... Sie war als Schallschutzmauer deklariert, aber das täuschte niemanden. Václav Havel, der damalige Präsident, redete seinen Landsleuten eindringlich ins Gewissen. Die EU drohte damit, die Aufnahme Tschechiens zu verzögern, bis diese Schande beseitigt wäre. Die Mauer verschwand. Dass die Sache sich im Kern gebessert hat, darf man trotzdem bezweifeln.

Es sind die Schaufenster und Geschäftsfassaden, die unsere Aufmerksamkeit auf sich ziehen. Sie werden auch sonst in Tschechien oft mit schlichteren Mitteln gestaltet als in Westeuropa. Aber hier scheint seit 1989 kein Tag vergangen. An gründerzeitlichen Gebäuden hat man billige Platten oder Schilder mit dem modernistischen (also keineswegs modernen) Namenszug der Firma angebracht, die einen starken Kontrast dazu bilden. Die Drogerie Rossmann findet man hier in bekannter Aufmachung, aber bei «Orion» gleich daneben handelt es sich keineswegs um das, wofür der Name in Deutschland steht, nämlich ein Outlet für Erotikbedarf, sondern hier finden wir eine Verkaufsstelle für Haushaltswaren simpelsten Zuschnitts und zusammengewürfelten Charakters, wie bei einer Sperrmüllabfuhr.

«Family Fashion», obwohl auf Englisch benannt und in bevorzugter Ecklage, scheint ein einziger Wühltisch. In einer Buchhandlung stehen die Bücher nicht etwa so, dass man ihnen ins Gesicht sieht und sich zum Kauf verführen lässt, sondern sie liegen in Stapeln aufeinander, zum Zeichen, dass für alle genug da ist, wie früher. An herausgehobener Stelle: Karel May, «Vinnetou», mit Pierre Brice und Lex Barker auf dem Titel (also die westdeutsche Version), daneben «Vinnetou mezi beduíny», ein Hardcover zum staunenswert günstigen Preis von 59 Kronen, umgerechnet 2,40 Euro. Winnetou wird uns an der Reise die Elbe hinab noch begegnen; eigentlich ist sie ein geheimer Mississippi. Wer kam auf die Idee, ein komplettes Schaufenster mit Klopapier der Marke «Linteo» zu füllen, wahlweise mit blauem oder orangefarbenem Etikett? Es weist auf eine tiefwurzelnde Tradition des Mangels am Nötigsten, von der sich keinen Begriff macht, wer nur die vorübergehenden Lieferengpässe bei diesem Artikel in der Corona-Pandemie kennt. Klopapier hat im Bewusstsein von dem, worin die Staaten des Comecon zurückstanden, offenbar eine Leitfunktion besessen. Wir sind Mitteleuropäer, schrieb vor vierzig Jahren der ungarische Schriftsteller Péter Esterházy, unser Nervenkostüm ist verschlissen, unser Klopapier hart. Wie hart es ist, lässt sich bei Linteo durch die Scheibe und am Sonntag nicht herausfinden. Aber vorhanden ist es jedenfalls, und darauf hinzuweisen erkennbar nicht überflüssig. Und überall Rabatte: 30 %, 70 %, 90 %.

Dann kommt, was wir eigentlich sehen wollen: Naši Němci, Unsere Deutschen. Das Stadtmuseum von Ústí erweist sich als sehr groß, und fast zwei Stockwerke sind dieser Dauerausstellung gewidmet. «Unsere Deutschen», das ist zweifellos besser, als wenn es einfach «Die Deutschen» hieße, denn dann wären es bloß die anderen, die Fremden, die uns nichts angehen. Aber «Unsere Deutschen», das hat auch einen Unterton, der nicht nur Nähe und Neigung ausdrückt, sondern auch herablassende Vereinnahmung ausdrückt, so wie wenn die DDR-Führung gern von «Unseren Menschen» sprach. Bei manchen Dingen kann man es offenbar nur falsch machen.

Das Thema wird entschlossen historisch behandelt, das puffert mögliche Konflikte ab. Unsere Deutschen kamen also ab dem 12. Jahrhundert ins Land, gründeten Dörfer, Städte, Bergwerke, es lief nicht immer glatt, aber im Großen und Ganzen machten sie sich verdient um Böhmens Vorankommen. Eigentlich ist es eine böhmische Geschichte, die hier gezeigt wird, keine deutsche. Das geht, stark textlastig (und hier *müssen* wir lesen, denn gerechterweise ist alles zweisprachig beschriftet), über rund zwanzig Räume, der Adel kommt zu seinem Recht und das Montanwesen, der Ackermann aus Böhmen, der den Tod bei Gott verklagt, und die deutschsprachige Fachliteratur des 19. Jahrhunderts. Die eigentlich spannende Epoche drängt sich auf die letzten zwei nicht allzu großen Räume zusammen, betitelt: «Arenen des öffentlichen Lebens 1938–1945». So kann man das zweifellos auch nennen. Es wird nichts geleugnet, es wird nichts verfälscht, es wird alles nüchtern berichtet, doch eben so, als handelte es sich um eine Nebensache und als wäre die Vertreibung der drei Millionen Sudetendeutschen nur der zufällige Abbruch einer lange gewachsenen Verbindung. Als Emblem der Vertreibung wählt die Ausstellung wiederum den Koffer, der in mehreren beschrifteten Exemplaren herumsteht. Damit deutet sie die Geschehnisse der Jahre 1945/46 wiederum im Modus der Reise, was ja an sich nicht verkehrt ist, wenngleich die beigegebenen flackernden Filmausschnitte, die völlig überladene Ochsen- und Pferdefuhrwerke mit hoch aufgehäuften Federbetten zeigen, keinen Zweifel daran lassen, welcher Art diese Reise war.

Am originellsten sind die karikaturhaften Shortcuts der Geschichte an den Gangwänden des Museums. Das Attentat auf Heydrich, die einzige NS-Größe, die vor Ende des Kriegs umgebracht wurde: Sein protziger offener Mercedes, mit dem er sich übermütiger- und leichtsinnigerweise durch die Straßen von Prag chauffieren ließ, sein Totenkopfgesicht, die ungeschickten Attentäter mit ihren ladegehemmten Waffen, der dennoch große Knall und dazu, auf Deutsch, seine letzten Worte, «Scheiße, die Kurve!», das Wort Scheiße farblich überwölkt, als gehörte sich das selbst in Tschechien nicht.

Und wieder Winnetou und Old Shatterhand, Pierre Brice und Lex Barker, diesmal als lebensgroße Pappkameraden mit ausgespartem Gesichtsloch, durch das der Besucher sein eigenes Gesicht hindurchstrecken und sich fotografieren lassen kann, wahlweise als Rothaut oder Bleichgesicht. Diese Pappkameraden sind der einzige und eher indirekte Hinweis, was sich mit den Deutschen nach 1945 weiter begab.

DURCHBRUCH ODER MAUSELOCH?

Wir nähern uns dem Punkt, an dem die Elbe Tschechien verlässt und sich anschickt, auf deutsches Territorium hinüberzuwechseln. Immer entschiedener und dichter bildet nun der Kamm des Erzgebirges den Horizont; es fällt hier schroffer ab als auf der deutschen Nordseite. Im Vorfeld erheben sich eine Anzahl spitzkegeliger, als Einzelgebilde umrissene Berge, alte Vulkane oder wahrscheinlich eher Vulkanschlote mit ihrer harten Füllung aus Basalt, die stehen blieben, als das weichere Gestein um sie wegwitterte. Immer enger zieht sich das Tal, bis es im Querschnitt nur noch ein paar Hundert Meter misst: das Nadelöhr, durch das letzten Endes jeder Tropfen Wasser muss, der das Böhmische Becken verlässt – die Porta Bohemica, zu Deutsch Böhmische Pforte.

Gern sagt man, die Elbe durchbreche hier im Elbsandsteingebirge den lang gezogenen Kamm des Gebirges. Aber das ist eine missverständliche Metapher. Es klingt, als hätte der Fluss wie eine Sturmflut an der harten Wand des Felsens genagt und gepocht, bis ihm Ein- und Durchlass gewährt wurde. So gehen die Dinge an der Küste vor sich, wo das Wasser die Kraft von Wind und Gezeiten im Rücken hat, sich aufbäumt und bricht, wo es auf ein Hindernis stößt. Flüsse dagegen verfügen nur über die passive Kraft des Gefälles, das bei der Elbe hier bereits recht schwach ist, und folgen der Natur des Wassers, das heißt der Gravitation. Sie sinken ab, so tief es ihnen nur möglich ist; mehr an Bewegung vollführen sie nicht. Wie aber kam die Elbe dann durch diesen Riegel hindurch? Man neigt dazu, den Fluss, den man ja strömen sieht, für den aktiven und den Berg, der scheinbar starr dasteht, für den leidenden Teil zu halten. Dabei verhält es sich genau andersherum: Die Elbe floss hier schon vor langer Zeit, als der Ring der böhmischen Randgebirge sich noch gar nicht erhoben hatte und sie ungehindert in der Ebene fortgehen konnte. Sehr, sehr langsam stieg der Fels auf – gerade so schnell, dass der Fluss den Status quo seines Bettes gegen diese Hebungskräfte wahren konnte, indem er hier ein bisschen lockernd und dort ein wenig untergrabend von den sich auftürmenden Wänden so viel wegnahm, wie er eben musste. Der Fluss blieb dabei an Ort und Stelle, ein geologischer Prophet, während der Berg es war, der sich bewegte, und zwar nach oben.

Der Fluss hat sich hier sein Mauseloch gesucht, sagt mein Begleiter Thomas. Und auch dieses Bild wirkt machtvoll im Augenschein. Wasser tut so was durchaus, wie jeder weiß, der nach einem starken Regen feststellt, dass Wasser von oben durch eine vorher gar nicht wahrgenommene minimale Öffnung in seine Wohnung getropft ist. Aber dafür hätte die Öffnung schon da sein müssen, als der Fluss ankam, sich gewissermaßen am Kopf kratzte und dann beglückt konstatierte: Hier geht's vielleicht! Die Rede vom Durchbruch schreibt dem Fluss irrtümlich eine Tätigkeit zu, die er nicht besitzt, die Rede vom Mauseloch eine Ausnutzung vorhandener Strukturen, die gleichfalls den Vorgang falsch beschreibt. Die eine Metapher macht den Fluss zum Wüterich, die andere zum schlauen Fuchs; und beides verfehlt ihn. Die Wahrheit lautet: Er kommt voran, indem er tätig und untätig zugleich ist.

Aber auch das ist nicht ganz richtig: Der Fluss hat ja keinen linearen Lebenslauf, der an der Quelle anhebt und in der Mündung endet, mit allen Phasen, die auch ein Menschenleben auszeichnen – am Anfang klein, aber munter voranpurzelnd, dann allmählich zur Ruhe kommend und zugleich wachsend, wenn immer mehr Einflüsse zusammenströmen, zum Schluss langsam, weit sich öffnend zum Ozean hin, in dem er untergehen wird. Gleich zwei lange Gedichte, in denen er den Lauf eines Stroms mit dem Lebenslauf eines Menschen gleichsetzt, hat Goethe verfasst, «Mahomets Gesang» und «Gesang der Geister über den Wassern», Station für Station in genauer Entsprechung durchspielend. Es hat, muss man sagen, etwas poetisch ungemein Einleuchtendes, wenn es in «Mahomets Gesang» heißt: «Seht den Felsenquell / Freudehell / Wie ein Sternenblick; / Über Wolken / Nährten seine Jugend / Gute Geister / Zwischen Klippen im Gebüsch». Aber es verkennt, dass sich *Zeit* für Menschen und Flüsse in ganz ungleicher Weise vollzieht. Der Fluss ist in dem Augenblick, wo er als Quelle entspringt, immer auch schon im Meer angekommen. Er hat zwei Daseinsweisen, die räumlich feste seines Verlaufs und die fließende seiner Wassermassen; er ist also, obwohl man ihn sicher von Anfang bis Ende befahren und dabei dessen Bewegungsenergie nutzen kann, der Zeit nicht zur Gänze anheimgegeben. Bei einem Menschen hingegen ist der Primat seiner festen Körpergestalt, die ihn von der Umwelt abschließt, ein falscher Schein, denn in Wirklichkeit taucht er mit seiner Existenz ganz und gar in die Zeit ein und schließlich in ihr unter. Man neigt dazu, sich von der Analogie Mensch/Fluss über die eigene Vergänglichkeit hinwegtrösten zu lassen, scheint sie doch der dahinströmenden Biografie Notwendigkeit, Sinn und

Ziel zu verleihen; doch das sollte man nicht. Denn der Fluss *geht* zwar, ununterbrochen, unablenkbar und unübersehbar, aber er *vergeht* nicht.

An der Porta Bohemica, wo alle Wege einsträngig zusammenwachsen, bündelt sich auch der Radwandertourismus, ein Phänomen, das sich in den letzten Jahren enorm verstärkt hat. Das ist nicht mehr das Jungvolk, das aus Kostengründen in Wandervogelmanier von Jugendherberge zu Jugendherberge zog, und es trennt sich auch scharf von den verschiedenen Spielarten der Sportfahrer, den Mountainbikern, den Schmalreifenprofis, den Alpenbezwingern, die sich in Selbstkasteiung Serpentine um Serpentine in die Höhe schrauben. Einem Fluss zu folgen, bevorzugt abwärts, bedeutet Bewegung in zuträglichem Maß und ohne allzu große Anstrengung, eher für mittlere oder ältere Jahrgänge. Berge seien für den Radfahrer, sagt uns einer, den wir im Hotel beim Frühstück treffen, ein unentbehrliches Phänomen im Hintergrund. Droht doch einmal eine Steigung, hat man ja den Hilfsmotor bei der Hand. Diese E-Bikes haben sich weit vom guten alten Drahtesel entfernt, nicht zuletzt preislich. Eigentlich ähneln sie von der Leistung her eher den Mofas, die es früher gab – nur dass sie in einem anderen Geist gefahren werden. Ein Mofa, das war für die Jugendlichen ohne Führerschein so etwas wie eine Anzahlung auf die künftige Vollmobilität, deren ein wenig lächerlicher Vorschein. Es war das Bild eines *Noch nicht*. Das E-Bike hingegen wiegt seine Benutzer in der schmeichelhaften Vorstellung des *Immer noch*: als führen sie weiterhin Rad, wo sie in Wahrheit doch nunmehr zu den Motoristen zählen.

Ein gepflasterter Weg führt hinab an den Fluss, ein dreieckiges Schild warnt vor Radfahrern. Ihr Piktogramm ist eindeutig noch nach dem Bild des Drahtesels gemodelt (so wie auf tschechischen Verkehrsschildern die erwachsenen Fußgänger immer noch einen Hut tragen und die kleinen Mädchen eine Schleife im Haar). Hier kann man den Fluss auf einer Fähre überqueren, ein kleines, hellblaues, tief im Wasser liegendes Gefährt, das sich gerade am anderen Ufer befindet. Inmitten von Seerosenblättern ankern ein paar kleinere Sportboote. Zwei Angeln haben es sich scheinbar ganz allein beim Fischefangen bequem gemacht, aber das täuscht natürlich, ihre Besitzer sitzen gegenüber auf der Terrasse und genießen ein kühles Vormittagsbier. Auf einer Wiese dicht am Wasser steht ein Indianerdorf aus hölzernen Tipis. Ein Tiny House am Wegesrand wird zur Miete angeboten. Dazwischen und daneben blühen überall schöne Sommerblumen. Es ist sehr sonnig und friedlich hier.

Doch dann geht es hinein in die Schlucht der eigentlichen Pforte, bis zur deutsch-tschechischen Grenze zwischen den Orten Hřensko und Schmilka. Noch steht hier das alte Grenzgebäude, nicht etwa, wie sonst zumeist, neben der Straße, sondern mit Betonpfeilern aufgebockt über ihr, als physisches Hindernis statt nur administrativer Einhalt, wie eine Festung, in unfreundlichen Farben, flach, aber breit hingelagert über den hier besonders schmalen Durchlass. Den kontrollfrei grenzüberschreitenden Verkehr haben alle Schengenstaaten, in Hinblick auf ihre unverminderte Souveränität, nur widerruflich gestattet. Wir werden nicht angehalten und durchsucht; aber wenn man damit wieder anfangen wollte, ließe sich der ganze Apparat vermutlich innerhalb eines Tages wieder installieren. Dann wäre es wieder wie vor fünfundzwanzig Jahren, als man stundenlang in der Autoschlange warten musste, während die Grenzer jeden Pass einzeln durchsahen, als gäbe es darin ein schlimmes Geheimnis zu entdecken. Ich erinnere mich, dass ich damals mit der Familie meines Bruders von Chemnitz nach Tschechien fahren wollte. Es stellte sich heraus, dass der zweijährige Sohn nicht im Dokument verzeichnet war. Die Grenzer sahen uns an, als trauten sie uns zu, dass wir das Kind einschmuggeln und illegal verhökern wollten; wir mussten umdrehen, in welcher Laune, lässt sich denken. Das also hat sich geändert; aber die Zeichen der Zeit weisen, auch wenn es an dieser Stelle noch nicht so weit ist, auf Reaktivierung der nationalen Grenzen. Die Freizügigkeit ist kein Menschenrecht, sondern eine Art Bonus, den die Nationalstaaten spendieren, solange sie sich liquid fühlen; sobald es enger wird und sie sich aufs Eigene besinnen, ist es das Erste, woran gespart wird. Das Wetter ist schlecht geworden. Wir sind froh, als wir unter dem Ding hindurch sind und es nicht mehr sehen müssen.

Und doch ist diese Grenzschwelle nicht nur auf eine willkürlich-politische, sondern auch auf eine reale Weise wo nicht verschwunden, so doch niedriger geworden. Vor dem Beitritt Tschechiens zur EU war das wirtschaftliche Gefälle hier deutlich zu spüren gewesen. Die Bewohner der erzgebirgischen Grenzregion, die ihrerseits in Deutschland keineswegs zu den finanzkräftigen gehört, kamen am Wochenende in Massen herüber, um zu tanken, zum Friseur zu gehen und einzukaufen, denn alles war viel billiger. «Steich ei, steich ei, mir fahrn in die Tschechei!», hieß es damals im Volkslied. Farbenfrohe Läden mit Ramschwaren aller Art begleiteten die Straße unmittelbar ab der Grenze kilometerweit, wobei besonders Gartenzwerge und ähnlicher Gartenschmuck, zum Teil in Riesenformaten, die dem Begriff des Zwerges Hohn sprachen, das Bild prägten. Und die Prostitution. Auch bei ungünstiger Witterung standen die Frauen fröstelnd in aufreizenden Fähnchen am Straßenrand, außerhalb der Ortschaften und meistens halb von Gebüsch verdeckt, um notfalls rasch abtauchen zu können, und warteten auf Kundschaft. Sie sind heute verschwunden, was bestimmt ein gutes Zeichen ist: Was sie an Lohn verlangen können, hat offenbar eine Höhe erreicht, die sie in den Augen ihrer deutschen Freier nicht mehr so attraktiv erscheinen lässt wie vor einem Vierteljahrhundert. Auch wer heute hier essen geht, wird feststellen, dass er immer noch vergleichsweise günstige, aber eben nicht mehr spottbillige Preise zu zahlen hat. Was immer noch, obwohl in verminderter Menge, am Straßenrand steht, sind die Zwerge. Die sind zwar nicht unbedingt eine Augenweide, doch müssen sie wenigstens nicht frieren.

ZWEITER TEIL

DIE SÄCHSISCHE ELBE

DER ELBSCHWIMMER

Lieber Joseph Heß, wie kommt man eigentlich auf die Idee, die Elbe in ihrer ganzen Länge abzuschwimmen?

Ich war schon immer ein guter Langstreckenschwimmer, das hat mir mehr gelegen als der Sprint. Abenteuerlust und Spaß an der Herausforderung sind natürlich auch dabei. Sonst habe ich ja einen Bürojob, der fordert einen nicht so, oder jedenfalls anders.

Sie sind schon vorher große Strecken geschwommen?

Ja, ich habe schon den Bodensee und die Straße von Gibraltar durchquert. Jetzt war es an der Zeit für was Größeres.

Den Rhein haben Sie auch abgeschwommen, aber erst hinterher.

Na ja, die Elbe liegt mir näher. Ich bin in Chemnitz daheim, die Flüsse dort gehören ebenfalls zum System der Elbe, und von der Elbe selbst ist es nicht weit weg. Die Elbe betrachte ich als meine Heimat.

Sie sind die Elbe von Bad Schandau, also der tschechischen Grenze, bis nach Hamburg geschwommen. Das sind 620 Kilometer. Wie lange braucht man dafür?

Wir haben erst mit zehn Tagen gerechnet, es wurden dann aber zwölf.

Das sind ungefähr fünfzig Kilometer am Tag. Das schaffen andere so knapp eben mit dem Fahrrad.

Eigentlich sollten es ja sogar siebzig Kilometer werden. Ich schaffe ungefähr dreieinhalb Kilometer pro Stunde, der Fluss hilft auch mit, das geht schon, wenn man jeden Tag zehn bis zwölf Stunden im Wasser bleibt.

In die Gegenrichtung, von Hamburg nach Dresden, hätte es also bedeutend länger gedauert.

Klar. Man muss sich die Sache ja nicht schwerer machen, als sie sowieso schon ist.

Anstrengend genug ist es bestimmt immer noch.

Ja, das schon. Man schwimmt ungefähr eine halbe Stunde, dann braucht man eine Banane oder einen Müsliriegel, möglichst viel Protein. Schwimmen zehrt. Das gehört zu den schönen Dingen beim Extremschwimmen: Man darf alles essen und so viel, wie man will.

Ist die Elbe nicht ziemlich kühl?

Es war August, aber das Wasser war trotzdem entsetzlich kalt, siebzehn oder achtzehn Grad. Das merkt man auch, wenn man sich mit Vaseline einschmiert und einen Neoprenanzug trägt. Da hilft nichts, als die Zähne zusammenzubeißen und sich zu sagen: Das bleibt jetzt die nächsten zehn Stunden so.

Würden Sie sagen, dass es gefährlich war?

Allein wäre es zu gefährlich, vor allem die Strömung ist unberechenbar. Die Elbe ist insgesamt ein recht träger Fluss, aber bei Magdeburg beispielsweise beschleunigt sie auf einmal.

Sie hatten also ein Team dabei.

Ohne mein Team hätte ich das nicht gestemmt. Lauter alte Freunde, die meisten kenne ich noch aus der Schule. Einer war mit dem Motorboot dabei, einer mit dem Kajak, und eine Freundin auf einem Stand-up-Paddler. Das klingt nach ziemlichem Overkill. Aber zwei davon sind dann während des Projekts ausgefallen, krankheitsbedingt und aus privaten Gründen, schließlich war nur noch der Freund mit dem Kajak dabei. Wäre der auch noch weg gewesen, hätte ich aufgeben müssen.

Und was machen Ihre Begleiter so?

Sie sorgen für die Logistik an Land, sie muntern mich auf, sie geben mir was zu essen, und sie halten für mich Ausschau. Wenn man nämlich im Wasser ist, sieht man außer der braunen Brühe überhaupt nichts. Wenn sie rufen: «Schau mal, wie schön, die Sächsische Schweiz!», dann muss ich sagen: «Schau du für mich, ich muss schwimmen.» Wenn mich Reporter befragen wollten, habe ich gesagt: «Ich bin nur der Typ im Wasser, reden Sie mit der Crew, die weiß Bescheid.»

Sie sprechen von brauner Brühe. Ist die Elbe denn immer noch so dreckig?

Das ist nach der Wende schon viel besser geworden, es gibt ja auch wieder Fische und Angler, was bestimmt ein Fortschritt ist. Aber wenn Sie den ganzen Tag im Wasser sind, merken Sie es schon. Ich habe zeitweise massiven Ausschlag gekriegt und Magen-Darm-Probleme. Meine Nase war zum Schluss ganz braun, das lag nicht nur am Sonnenschein.

Was war schlimmer, der Dreck oder die Kälte?

Die Kälte. Beim Dreck hilft es, wenn man nicht die ganze Zeit dran denkt, bei der Kälte nicht.

Sie sagen, im Wasser sieht man nichts. Ist das nicht etwas langweilig?

Es ist repetitiv, das stimmt schon. Aber man kriegt so ein Flussgefühl.

Gab es auch andere Probleme?

Das Niedrigwasser. Man stößt auf Grund und schürft sich auf, diese Stellen heilen im schmutzigen Wasser schlecht und entzünden sich. Die Fließgeschwindigkeit sinkt ab, sodass man weniger schnell vorankommt.

Wie haben denn die Leute an Land reagiert?

Alle positiv! Sogar die Ämter, die in Deutschland ja recht pingelig sein können, wenn einer was Ungewöhnliches vorhat, haben beide Augen zugedrückt. Und bei den Anwohnern hat mein Projekt offensichtlich den Lokalpatriotismus angesprochen. Einer hat eine Fahne geschwenkt, darauf stand: Joseph for President! Die Kinder waren alle begeistert. Die Leute winken und jubeln, ein paar wollten mich sogar begleiten.

Das hat nicht funktioniert?

Für die meisten war ich viel zu schnell, das merken sie erst, wenn sie selbst im Wasser sind. Das ist dann mehr symbolisch, ein paar Hundert Meter. Einer hat immerhin achtundzwanzig Kilometer geschafft.

Aber als Profi würden Sie sich nicht bezeichnen?

Nein, ich habe einen ganz normalen Job, als Berater für Start-up-Unternehmen an der TU Chemnitz, wo ich auch studiert und promoviert habe.

Also Doktor Joseph Heß?

Ja, genau. Ich habe allerdings immer viel Verständnis bei meinem Chef gefunden. Der sagt mir dann zum Beispiel: «Heute ist gutes Wetter, geh mal üben an den Leipziger Seen und mach dir sonst keine Gedanken.»

Welche Rolle haben die Medien gespielt?

Medial war das ein ziemlicher Selbstläufer. Am Anfang gab es nur eine kleine Meldung von meiner Uni, dann kam die dpa, und als ich zum Schluss an den Hamburger Magellan-Terrassen an Land gegangen bin, hatte ich Dutzende Mikrofone vor der Nase.

Würden Sie sagen, dass Sie mit Ihrem Projekt eine gute Sache fördern?

Fundraising oder so was mache ich nicht. Aber wenn die Medien über mich berichten, dann geht es dabei auch um den Zustand der Elbe. Und generell ist es gut, dass Schwimmen wieder als etwas Attraktives wahrgenommen wird. Denken Sie nur daran, wie viele Schwimmbäder derzeit geschlossen werden oder dass viele Kinder gar nicht mehr richtig schwimmen lernen.

Der Rhein kam also erst hinterher.

Die Elbe ist einfach mein Fluss, der Rhein musste warten. Außerdem ist der Rhein von den Alpen bis zur Mündung deutlich länger, am Oberlauf noch kälter, und er ist auch gefährlicher. Es gibt viel mehr Schiffe, denen man in die Schraube geraten kann, und die Strömungsgeschwindigkeit ist höher. Außerdem gibt es sechs Anrainerstaaten, und bei jedem muss man sich einzeln mit der Bürokratie herumschlagen. Die Schweizer und Österreicher haben gesagt: Mach einfach dein Ding. Aber die Franzosen wollten mich gar nicht, da musste ich die ganze Zeit auf der deutschen Flusshälfte schwimmen.

Was ist das nächste große Projekt?

Die Straße von Bonifacio, zwischen Korsika und Sardinien.

ARBEIT UND SUBVERSION

Auf der deutschen Seite bin ich diesmal mit Werner unterwegs, meinem früheren Nachbarn vom Chemnitzer Kaßberg. Er ist achtzig Jahre alt, denkt aber nicht daran, beruflich kürzerzutreten. Mit mir durch die Sächsische Schweiz zu reisen, reizt ihn deswegen, weil sich für ihn damit Kindheits- und Jugenderinnerungen verbinden. Er war damals, Ende der Fünfziger, hier wiederholt im Sommerferienlager, das von der Schule organisiert wurde. Viel Ärger bekam er wegen seines Eigensinns und seiner Aufmüpfigkeit, was sich selbst heute noch, wo er doch nunmehr zu den reiferen Semestern gehört, immerhin ahnen lässt. Bei so einem Ferienlager war er als Sechzehnjähriger Hand in Hand mit einer neuen Freundin durch das Städtchen Königstein spaziert, und zwar, was den Tatbestand verschärfte, in einer Nietenhose, wie die Blue Jeans damals offiziell in missbilligendem Ton genannt wurden. Das alles geschah zwar fern seiner Schule, wurde aber umgehend dorthin weitergemeldet; denn in der DDR, dieser durchformierten Arbeitsgesellschaft, war für schlechthin alles, was heute als Privatsache gilt, der Arbeitgeber beziehungsweise die ausbildende Institution zuständig. Der Vater wurde vorgeladen und über das Verhalten des Sohns ins Bild gesetzt, das schien als regulierende Maßnahme erst einmal ausreichend.

Bedenklicher geriet ein anderer Fall, als Werner, wie etliche seiner Mitschüler, in den Patenbetrieb der Schule, eine Landwirtschaftliche Produktionsgenossenschaft, zum Arbeitseinsatz eingeteilt worden war. Man trug ihm auf, den Viehstall auszumisten, doch er weigerte sich, weil er dafür keine Gummistiefel erhielt. Er erklärte, mit solch mangelhafter Ausrüstung die verlangte Tätigkeit nicht ausführen zu können. Auch hier landete die Sache bei der Schulleitung, doch so glimpflich ging es diesmal nicht ab. Man konfrontierte ihn mit dem Vorwurf der Sabotage, er musste beim morgendlichen Fahnenappell vor der ganzen Schule ein Schuldeingeständnis ablegen und Besserung geloben. Von nun an, so erzählt er es, galt er an der Schule als Held, auch wenn dies niemand offen zugab. Übrigens war die Revolte nicht umsonst gewesen: Beim nächsten Mal im Stall bekam er die Gummistiefel. So scheint es in der DDR öfters gelaufen zu sein. Protest, sofern er punktuell und gut begründet war, wurde zwar nicht geduldet und entsprechend sanktioniert, konnte aber durchaus zum Erfolg führen, vorausgesetzt, es wurde von diesem Erfolg kein Aufhebens gemacht.

Ich kenne eine ganze Reihe solcher Geschichten wie die von Werner. Immer haben sie es mit der humoristischen Subversion des Arbeiter-und-Bauern-Staats zu tun, an die sich diese nun teilweise schon älteren Herren (immer sind es Herren, niemals Damen, die gingen andere Wege) schmunzelnd erinnern wie an Jugendstreiche; nunmehr sind sie ja auf der sicheren Seite der Nachwendezeit angelangt. Es hat sie damals etwas gekostet, mindestens so viel wie Werner, zuweilen aber auch mehr, zum Beispiel die Möglichkeit eines Studiums – nirgends gab es so viele belesene und hochgebildete Gärtner und Schreiner wie in der DDR. Auch Werners Geschichte mit den Gummistiefeln hat etwas von einem gespielten Witz.

Rolli, gelernter Schreiner aus dem Chemnitzer Umland, heute sechzig und in den drei Bands, wo er mitspielt, immer noch jugendlich agil, hatte sich einen gewissen Rahmen persönlicher Freiheit durch seine musikalischen Auftritte verschafft, bei denen er auch Schlager aus dem Westen zum Besten gab. «Wenn bei Capri die rote Sonne im Meer versinkt» – das ging zur knappen Not auch in der DDR. Aber er sang stattdessen: «Wenn bei Capri die Rote Flotte im Meer versinkt.» Er sang es so, dass man es nicht wirklich hören konnte. Hätte es jemand herausgefunden, wäre er dran gewesen und mindestens von der Schule geflogen. Er wusste, was er tat, und dass er damit den Instanzen ein unbemerktes Schnippchen schlug, das reichte ihm. Ähnlich niederschwellig blieb die Geheimsabotage, wenn jemand, der für die Jungen Pioniere, die obligatorische Jugendorganisation, vereidigt wurde, statt «Ich gelobe es» im feierlichen Moment «Ich gloobe es» sagte, was ihm vielleicht einen scharfen Blick des Funktionärs eintrug, mehr aber auch nicht, denn hier konnte man sich auf die nuschelnde sächsische Aussprache oder einen Hörfehler des Gegenübers hinausreden. Die Pointe steckte, neben der hinterlistigen Unbelangbarkeit, in der plötzlichen Konfrontation des feierlich gehobenen Registers mit dem umgangssprachlich-dialektalen zwei Sprossen darunter; alle Ulbricht-Witze funktionierten so.

Schon ernster wurde es, wenn jemand vom blauen Pionierhemd Kragen und Manschetten abgetrennt und in solch isolierter Form beim Fahnenappell angelegt hatte, als einzige Teile dieses Kleidungsstücks, die unter dem Pullover hervorlugten. Irgendwie kam es dann aber doch heraus. Es war ein schon älterer Student, der mir diese Anekdote in meiner frühen Chemnitzer Zeit erzählte; ich denke, er hatte wegen solcher und ähnlicher Scherze nicht studieren dürfen und holte es damals nach. Den Kreis, in dem man solche Anekdoten des fintenreichen symbolischen Widerstands erzählte, konnte man nicht klein genug wählen, denn sobald er nur um ein Weniges anwuchs, war unter Garantie ein Inoffizieller Mitarbeiter der Staatssicherheit unter den Zuhörern. Vielleicht ist auch die Sache mit dem abgetrennten Kragen erst auf diese Weise aufgeflogen. Wussten die Belauschten nicht, dass man sie belauschte, wenn sie zu den Festen der hochgerühmten Hausgemeinschaft zusammenkamen? «Na klar», sagte mir eine Bekannte, «die kannten wir doch!» Natürlich stellten sie sich nicht explizit vor; das war auch gar nicht nötig. Man male sich die Situation also aus, wenn sich dreißig oder fünfzig Plattenbau-Nachbarn zum Grillen trafen: Alle wussten, wer in dieser Runde die zwei IMs der Stasi waren und dass sie hinterher ihre Berichte schreiben würden, und man stieß trotzdem mit ihnen an, denn was immer man sagte, sie würden einem keinen Strick draus drehen, darauf verließ man sich. Was für eine feine Mischung aus Vertrauen und Misstrauen muss diese Verhältnisse grundiert haben. Viele Menschen denken heute mit Sehnsucht an diese Feste.

Am weitesten trieb es Sterni aus dem Erzgebirge. Zwei seiner Cousins landeten ernsthaft im Ostknast, er selbst musste nie mehr als ein paar Nächte dort verbringen. Dass er mit seinen Kumpels die amerikanische Flagge aufzog, rechtfertigte er damit – und kam damit durch –, dass sie Winnetous Kampf gegen die Imperialisten reinszenierten, wofür ein Sternenbanner unverzichtbar war. Dem Wehrdienst entging er, indem er sich freiwillig für die Truppen an der DDR-Westgrenze meldete, mit der Begründung, auf diese Weise fühle er sich seiner westdeutschen Verwandtschaft näher. Das war der Weg der vorgetäuschten Treuherzigkeit, der Weg des braven Soldaten Schwejk, der gefährlichste von allen. Doch Sterni besaß die Gabe, dass ihm jeder abnahm, er sei so dumm, wie er sich stellte. Dabei half ihm seine Sehschwäche. Das Thema seiner Wehrpflicht geriet jedenfalls auf die lange Bank, und die DDR ging unter, ehe es akut werden konnte. Nach der Wende gründete er, altgedienter Erzgebirgler, die «Krüppelkiefern», als ironisches Gegenstück zu den «Randfichten» und deren Überraschungshit, dem «alten Holzmichl». Hinter dem Erfolg der «Randfichten» blieb die Band zwar etwas zurück, hat aber ihr treues Publikum.

Irgendwie sieht man es den drei älteren Herren, Werner, Rolli und Sterni, auch heute noch an, dass sie einmal die Anarchos des Systems waren, zumal an ihrer Haartracht: Werner bevorzugt einen extrem kurzen Schnitt, der sich knapp diesseits des Kahlen hält, Rolli trägt grauen Künstler-Pferdeschwanz, Sterni eine Löwenmähne, ebenfalls inzwischen ergraut, aus beneidenswerten Naturlocken.

Wie war das denn so mit der Arbeit in der DDR, frage ich Werner. In den frühen Nullerjahren habe ich einmal den inzwischen verstorbenen Schriftsteller Wolfgang Hilbig bei einer Lesung in Chemnitz gehört, und im Gespräch bemerkte er: Die DDR wäre schon weit früher kollabiert, wenn sie nicht auf einem geheimen Konsens aller scheinbar widerstreitenden Kräfte beruht hätte, nämlich dass jeder acht Stunden Arbeit bezahlt bekam, aber nur zwei Stunden arbeiten musste. Dies habe auch potenzielle Opponenten besänftigt. Da sei schon was dran, meint Werner, aber man dürfe es nicht verallgemeinern. Es gab bestimmte Kernbereiche, da wurde sehr effizient gearbeitet, zum Beispiel bei der Wismut, dem größten Betrieb der DDR, die ihr Hauptquartier in Chemnitz hatte und die Sowjetunion mit Uran für ihre Atombomben belieferte. Dort wäre solche Schluderei nicht möglich gewesen. Auch eine frühere Uni-Kollegin von mir erinnert sich, dass ziemlich genau unterschieden wurde zwischen Leuten, die auf Arbeit gingen, und solchen, die arbeiten gingen.

Auf die Situation Wolfgang Hilbigs selbst aber traf sein Satz bestimmt zu. Er war Heizer in der Braunkohle und den ganzen Tag allein in seinem schmutzigen Kellerloch. Zwei Stunden heizte er, dann wischte er die von Kohlenstaub bedeckte Plastikdecke auf dem kleinen Tisch, den er hatte, mit dem Ellenbogen ab, gerade genug, dass ein Blatt Papier hinpasste, und schrieb. Die nächsten sechs Stunden störte ihn kein Mensch, denn wer geht schon freiwillig in den Heizungskeller? So entstand sein Werk. Und wovon schrieb er? Davon, wie es ist, im Heizungskeller zu schreiben ... Das tat er so lange, bis man ihn in den Westen ausreisen ließ. Und dort schrieb er weiter, wie es gewesen war, hier im Keller zu schreiben. Ein Löwe, der, aus dem Zoo in die freie Wildbahn gelangt, weiterhin auf und ab geht wie hinter Gitterstäben ... Ich war, sagte Hilbig an jenem Abend, in der DDR, die ja den neuen Typus des Arbeiterschriftstellers heranbilden wollte, der einzige echte von dieser Sorte, den sie hatten, das heißt einer, der nicht in die Fabrik ging, sondern dort *herkam*; und den konnten sie nicht brauchen. Was er zu sagen hatte, wollte niemand hören, nämlich dass man kein Weltniveau erreichen kann, wenn der Arbeiter jede Schraube einzeln aus dem Dreck klauben muss. Eine Arbeitsgesellschaft war die DDR bestimmt; aber das heißt keineswegs, dass die Arbeit besonders effizient gewesen wäre, eher im Gegenteil: Man konnte keinen entbehren und folglich auch keinen entlassen.

Bei der Chemnitzer Lesung wirkte Hilbig, obwohl ihn der Ruhm da schon erreicht hatte, etwas verloren, aber er trug einen Anzug. Ein erstes Mal hatte ich ihn noch in der alten BRD gesehen, in einem Würzburger Kellertheater. Da trug er einen quergestreiften Nicki, der unter den Achseln kniff, und hatte offenbar im Vorfeld reichlich getrunken. Er nuschelte und sächselte, dass man es kaum verstand, und war eine Offenbarung. Niemals werde ich den Auftritt dieses größten aller Autoren des an Autoren so reichen deutschen Ostens vergessen.

NATUR UND KUNST – DIE SÄCHSISCHE SCHWEIZ

Das Elbtal jenseits der tschechischen Grenze bleibt sehr eng. In Bad Schandau passt zwischen Fluss und Straße auf der einen und den schroffen Felsen der Sächsischen Schweiz auf der anderen Seite kaum ein schmales, hohes Haus, klaustrophobisch eingeklemmt. Man will den Durchgangsverkehr hier unten raushaben und auf die Höhe lenken, aber wir schaffen es trotz solch dirigistischer Entmutigung, der kleinen Straße direkt am Ufer zu folgen, wo wir uns dann freilich den Ärger der Elbradwanderer zuziehen und einmal aussteigen müssen, um eine strategisch platzierte Mülltonne beiseitezuräumen, sonst kämen wir nicht durch. Flussseitig gibt es einen Streifen kleiner Gärten. In einem davon, vor dem wir anhalten (der Mülltonne wegen), hat Daisy ihre letzte Ruhe gefunden, ein Schäferhund, als fotobasiertes Porträt auf einem polierten Stein verewigt, mit der Inschrift: Deine kleinen Pfoten haben große Spuren in unserem Herzen hinterlassen. Stadt Wehlen, eine puppenstubenhafte Kleinstadt, hängt nur über ein einziges nicht leicht aufzufindendes Sträßlein, das oben vom Berg herabkommt, mit dem allgemeinen Verkehrsnetz zusammen, wie eine Traube am Stängel. Das ist alles sehr romantisch, solange man es nur anschaut und nicht dort leben muss. Und dann suchen wir die Bastei auf.

Auch bei ihr wird es dem Reisenden nicht leicht gemacht. Er muss entweder von Wehlen aus zu Fuß hinaufsteigen, was ungefähr zweihundert Höhenmeter bedeutet; oder, wofür wir uns entscheiden, sich auf kleinen, schlecht ausgeschilderten Wegen sozusagen hinterrücks heranpirschen. Auch so kommt man zunächst nur zu einem Parkplatz. Von diesem bringt uns ein Shuttle, dessen Haltestelle wir erfragen müssen, in etwas größere Nähe zum Ziel; doch die letzten zehn Minuten bleiben dem Fußweg vorbehalten.

Die Bastei ist eindeutig etwas, das man sich verdienen soll. So wird dem Massentourismus gesteuert: bitte nur ernst gemeinte Bemühungen! Für einen Nachmittag zwar unter der Woche, aber doch zur besten Ferienzeit herrscht ein recht moderater Betrieb. Die Sächsische Schweiz im Allgemeinen und die Bastei im Speziellen gehören ja zu den ältesten europäischen Tourismusstätten im eigentlichen Sinn und wurden deswegen schon früh mit Spott bedacht. Davon will man ersichtlich weg.

«Entdeckt» wurde die Sächsische Schweiz im frühen 19. Jahrhundert von den Romantikern, die sich als Avantgarde fühlten; ihnen jedoch folgte das Bürgertum auf dem Fuße und ließ sich vom aufblühenden Gastronomie- und Hotelgewerbe versorgen. Hier wie überall (und besonders in Dresden) schlug die Romantik mit staunenswerter Geschwindigkeit in ihr nur scheinbares Gegenteil um, ins Biedermeier. «Entdeckt» steht in Anführungszeichen, weil dieser Vorgang natürlich nicht wie beim Inneren Afrikas geschah, das zuvor kein Europäer betreten hatte, sondern in einem veränderten Akt des Sehens bestand, der das felsige Hinterland der Residenzstadt auf einmal als «Schweiz» würdigte: also etwas zum Hingucken statt bloß als Verkehrshindernis oder strategischen Punkt für Festungsbauten, wie man es vorher getan hatte. Die sackförmig getürmten Felsen haben von beidem etwas, von der Romantik wie vom Biedermeier: Sie sind schroff bis zum Wilden, dabei aber auf kleinem Raum gruppiert wie ein Bühnenbild. Es geht von der Aussichtsplattform jäh hinab, fast ganz senkrecht bis zum Fluss, der sich hier in einer trägen Windung zwischen den Steilwänden und einem gelinderen Gleithang mit Wiesen und Feldern bewegt. In der Ferne geht der Blick über weitere «Steine», wie der Fachausdruck lautet: den Lilienstein, den Pfaffenstein, den Papststein, die Schrammsteine, alles Tafelberge, die an den Seiten steil abfallen, sodass der Eindruck des Kubischen vorherrscht, aber ungefähr bis zur mittleren Höhe von Schutthalden umringt;

nicht besonders hoch, doch wuchtig und massig und ideal geeignet für Burgen und für Kletterer. Die gewaltigste dieser Burgen steht auf dem Königstein und ist eine der größten Festungen Europas, Schlüssel und Schloss der sächsisch-böhmischen Grenze. Leider hat sie trotzdem ihre Aufgabe nie adäquat erfüllt, denn die zahlreichen Kanonen hätten niemals in so steilem Winkel nach unten feuern können, wie es nötig gewesen wäre, um den einrückenden Feind auf der Uferstraße zu treffen. So konnte er im Kugelschatten unversehrt ins Land gelangen. In der Festung Königstein verschanzten sich die sächsischen Truppen, als Friedrich II. von Preußen im Siebenjährigen Krieg das Land Sachsen überrumpelte. Es half ihnen nichts, sie mussten kapitulieren. Aber eindrucksvoll wirkt die Anlage schon.

Zwischen den Felsentürmen der Bastei hat man ein System von Stegen angelegt, das den Gästen, auch den nicht schwindelfreien, ein angenehmes Flanieren erlaubt. Daneben schweben Glockenblumen überm Abgrund wie himmelblaue Engel. Längst ist die Bastei sich selbst historisch geworden. Wie von Narben ist sie von Inschriften übersät, aus jener Zeit, als in den Augen der Reisenden hier eine Schweiz entstand, die erste von noch vielen solcher neuen Schweizen, der Fränkischen, der Märkischen, der Holsteinischen, ja sogar eine Chilenische Schweiz soll es geben. Ein gemeißeltes Epitaph widmet sich dem «Andenken zweijer ehrwürdiger Männer», nämlich Carl Heinrich Nicolai und M. Wilhelm Lebrecht Göetzinger, beides Pastoren. «Sie waren diejenigen, welche zuerst die Blicke der Fremden auf diese Gegend leiteten. Durch sämtliche verpflichtete Führer errichtet Anno 1834.» Da gab es in Deutschland noch keine einzige Eisenbahn und doch schon einen Fremdenverkehr, und die Sherpas des Tals dankten es ihnen.

Nur neunzehn Jahre nach den zwei Pastoren war nicht nur die Eisenbahn, sondern auch die Fotografie auf den Plan getreten, oder, um es feierlicher zu sagen: «Hermann Kröner hic primus luce pinxit MDCCCLIII.» Er malte hier 1853 als Erster mit Licht, was so nur dann zutrifft, wenn man sich sagt, dass der Vorläufer Caspar David Friedrich hier nicht *mit* Licht, sondern – Licht malte. Vor einer der pittoresken Felsengruppen ist eine Tafel aufgestellt, betitelt «Kunst und Natur», die in Reproduktion ein Gemälde zeigt, welches Friedrich von genau dieser Stelle und genau aus diesem Sichtpunkt gemalt hat. Licht- und Dunstverhältnisse sind eindrücklicher gestaltet, als es der heutige Julinachmittag hergegeben hätte, das versteht sich von selbst; hier waltet ein Nimbus. Aber der Künstler hat auch sachliche Veränderungen vorgenommen und einen markanten Felsvordergrund hinzugefügt, den die Natur vor Ort nicht hergibt, bestimmt auch schon damals nicht – während man sich bei Friedrichs malerisch schräg gestürztem Nadelbaumskelett, das den Betrachter zugleich ins Zentrum lockt und ihm den Weg versperrt, nicht sicher sein kann. Immerhin sind seit damals zweihundert Jahre vergangen, eine Kleinigkeit für die Felsen, aber für Bäume immerhin lang genug, dass ihr Bestand sich ein- bis zweimal komplett ausgetauscht hat. Die Natur hat hier durch die Kunst jedenfalls eindeutige Veredelung erfahren. «Wilde, unberührte Natur!», so ruft die Tafel aus, um fortzufahren, dass man so etwas natürlich unter Schutz stellen muss.

Alle wollen Natur. Aber wie, wenn hier plötzlich, im kleinsten und wohl touristisch besterschlossenen Nationalpark Deutschlands, plötzlich Wölfe auftauchen sollten, wie es an vielen anderen Orten schon geschehen ist? Wenn man herauskriegen will, was die Leute sich eigentlich unter Natur vorstellen, bringt man am besten den Wolf ins Spiel. Der Wolf spaltet sofort, zum Wolf hat jeder eine starke Meinung, sei es dafür, sei es dagegen. In Mitteleuropa ist in den letzten hundert Jahren wahrscheinlich kein Mensch von einem Wolf attackiert worden, und ich kenne niemanden, der schon mal einen wilden Wolf gesehen hätte. Auch die Wolfsbeauftragte der AfD für Sachsen-Anhalt nicht, die sich, nachdem sie in einem Interview lang und breit die unberechenbaren Gefahren ausgemalt hatte, die ihren Kindern von diesem Räuber drohten, zugeben musste, dass ihr so einer noch nie begegnet war. Er reißt das Vieh auf der Weide, das ist schließlich sein Job; aber die so entstehenden Schäden beziehungsweise die nötigen Schutzmaßnahmen könnte man mit geradezu lachhaften Summen begleichen. Sie lägen niedriger als die Wildschadenszahlungen, die die Jäger regelmäßig leisten müssen, wenn mal wieder eine Rotte Wildschweine einen Maisacker verwüstet hat, und die niemals zu Erörterungen führen. Der Wolf ist für alle praktischen Zwecke ein rein symbolisches Tier, ein Bruder des Einhorns sozusagen. Wer «Wolf» sagt, merkt sofort, ob sein Gegenüber, wenn es von Natur spricht, eine wilde Natur will oder eine zahme.

Im Nationalpark hat man eher die zahme Natur im Auge. Auf mehreren Tafeln (es gibt hier wirklich viele Tafeln, es handelt sich um Tafelberge in doppeltem Sinn) wird dem Besucher das Konzept erläutert. «Natur Natur sein lassen», lautet das Motto. Natur dürfe sich hier nach ihren eigenen Gesetzen entwickeln, jedoch: «Teilweise wird dieser Prozess durch Waldpflege noch unterstützt.» Der Besucher soll die «wertvolle Naturausstattung» respektieren, kein Feuer machen, keine Blumen pflücken, nicht kampieren; das Klettern ist nur an bestätigten Kletterfelsen gestattet, und zwar unter Beachtung der Sächsischen Kletterregeln. Aber Natur heißt auch Gefahr! Felsen bröckeln, Laub macht die Wege glitschig, Äste brechen ab. Wenn jemandem ein Stein auf den Kopf fallen sollte, dann, so wird unterstrichen, haftet der Freistaat nicht.

CHINA AN DER ELBE

An Pirna vorbei bewegen wir uns Richtung Dresden. In Pirna gibt es wieder einen anderen Stein, den wir aus der Ferne sehen, den Sonnenstein, einen gewaltigen Kasten von einem Schloss. Wie viele solcher Anlagen hat man auch diese später in eine Nervenheilanstalt verwandelt. Die Nationalsozialisten vergasten hier rund vierzehntausend Psychiatriepatienten und verbrannten sie, die Asche wurde teilweise einfach den Elbhang hinabgekippt.

An der sächsischen Elbe reiht sich Schloss an Schloss. Als Nächstes kommt Pillnitz. Das Tal nimmt ein anderes Gesicht an, es weitet sich, bleibt aber an den Seiten geneigt genug, dass ein bisschen Weinbau möglich wird – Wein, dieses beliebteste und überzeugendste aller Unterpfänder des Südens in einer nördlichen Welt. Pillnitz selbst zitiert allerdings weniger den Süden als den Osten herbei, einen Osten, von dem man noch sehr märchenhafte Vorstellungen hegte. Nachdem wir geparkt haben, gehen wir zum Fluss hinunter, um das eigentlich angemessene Ankunftserlebnis nachzuempfinden. Denn hierher reiste man mit der Gondel vom sächsischen Hof in Dresden an. Eine breite, geschwungene Freitreppe nahm die Gäste vom Wasser in Empfang und geleitete sie zum Gelände empor. Es ist ein schöner Sonnentag, und außer den gelegentlichen Elbradlern sieht man wenig Menschen. Dafür ist die Luft von Vögeln erfüllt, Schwalben vor allem, aber auch Tauben und kleineren Singvögeln. Ein einzelner Eisvogel bleibt lang genug auf seiner Warte sitzen, einer Trosse über dem Wasser, dass ich ihn meinem Begleiter zeigen kann – während Eisvögel ja sonst meist schon weg sind, ehe man nur «Da!» rufen kann. So aber bewundern wir gemeinsam das davonschießende überirdische Blau dieses Gefieders.

Das ist eine schöne Einführung in Schloss und Garten. Die Gesamtanlage gehorcht den Gesetzen des Barocks mit seinen prächtigen Paraden. Hier aber ist ihm noch ein Karneval zweiten Grades aufgesattelt, ein chinesischer, in Form von Dächern, die mit ihren Rändern den Himmelsschwung von Pagoden nachahmen, kleinen Glöckchen, Friesen aus Palmen und seidengewandeten Figurinen – ein fernöstliches Treiben, wie man es sich in Europa ausmalte, ehe der europäische Kolonialismus, der schon Indien, Lateinamerika und die Karibik erobert hatte, sich auch das Reich der Mitte unterwarf. Mir hat es besonders ein kleines Palais angetan. Im Kern handelt es sich natürlich um einen barocken Bau. Der Stolz der sächsischen Kurfürsten, die es auf dem Umweg über Polen-Litauen zur Königswürde gebracht hatten, spricht sich in den Säulen aus, die nicht nur den polnischen Adler und den litauischen Reiter im Kapitell tragen, sondern darüber eine Königskrone und den Schriftzug AR für Augustus Rex – das steht sozusagen für den nahen Osten. Der ferne, der orientalische Osten aber macht sich geltend in den Blumengirlanden, welche die Säulenschäfte zieren, eine herrlich hybride Mixtur der ganzen Welt, von der ein klassischer Purist Magenkrämpfe bekäme.

Der eigentliche Star dieses ausgedehnten orientalischen Gesamtkunstwerks jedoch ist die berühmte Pillnitzer Kamelie. Vor dreihundert Jahren hat sie ein Jesuit aus Japan als zarten Schössling mitgebracht. Seither hatte sie reichlich Zeit zuzulegen. Sie präsentiert sich heute als kugelförmiger Baum von etwa zehn Metern Durchmesser. Das Problem besteht darin, dass Kamelien nicht winterhart sind und wie Oleander, Zitruspflanzen und Lorbeerbäume im Winter eigentlich in die Orangerie geschafft werden müssten. Dafür aber ist diese Pflanze definitiv zu groß geworden. Ich habe die Kamelie vor Jahren schon einmal gesehen und mich an diese Begegnung so erinnert, sie auch so erzählt: Die Pflanze säße in ihrem gigantischen Kübel auf Eisenbahnschienen, und auf diesen würde sie, wenn der Winter naht, in ein maßgenau gefertigtes vieleckiges Glashaus geschoben. So wäre diese Strecke die kürzeste Eisenbahnlinie der Welt. Doch so ist es nicht. Jetzt stelle ich fest, dass die Kamelie fest im Boden wurzelt und es vielmehr das Gehäuse ist, welches geschoben wird, wie es ja eigentlich auch naheliegt. Es handelt sich auch nicht um Schienen, sondern eine Reihe länglicher Eisenplatten. Mein Gedächtnis hatte mich getrogen; aber ich sah es so vor mir. Einen ähnlichen Fall konnte ich im vorigen Jahr bezeugen, im schwäbischen Kloster Maulbronn, wo Hermann Hesse die unglücklichste Zeit seiner Jugend im Internat verbrachte. Wir saßen zusammen in der Mitte des Klosterhofs, und ich las den anderen ein Stück aus Hesses Schriften vor, worin er jener Zeit gedachte. Vielmehr, so betonte er, *sah* er wieder alles vor sich, so deutlich und lebendig, als wäre es gestern gewesen, zum Beispiel die weitläufigen ineinandergreifenden Schieferdächer des Klosterkomplexes ... Wir blickten uns um und stellten fest, dass auf diesen Dächern keine einzige Schieferschindel lag, sondern alles mit Ziegeln gedeckt war, und zwar mit *alten* Ziegeln. Auch Hesse hätte die Hand ins Feuer gelegt für das, was seine Erinnerung schaute: alles schwarz statt rot. Aber es stimmte nicht.

Heute besteht eine große Sensibilität, was den Umgang mit exotischen, rassistischen, kolonialen Klischees angeht, und das ist bestimmt gut so. Pillnitz aber stammt aus einer Epoche, als das Wenige, was man von der Fremde wusste, sich noch nicht mit dem Willen zur Herrschaft vermengte, wenigstens nicht, was Ostasien betraf. Damals war China noch der größte und stärkste Staat der Erde, bevor die Langnasen begannen es zu demütigen, wofür es sich heute zu rächen strebt. Doch im 18. Jahrhundert war das Verhältnis von Ost und West noch unvergiftet. Hier ist das Andere, dem man Gestalt verlieh, noch gewissermaßen im Modus des Traums befangen. Das böse Erwachen kam früh genug, aber hier noch nicht.

Pillnitz bewahrt auch einen genuin asiatischen Schatz, der lange nicht nur verschollen war, sondern von dem überhaupt niemand mehr wusste. Ein Dresdner Reisender war kurz nach dem Umbruch der Meiji-Zeit im Jahr 1867 nach Japan gefahren, als der Kimono als förmliches Gewand von einem Tag auf den anderen in Ungnade fiel und vom westlichen Anzug verdrängt wurde. Darum hatte er in großen Mengen jene aus den Blättern des Maulbeerbaums gefertigten Schablonen erwerben können, mit denen die Samurai ihre Kimonos bedrucken ließen. Was Schnitt und Stoff anging, war ein Kimono mehr oder weniger wie der andere; der feine Unterschied lag in dieser Bedruckung, je feiner, desto kostbarer. Die allerfeinsten Stücke hatten ein Muster wie Reis oder Regen, das man schon aus geringer Entfernung als Muster gar nicht mehr wahrnahm. Während es in Japan selbst kaum noch welche von diesen Katagami-Schablonen gab, lagerten, völlig vergessen für mehr als hundert Jahre, fünfzehntausend von ihnen in einem Schrank in Pillnitz, verstaut in zweiundneunzig Schachteln. Als man sie fand, gab es für kurze Zeit eine Ausstellung im Dresdner Japanischen Palais, wo ich das Glück hatte, sie zu sehen; man hatte sogar mit ihrer Hilfe ein paar Kimonos neu bedruckt. Heute sind sie wohl wieder, wie so vieles in Dresden, im Depot verschwunden, und vielleicht dauert es wieder hundert Jahre, ehe sie das nächste Mal ans Licht treten.

AUF DEM WASSER

Dresden ist eine Stadt, die durch gutes Wetter außerordentlich gewinnt – mehr als Leipzig, Dresdens ewiger Gegenpol, wo man, selbst wenn die Sonne scheint, lange nicht so das Gefühl hat, dass man sich eigentlich viel weiter im Süden und im Urlaub befindet. Das liegt hauptsächlich am Fluss. Die Elbe in Dresden wirkt größer, als sie ist, und zwar weil die Stadt ihr viel Raum lässt – verdächtig viel Raum, wie man sagen muss, denn er ist der Angst vor dem Hochwasser geschuldet. Die Stadt erhebt sich beiderseits auf ungefähr fünf bis zehn Meter über dem Wasserspiegel. Auch das hat ihr allerdings 2002 nichts geholfen, als die Flut bis weit in die Innenstadt drang und im Verein mit der sonst kaum je wahrgenommenen, da unterirdisch verrohrten Weißeritz Zwinger und Bahnhof unter Wasser setzte. Auf der Altstadtseite zieht sich hier das Bollwerk der Brühlschen Terrasse, eine touristische Hauptattraktion; auf der Neustadtseite aber, die sanfter abfällt, liegen die Elbwiesen, die jetzt, an einem schönen Tag zu Sommeranfang, mit wogendem Gras bestanden sind und auf denen sich jede Menge Spaziergänger, Radfahrer, Paare und Sonnenanbeter tummeln. Der Wasserstand ist schon jetzt, im Frühsommer, recht niedrig, sodass unterhalb der Wiesen noch ein vegetationsarmer Saum, ein richtiger Strand zum Vorschein kommt, der Meeresanklänge weckt und den Fluss paradoxerweise, obwohl sich seine Breite dadurch ja eigentlich verringert, großzügiger und weiter aussehen lässt. Der Wassermangel bewirkt auf der Neustädter Seite, dass der Fluss am Ufer seicht und langsam wird und den Kindern, besonders aber den Hunden, die hier von der Leine dürfen, Gelegenheit zum begeisterten Herumplanschen gibt; auch dabei denkt man ans Meer.

An einem Tag wie heute ist es zweifellos das Beste, eine Dampferfahrt mitzumachen. Man darf sich von den vielen anderen, die auf dieselbe Idee gekommen sind, und der Warteschlange, bis man an Bord gelangt, nicht abschrecken lassen, sondern sollte sich sagen, dass die freudige, ja festliche Stimmung dieses Tages ohne solche Fülle nicht zu haben wäre. Zu den dümmsten Eigenschaften des Touristen gehört es, dass er über seinesgleichen so gern die Nase rümpft, als wäre er selbst nicht auch einer, und darum immer nach «Geheimtipps» sucht, wo der Tourismus noch nicht hingekommen wäre: In seiner Person kommt er dann eben doch hin;

und so verbreitet der Tourist das Übel, dem er ausweichen wollte, wie ein Pestkranker, der vor der Pest flieht. Aber warum soll man es eine Pest oder ein Übel nennen? Schönes Wetter fern von daheim in schöner Umgebung genießen zu wollen, das ist bestimmt ein Menschenrecht.

Wir nehmen Platz auf dem Oberdeck des Raddampfers, der guten Aussicht wegen so weit vorn wie möglich, obwohl wir dort viel Wind abkriegen; wir sitzen gleich hinter der Pfeife, die uns jedes Mal einen Schreck einjagt, wenn sie ohne Vorwarnung mit lautem, hohlem Ton einen Schwall Dampf ausstößt, von dem uns feine Tröpfchen ins Gesicht wehen. Beim Einsteigen darf man einen Blick in Motor und Radkasten tun, eine wohltuend solide und plausible Mechanik. Baujahr 1926, also fast hundert Jahre alt, 300 PS auf 70 Metern Länge – das scheint zwar ein bisschen schwach auf der Brust, aber für die hiesigen Binnenverhältnisse reicht es. Von dort, wo wir sitzen, haben wir auch Einblick in die Brücke, ausgestattet mit einer jüngeren, aber keineswegs modernen Technik, mit viel Holz und Plastikknöpfen; von der Decke hängt, federnd an einer Spiralschnur, ein schwarzer Telefonhörer aus Bakelit herab. Eine Stimme vom Band erklärt die Sehenswürdigkeiten, erst auf Englisch, dann auf Deutsch; keiner versteht was, und keiner hört zu.

Der Fluss ist voll von anderen Vehikeln. Da sind natürlich die Kollegen unseres Dampfers, die «August der Starke» oder «Gräfin Cosel» heißen – auf diese zwei, den Fürsten, der mit bloßen Händen einen Zinnteller zusammenrollte, und seine erst strahlende, dann verstoßene Geliebte, kommt man in Dresden immer wieder zurück. Sie verkörpern den Glanz, der der Stadt im Februar 1945 geraubt wurde, in wenig mehr als vierundzwanzig Stunden, um mit langen und teuren Mühen über Jahrzehnte zurückgewonnen zu werden. Dann Schlauchboote in allen denkbaren Größen und Farben, manchmal passt ein ganzes Dutzend Leute hinein;

sie tragen Schwimmwesten in Knallorange und sehen aus, als wäre die Feuerwehr im Einsatz, dabei haben sie nichts zu retten als höchstens sich selbst. Auch Kanus und Stand-up-Paddler fahren vorüber. Ein Kahn, der wie ein schwimmendes Zelt aussieht, verkündet «Floß-Expedition». Das scheint etwas übertrieben für die risikoarme Lustbarkeit auf diesem trägen Gewässer. Ein besonders beliebter Typ von Gefährt besteht aus einem kreisrunden Behältnis, das auf einer Art Palette steht, wie eine Suppenschüssel auf der Tafel. Etwa sechs Personen sitzen im Kreis um einen Tisch herum, und der Sonnenschirm, der über ihnen schwebt, sieht aus, als höbe sich der Deckel von ihnen und sie würden serviert. In einem dieser Boote posieren am äußersten Rand drei oder vier junge Frauen, eine vierte oder fünfte knipst; man fürchtet, so prekär wie sie ihr Gewicht verteilen, gleich müssten sie kentern – aber nichts dergleichen passiert. Fast überall wird fleißig getrunken, Schirme und Boote machen Reklame für Bier. Wo ein flacher, steiniger Bach unter hohen Bäumen mündet, haben sich Familien von Migranten zu einem Picknick niedergelassen. Ein vielleicht achtjähriger Junge füttert am Strand Wildgänse, die nicht sehr wild aussehen. Und alle, ausgenommen im dunklen Motorboot die Polizei, winken. In zwei Stunden sehen wir kein einziges Schiff, das eine andere Fracht als Menschen transportiert. Vielleicht ist die Elbe gerade zu flach, vielleicht gibt es von hier an bis nach Tschechien einfach keinen Bedarf mehr.

Am Steilufer stromaufwärts erstreckt sich der «Weiße Hirsch», eine Villengegend, wo sich die gewiss edelsten Grundstücke der Stadt befinden. Mehrere der Anwesen bieten sich als veritable Schlösser dar, mit mediterranem Flair. Zum Fluss hin steigen die vorgelagerten Gärten in komplexer Terrassierung herab, und als Symbol des Privilegs wachsen hier Weinstöcke, die es sonst erst wieder ein gutes Stück flussabwärts in Meißen gibt. Die Fläche des Stroms (ja, er fühlt sich nun wie ein richtiger Strom an!) wird vom böigen Wind ungleichmäßig erfasst, sie zerbricht in teils aufgeraute, teils glatte Stücke, die, obwohl sie mit der Strömung ziehen, in ihrem Umriss merkwürdig konstant bleiben, als wären es Wolken. Dann lässt der Wind nach, und die Fläche wandelt sich zu einem unscharfen Spiegel aus Stahlblau, das auf den Himmel, und Olivgrün, das auf die Pflanzenwelt reagiert, dieses um einen Ton tiefer als das reflektierte Original.

BRÜCKEN, SCHÖN UND ANDERS

Und wir begegnen den Brücken. Wir legen ab an der berühmtesten und ältesten von ihnen, der Augustusbrücke, die Altstadt und Neustadt miteinander verbindet und sich in mehreren wunderbaren Bögen über die Elbe schwingt. An ihrer Neustädter Seite steht der Goldene Reiter, eine Statue Augusts des Starken natürlich, des Schutzheiligen dieser Stadt, zu Pferd in Überlebensgröße, und mehr noch, sein Pferd bäumt sich feurig auf, dass die Vorderhufe durch die Luft rudern – was sich statisch nur so hat realisieren lassen, dass der lange Schweif des Rosses, an sich ein lockerer Busch, hinterwärts wie ein Krückstock funktioniert. Golden ist er auch wirklich: Frisch überzogen funkelt er in der Sonne, dass es die Augen blendet. Nach der Augustusbrücke folgt flussaufwärts die Carolabrücke, die ebenfalls einen sächsisch-monarchischen Namen trägt; doch heute steht hier eine Nachkriegskonstruktion aus Beton, die in einem einzigen flachen Satz über den Fluss kommt. Dann erreichen wir die Albertbrücke, wiederum nach einem Herrscher benannt und wie die Augustusbrücke ein Steinbau auf Bögen. Sachsen nennt sich stolz wie Bayern einen Freistaat – und erweist, ganz wie Bayern, dennoch in den Namen seiner Straßen und Bauwerke den abgesetzten Monarchen die Reverenz. Und dann, ja dann erblicken wir die jüngste und kontroverseste Querung des Flusses, den leidigen Stein des Anstoßes, den Skandalbau: die Waldschlösschenbrücke. Sie hat das Dresdner Elbtal den Status des Weltkulturerbes und die Dresdner Stadtgesellschaft die Eintracht gekostet.

Dresden war so stolz darauf, dass es in den Genuss des Weltkulturerbes gekommen war, wenngleich dieser Status nicht für die weitgehend rekonstruierte Innenstadt, sondern für die Landschaft ringsherum verliehen wurde. Aber eine neue Brücke wollte man schon auch haben. Beides, Brücke und Welterbe, hätten noch Mitte der Neunziger bestimmt so gut wie alle Dresdner unterstützt. Aber es erwies sich schon bald mit zunehmender Schärfe, dass nur eins von beiden gehen würde, denn wenn die Brücke gebaut würde, hätte Dresden gegen die Auflagen verstoßen, die bei Verleihung des Welterbe-Status vereinbart worden waren: Das Elbtal sollte an dieser Stelle unverbaut bleiben. Es drohte die Aberkennung des Titels.

Da waren die Planungen aber schon weit fortgeschritten. Ein effektiver Lückenschluss im Verkehrssystem der Stadt sei nur mit der Brücke möglich, argumentierten die Brückenbefürworter, sie sei «alternativlos» (ungeachtet der Tatsache, dass es eine ganze Reihe von Alternativ-Vorschlägen gab). Die Brückengegner dagegen sprachen von einer Kulturschande und einem Verstoß gegen verbindliche völkerrechtliche Regelungen. Hilfsweise boten sie auch die Kleine Hufeisennase auf, eine seltene Fledermausart, die durch den Brückenbau gefährdet würde; dabei blieb unbewiesen, dass die Spezies an dieser Stelle überhaupt vorkam, und wenn, dass die Brücke ihr geschadet hätte. Die Sache schaukelte sich auf. «Weil wir Dresden lieben» machten die Gegner zu ihrem Slogan und implizierten so, dass, wer für die Brücke war, Dresden offenbar nicht lieben konnte – was die Befürworter erwartungsgemäß nicht auf sich sitzen ließen. Jede von beiden Seiten berief sich auf die friedliche Revolution von 1989, deren Tradition natürlich nur sie selbst würdig fortsetzte. Ein Bürgerbegehren fand statt, in die Wege geleitet von ADAC, CDU und FDP (in dieser Reihenfolge); mehr als zwei Drittel der Teilnehmer sprachen sich für den Brückenbau aus. Bei der Abstimmung war aber nicht deutlich gemacht worden, dass man dadurch den Unesco-Titel verlieren könnte, insofern geschah sie unter verzerrten Voraussetzungen. Der Stadtrat, dem inzwischen die Unesco auf die Zehen trat, verabschiedete einen Beschluss, der die Suche nach einem Kompromiss vorsah, mit anderen Worten das Projekt erst mal auf die lange Bank schieben sollte. Nunmehr lagen zwei vollkommen demokratisch legitimierte Entscheidungen vor, die einander jedoch ausschlossen; dazu kamen unterschiedliche Gerichtsurteile in mehreren Instanzen, welche die rechtliche Lage ermüdend unübersichtlich machten. Währenddessen eskalierte der Konflikt immer weiter, Schriftsteller schrieben offene Briefe, Freunde und Familien enzweiten sich.

Ursprünglich war das Ganze durchaus keine Frage von links und rechts gewesen; auch die PDS hatte den Brückenbau befürwortet. Aber das änderte sich mit zunehmender Polarisierung. Die Gegner stellten in der Innenstadt einen großen Torbogen im Schwarz-Rot-Gold der Bundesflagge auf, mit der Inschrift «Kulturlosigkeit öffnet das Tor zur Barbarei», es ging also nunmehr um eine deutsche Grundsatzfrage, die sächsische Fahne wehte bloß wie ein Zierat obendrüber. Auf der Gegenseite wandte sich ein Politiker gegen den «Brücken-Dschihadismus» (der 11. September lag noch nicht allzu lange zurück), worauf die derart Angegriffenen sich die infame Unterstellung verbaten ...

Na, und so weiter eben. Heute steht die Brücke, und man begreift, wenn man sie sieht, eigentlich gar nicht, worum hier gekämpft worden ist. Eine Brücke ist es halt, und gewiss keine der schlechtesten. Sie sieht besser aus als zum Beispiel die etwas platte Carolabrücke. Eigentlich glaube ich nicht, dass es überhaupt so etwas gibt wie schlechte Brücken, nicht in dem Sinn jedenfalls, wie es schlechte Häuser gibt. Eine Brücke hat immer einen klar definierten Zweck, der sie in jedem Fall rechtfertigt. Sie pflegt ein schlankes Gebilde zu sein und eines, das seine konstruktiven Grundsätze ohne Weiteres und dem nackten Auge sichtbar preisgibt. Sie kennt nicht wie ein Haus das potenziell heuchlerische Zweierlei von drinnen und draußen, sie ist in ihrem Bau so klar und einleuchtend wie eine Pflanze. Pflanzen, auch die gewaltigsten, entstellen die Landschaft nicht. Und eine Brücke ist, was man von Häusern so nicht sagen kann, für alle da.

Die Waldschlösschenbrücke besitzt eine große Leichtigkeit. Mit einem einzigen parabolischen Bogen springt sie über die Elbe; dieser Bogen verankert die flacher gewölbte Fahrbahn, die zusätzlich von unten durch diagonale Stelzen gestützt wird. Die Aufgabe, die der Fluss ihr stellt, löst sie mit Eleganz. Und wenn die Elbauen, das eigentliche Unesco-Schutzobjekt, durch sie überhaupt hätten optisch beeinträchtigt werden können, dann bestimmt nicht hier, wo sie den Wiesen viel Platz lässt und neben einer gesichtslosen Siedlung aufsetzt, an der gewiss nichts mehr zu verderben ist. Auf einer langen Strecke gibt es keine andere Querung, und der Verkehr war zu Umwegen gezwungen. Da sie so nützlich und zugleich so bescheiden war – warum die Aufregung? Diese liegt nun zwar schon einige Jahre zurück, aber sie bebt nach bis in die Gegenwart; und sie hat gewiss ihren Anteil an der Entstehung dessen, was man den Dresdner Sonderweg nennen könnte, der sich einige Jahre später in den Montagsdemos der Pegida zu formieren begann.

Hier stellt sich auch die Frage, was das eigentlich wäre, ein «Kulturerbe», und gar ein «Weltkulturerbe». Einmal als solches ausgewiesen, darf sich an ihm nichts mehr ändern. Grundsätzlich wäre das bestimmt in Ordnung für die Dresdner, die unerschütterlich an ihr historisches Ensemble glauben wie bei einem Kaffeeservice für zwölf Personen – und geht doch mal eine Tasse zu Bruch, was in der Natur des Porzellans liegt, kann man sie stracks nachbestellen; dann ist alles wieder komplett. In diesem Geist geschah der Wiederaufbau nach 1990. Aber das galt in Dresdner Augen offenbar nur für die Stadt Augusts des Starken, sonst sahen sie nicht ein, weshalb für ihre Verkehrsbedürfnisse das Prinzip des historischen Stillstands gelten sollte; und hatten recht damit. Es war wirklich bloß das Prinzip – irgendein konkretes Gut gab es an dieser Stelle nicht zu verteidigen, und schon gar nicht gegen eine Brücke. Der Starrsinn des Unesco-Gremiums, das weitab von ihnen seine Urteile sprach und von dem sie sich erpresst fühlten, weckte den Trotz der Einheimischen.

Noch ein paar Kilometer stromaufwärts kommt aber dann wieder eine «gute» Brücke in Sicht: das Blaue Wunder. Es handelt sich um eine Glanzleistung der Ingenieurkunst vom Ende des 19. Jahrhunderts. Auch diese Brücke schafft den Sprung über den Fluss in einem Satz. Doch ihre Mittel sind anders: nicht Stahlbeton, sondern Schmiedeeisen. Das Blaue Wunder ist eine waagrechte Schwester des Eiffelturms. «Blaues Wunder» hieß es von Anfang an: Wunder, weil es die Elbe ohne einen einzigen Stützpfeiler überquerte; und blau, weil man es in dieser Farbe anstrich. Die Technik ist außerordentlich komplex und enthält alle möglichen schwingenden Gelenke, was man zwar nicht auf Anhieb versteht, aber in seinen Einzelheiten gut sehen kann. Die Brücke hat den Charme des «Steampunk», jener historischen Wehmut, die eine vergangene Technologie für ihre schöne Zweckmäßigkeit ehrt und für das Erlesene ihrer Materialien, unter denen Messing und Mahagoni herausragen. Die Mechanik jener Epoche, der die Brücke entstammt, zeichnet sich aus durch die Sichtbarkeit ihres Funktionierens, also das, was aus einem Handy heute so absolut und total verschwunden ist. Die Funktionalität des vernieteten Metalls betätigt sich allerdings sehr im Kleinteiligen. Und ist darum nicht die Waldschlösschenbrücke eigentlich sogar schöner als das Blaue Wunder, in dem Sinn, wie ein mathematischer Beweis als desto eleganter gilt, je einfacher er ist? Auch das Blaue Wunder beweist sich selbst, aber auf sozusagen organischem Weg. Es gleicht dem Knochengerüst eines Vogels, das sich, um ihm den Aufschwung in die Lüfte zu ermöglichen, in ein labyrinthisches System aus Balken und Bälkchen aufgelöst hat. Zeitgenossen neigen zum Undank: Es muss etwas hundert Jahre alt sein oder älter, damit man seine Schönheit begreift. Wie wäre es, wir fänden die Waldschlösschenbrücke jetzt gleich schön? Wir würden uns ein ästhetisches Erlebnis bereiten, wo vorher ein Ärgernis war. Übrigens ist das Blaue Wunder derzeit gar nicht richtig blau, sondern von einer eher trübseligen Färbung wie einer jener alten Trabis, die auch nach mehr als dreißig Jahren noch unverzagt herumstänkern und bei denen nichts gelitten zu haben scheint als der Lack. Aber man hat stellenweise begonnen, die Brücke wieder in einem zarten Hellblau zu streichen. Es gleicht einer Blütenfarbe, einem Vergissmeinnicht, und erinnert an die erhöhte Verletzlichkeit von allem, was in der Geschichte je die Farbe Blau trug und trägt.

Nach dem Blauen Wunder wendet das Schiff und gibt uns Gelegenheit, es auch von der anderen Seite zu betrachten. Wir kehren im Abendlicht nach Dresden zurück und sehen gegen den noch hellen Himmel die sich schwärzende Silhouette der Stadt mit ihrem scherenschnitthaften Profil aus Türmen, Spitzen und Kuppeln. Im Zentrum und als massivste Einzelheit erhebt sich die Frauenkirche. Wäre das Weichbild vorstellbar ohne sie? Es fehlte sein Zentrum. Doch je mehr man sich ihr nähert, desto mehr wächst das Missgefühl. Sie war schon einmal ganz weg und zusammengesunken zu einem Haufen wüster Trümmer; so habe ich sie in den Achtzigern erlebt, als die DDR noch existierte. Von manchen der langen Straßen Dresdens konnte man damals nicht ihr Ende sehen, so schwer lag der Braunkohledunst in der Luft. Den Schutt der Kirche hatte man bei der Beräumung der zerstörten Stadt liegen lassen, als großes, gewissermaßen naturwüchsiges Monument dessen, was geschehen war. Nach 1990 aber schien ein solch schmerzliches Zeichen des Verlusts nicht mehr hinnehmbar, und zusammen mit der D-Mark kamen die Pläne zum Wiederaufbau. Das hieß in diesem Fall, das Verlorene getreu zu rekonstruieren. Nicht nur bei der Frauenkirche ging man so vor, sondern zum Beispiel auch bei den umliegenden mehrstöckigen Gebäuden des Neumarkts, die nach außen wieder ein barockes Gesicht tragen, im Inneren aber ganz aus Beton sind. Bei der Frauenkirche, so wurde versichert, brauche man doch nichts zu tun, als die ohnehin vorhandenen Steine wieder zusammenzufügen wie bei einem gigantischen Puzzlespiel, und bezahlen ließe es sich komplett aus privaten Spenden. In beiden Fällen reichte es dann bloß zu einem Bruchteil: Den größeren Teil der Kosten trug schließlich doch die öffentliche Hand; und der größere Teil der Steine ist hell, neu und scharf behauen und sticht von den tiefgebräunten Relikten ab, die drei Jahrhunderte Dresdner Stadtluft in sich aufgenommen haben, davon fast ein halbes Jahrhundert DDR-Atmosphäre; in wilder Scheckung akzentuieren sie das symmetrische Gesamtbild. Rund dreißigtausend Tote gab es in jener Nacht vom 13. auf den 14. Februar 1945; sie werden nicht wiederkehren. Doch die Gebäude erstrahlen als frische Replik. So hat die Stadt Dresden auf die Frage, was eine Stadt ausmache, die Häuser oder die Menschen, eine klare Antwort erteilt: die Häuser.

GLANZ IM GEWÖLBE

Wer ins Grüne Gewölbe will, braucht Geduld. Die Besichtigungszeiten sind in «Slots» eingeteilt, und wer um 14 Uhr hineinwill, erfährt, dass erst am nächsten Tag ab 12.30 Uhr wieder etwas frei wird. Steht man anderntags dann um 12.30 Uhr an der Kasse, erweist es sich, dass inzwischen bereits wieder alle Slots bis 14 Uhr ausgebucht sind – wir hätten eben schon gestern reservieren sollen, und warum hätten wir denn nichts gesagt? Doch schließlich winkt die Kassiererin uns doch durch und telefoniert sogar, sodass wir am Eingang persönlich empfangen werden. Spontan zu reisen wird immer schwieriger: Kaum noch ein Hotel, das man erst suchen könnte, wenn man in der fremden Stadt ankommt, kaum ein Restaurant, wo man sich einfach so hineinsetzen darf; reserviert haben muss man, alles am besten online. Die neuen Medien mit ihrem Versprechen von Leichtigkeit und Freiheit haben das genaue Gegenteil bewirkt. Ohne vorausschauende Planung wird man bald nicht mal mehr ein Bier trinken können.

Auch das Grüne Gewölbe hatte unter dem Elbhochwasser von 2002 zu leiden. Die Schäden sind lang behoben. Weit mehr machte der Stadt Dresden und dem Land Sachsen ein anderer Unglücksfall zu schaffen: In der Nacht auf den 25. November 2019 drangen Räuber durch ein zuvor angesägtes Gitterfenster ein, zerschlugen die Vitrinen mit großen Äxten und stahlen einundzwanzig Objekte, die mit 4300 Diamanten besetzt waren und einen Versicherungswert von 113,8 Millionen Euro besaßen. Es handelte sich dabei um zwei «Garnituren», das heißt um Sets von Accessoires für gehobene Höflinge, bestehend aus Degen, Epauletten, Orden, Agraffen, Schuhschnallen und Knöpfen. Betroffen waren die Brillantgarnitur und die Diamantrosengarnitur, ferner Schmuckstücke aus dem Besitz der Königinnen, eine Aigrette, ein Muffhaken und so weiter. Eine erschütterte Öffentlichkeit lernte damals den Unterschied zwischen einer Aigrette und einer Agraffe kennen. Die eingesetzte Soko erhielt passenderweise den Namen «Epaulette». Wie eine solche Garnitur aussieht, davon kann sich der Besucher noch immer ein Bild machen, wenn er zum Beispiel die Karneolgarnitur direkt daneben betrachtet, die von den Dieben verschmäht wurde – wer will schon Karneole, wenn er Brillanten haben kann! Es muss ein eigenes Gefühl sein, wenn man auf seinem Bauch Knöpfe spazieren trägt, von denen jeder so viel wert ist wie ein kleines Landgut.

Nichts wirft ein so bezeichnendes Licht auf die Kunst wie das Kunstverbrechen. Beim Fälscher Beltracchi hatte es eine ähnliche Aufregung wie beim Dresdner Garniturendiebstahl gegeben. Auch hier war von allen Seiten ein Schrei der Empörung ertönt. Dabei hatte Beltracchi nichts getan, als dem Kunstmarkt bei der Auflösung seines intimen Widerspruchs zu helfen: Einerseits profitiert der Markt davon, dass die Werke der toten Maler eine absolut knappe Menge darstellen, auf keine Weise zu vermehren, was sich in den immer astronomischeren Preisen für Top-Kunstwerke niederschlägt; andererseits aber muss er genau deshalb wünschen, es möchten ihm dennoch, durch einen geheimen Neuzufluss, weitere Geschäftsgelegenheiten erwachsen. Dem entsprach der begabte Fälscher; und darum drückte der Markt bei der Ankunft neuer Meisterwerke beide Augen zu und nahm die Falsifikate mit einer rückhaltlosen Dankbarkeit entgegen, die das alte Sprichwort bestätigt: Die Welt will betrogen sein. Ganz nebenbei beschädigte Beltracchi das Konzept des Genies als einer rein persönlichen Zaubermacht, indem er selbst die erfahrensten Experten dazu brachte, seine Produkte für echt zu erklären. Womöglich hängen in den Museen und Galerien immer noch Dutzende oder Hunderte dieser kriminellen Erzeugnisse. Doch keiner kennt sie von den echten heraus oder kann es auch nur wünschen: Der Schaden, ausdrückbar in Heller und Pfennig, wäre immens.

Noch ein weiteres spektakuläres Kunstverbrechen hat es in den letzten Jahren hierzulande gegeben; es hängt eng mit dem Einbruch ins Grüne Gewölbe zusammen, denn mehr oder weniger dieselben Täter waren dort mit der mehr oder weniger selben Methode vorgegangen. Gemeint ist die Entwendung der hundert Kilogramm schweren kanadischen Goldmünze aus dem Berliner

Bode-Museum. Diese extraordinäre Münze, gewiss das werthaltigste je geprägte Stück Metall, ist verschollen und wird es vermutlich bleiben. Denn Gold hat die überaus schätzbare Eigenschaft, dass man es einschmelzen kann, und dann verliert es jede Erinnerung daran, welche Gestalt es früher einmal besaß. Gold, allzeit jung, tropft gewissermaßen durch die Geschichte. Objekte aus Gold leben gefährlich; sie werden nicht nur von der kleinen Gemeinde der außergesetzlichen Kenner und deren Handlangern bedroht, sondern wecken die Begehrlichkeit auch ganz gewöhnlicher Verbrecher.

Mit der Berliner Goldmünze dürfte der weitverzweigte Clan, der später in Dresden zuschlug, sein Gesellenstück vollbracht haben. Die Tatmerkmale von Berlin kehren in Dresden wieder: Man besucht die entsprechenden Museen als harmloser Tourist, schaut sich dabei um, was es zu holen gibt und wo die Schwachstellen der Sicherheit liegen, schaltet in der Tatnacht die Stromzufuhr aus, klettert durch ein präpariertes Fenster, täuscht die Überwachungskameras durch Hoodies, schlägt mit schwerem Werkzeug die Glaskästen ein, verlässt sich darauf, dass das Wachpersonal die Konfrontation scheut oder gerade eine Zigarettenpause einlegt, und ist über alle Berge, ehe die Polizei eintrifft. Gewalt gegen Menschen konnte vermieden werden. Die Einbrecher hatten die Münze auf den reinen Materialwert hin geklaut. Das war natürlich strafbar; aber so schändlich, wie die Berichterstattung es wollte, war es nicht, denn ein Kunstwerk, dem so etwas passieren kann, ist selber schuld.

Wenn die Berliner Goldmünze das Gesellenstück der Bande war, bedeutet das nicht, dass Dresden zu ihrem Meisterstück wurde. Vielmehr ging die Sache im Wesentlichen schief. Die Soko «Epaulette» kam ihnen auf die Schliche, denn die im Stil des 18. Jahrhunderts facettierten Steine erwiesen sich als verräterisch. Sieben Täter und Komplizen wurden verhaftet, darunter einer, der wegen des Goldmünzendiebstahls (auch diese Sache war nicht völlig glattgegangen) zwar verurteilt, aber noch auf freiem Fuß war. Sie erhielten wegen Diebstahls mit Waffen (waren das die Äxte gewesen?) und besonders schwerer Brandstiftung (die Täter hatten einen Stromverteiler angezündet) Haftstrafen zwischen vier und sechseinhalb Jahren; ein Angeklagter wurde freigesprochen. Die Garnituren selbst, als man sie zurückbekam, waren verbogen und beschädigt, weil man die Brillanten herausgebrochen hatte – es ging, wie gesagt, um den Materialwert der Steine und nicht um das Kunstwerk an sich. Einiges ist nicht wiederaufgetaucht.

Die Berliner und Dresdner Einbrecher besaßen gewiss weder das intellektuelle Format noch das künstlerische Vermögen Beltracchis. Und dennoch brachten auch sie unliebsame Wahrheiten über die Kunst ans Licht. Diese Kunstwerke haben letztlich von Gnaden des Materials gelebt. Zeugnisse einer vergangenen Fest- und Repräsentationskultur wären unwiederbringlich vernichtet worden? Mal abgesehen davon, dass in Dresden sowieso alles, was schon völlig weg war, per Kopie wieder herbeigeschafft werden kann: Was für ein Verlust wäre das? Es sind jedenfalls noch genügend Garnituren da, um das Konzept «Garnitur» zu veranschaulichen. Ist dieses Konzept ein Kulturgut? Es handelt sich letztlich um einen vulgären Kult des Bling-Bling auf höchster Preisstufe. Dass die geklauten Objekte ein hohes Alter hatten, zeigt letztlich bloß, dass schlechter Geschmack zeitlos ist; und dass sie so teuer sind und waren, sollte uns nicht in Ehrfurcht erstarren lassen, sondern es beweist die naive Maßlosigkeit höfischer Repräsentation. Manche der erhaltenen und verschwundenen Objekte wurden noch in den 1780er Jahren angefertigt; in Frankreich führte das zeitgleich zur Revolution, weil das Volk sich diese Pracht aus Steuermitteln nicht mehr gefallen lassen wollte.

Die Einbrecher besahen die Preziosen ungefähr so, wie es schon die Aristokratie des 18. Jahrhunderts getan hatte: Nicht angefochten von Diskussionen ums «Erbe», taxierten sie den Wert der Preziosen, wie er sich in Karat und Euro ausdrücken lässt. Sie sind die nachgeborenen Zeit- und Gesinnungsgenossen des Spätbarocks, die zu frischem Glanz polierten, was vor lauter historischer Reverenz trübe geworden war. Angeblitzt, ja angezwinkert fühlten sie sich von diesen Brillanten, die so deutlich flüsterten: Stiehl mich! – und verhielten sich dabei wie ein Höfling des 18. Jahrhunderts, dem keine Schuhschnalle je genug glitzern konnte.

Von der unbedachten Freude an Glanz und Pracht zeugt die ganze Einrichtung des Grünen Gewölbes und des ihm benachbarten Neuen Grünen Gewölbes. Es ist der Hort eines Sagendrachen, eine Schatzhöhle des Ali Baba, das diametrale Gegenteil von edler Einfalt und stiller Größe, worin man in jener Epoche, die auf den Barock folgte, ja neben ihm schon parallel einherging, die wahre Bedeutung des Kunstwerks sah; das heißt des *einzelnen* Kunstwerks. Dieses zählt hier in den Gewölben so gut wie nichts, überall wird es dem Prinzip der Reihe, der Wiederholung, der endlosen Spiegelung unterworfen. Die Räume in ihrer Abfolge heißen nach dem jeweils verarbeiteten Werkstoff: das Bernsteinkabinett, das Elfenbeinzimmer, das Weißsilberzimmer, das silbervergoldete Zimmer, der Preziosensaal, eins immer das andere überbietend in prunkbeschwerter Heiterkeit. Im Preziosensaal finden sich auf der einen Seite alle Kleinodien, die man unter Verwendung von Straußeneiern, auf der anderen Seite diejenigen, die man aus Nautilusschalen hergestellt hat. Wäre das Ganze nicht so prächtig, man möchte es pedantisch nennen. Kein einzelner Gegenstand bekommt den Raum, den er bräuchte, um zu wirken, doch alle zusammen fügen sich wie die Töne zu einer Symphonie.

Die Qualität der Kostbarkeit geht bei diesen Objekten aus der Koppelung zweier quantitativer Faktoren hervor: dem Wert des Materials und der in Arbeitsstunden angebbaren Feinheit der handwerklichen Leistung. Ist einmal der Werkstoff an sich nicht so wertvoll, dann muss kompensierend das Filigrane seiner Behandlung zu unerhörten Graden getrieben werden: So entstand der Kirschkern, in den ein deutscher Meister hundertdreizehn Gesichter schnitzte. (Wahrscheinlich wurde er blind oder wahnsinnig dabei.) Alle diese Dinge sind, mit wenigen Ausnahmen, nicht besonders groß; sie falten sich sozusagen nach innen ein, mit einer sich ins Winzige verlierenden Fülle wie die Inkrustation aus Seepocken und Korallen auf dem Rumpf eines gesunkenen Schiffs. Ein Quadratzentimeter ohne Zierat müsste hier als Armutszeugnis gelten. Jedes Einzelstück für sich wäre der bewundernden Aufmerksamkeit wert; aber da es so viele Stücke sind, vermag das Auge dies nicht mehr zu leisten und reagiert nur mit dem allgemeinen Affekt geblendeten Staunens. Dies, das angestrebte Missverhältnis zwischen Detail und Masse – dass man all die Tausende von Sternen nicht mehr als solche, nicht einmal mehr als Sternbilder, sondern nur noch als Sternenhimmel wahrnimmt – darf man als das hier waltende Stilideal bezeichnen. In der Masse gehen selbst solche Dinge unter, die auch in einem klassischen Sinn als Kunstwerke gelten dürften, die Kleinbronzen vor allem: Sie haben keine Chance gegen solch strahlendes Barbaren- und Banausentum, das erst der Dresdner Hof und dann die Dresdner Bürgerschaft als ihren edelsten Besitz verehrten. Da muss sich der wunderbare Merkur des Giambologna gegen Dinglingers aus Elfenbein gefertigten Hofzwerg Joseph Fröhlich mit dem Schweinegespann behaupten, das vor einem Wegweiser mit der Aufschrift «Narrendorf» anhält; klappt man die seitlichen Flügel des Wägelchens auf, sieht man, dass der Narr mit herabgelassenen Hosen drinsitzt. Was für ein Spaß! Damit kann Giambolognas Gott nicht dienen. Einen Tiepolo, wie er in der Würzburger Residenz tätig war, vermochten die sächsischen Fürsten nicht zu verpflichten.

Nur widerstrebend wird im Grünen Gewölbe des Raubzugs gedacht. Zwar ist wie gesagt ein großer Teil der entwendeten Preziosen inzwischen wiederaufgetaucht; aber weil alles erst wieder neu zur Garnitur montiert werden muss, bleibt ihr Platz in der Vitrine zum Zeitpunkt meines Besuches leer – und Leere wirkt an diesem Ort des Horror vacui sehr markant. Ein Display daneben berichtet in groben Zügen die Fakten des Raubs, den es als «tragisch» wertet, spricht von der tiefen Betroffenheit der Beileidsadressen aus aller Welt und verurteilt die «kriminelle Energie», mit der die Straftäter zu Werke gingen. Die sicherheitstechnischen und ästhetischen Umstände, die solcher Energie zum Erfolg verhalfen, bleiben unerwähnt.

LILI ELBE

Der Trinitatisfriedhof liegt etwas außerhalb des alten Dresden, in der Johannstadt, etwa einen halben Kilometer vom Fluss entfernt. Er wurde in der Schlusszeit der Napoleonischen Kriege angelegt, als Hunger, Typhus und Schlachten für Massen von Toten sorgten, die in den vorhandenen Friedhöfen der Stadt nicht mehr untergebracht werden konnten. Caspar David Friedrich hat ihn in seinem Gemälde «Friedhofseingang» verewigt. Auch er selbst liegt dort begraben. Überhaupt fanden öfters Künstler, die diesen Friedhof darstellten oder Grabstätten für ihn entwarfen, hier selber ihre letzte Ruhe: der Bildhauer Ernst Rietschel etwa, Schöpfer der «Vier Jahreszeiten» an der Brühlschen Terrasse, oder Otto Pilz, der sein eigenes Grab mit zwei Bären schmückte. Der Trinitatisfriedhof wurde beim Bombardement von 1945 schwer beschädigt, ist aber heute wiederhergestellt.

Hier befindet sich auch das Grab von Lili Elbe, eine aufrechte polierte Platte aus dunklem Stein, oben bogenförmig abgeschlossen, darin heller eingraviert ihr Name mit dem Zusatz «Geboren in Dänemark – gestorben in Dresden». Oberhalb der Schrift ist ein symmetrisches Ornament angebracht, das mit seinen floralen Details eine rätselhafte Maske suggeriert.

Lili Elbe hieß nicht immer so. Zur Welt kam sie 1882, möglicherweise auch 1886, in der dänischen Stadt Vejle, als Einar Wegener, das heißt als Mann. Er studierte Kunst in Kopenhagen und heiratete relativ früh Gerda Gottlieb, gleichfalls eine Künstlerin. Einar begriff erst allmählich, dass er sich als Frau fühlte (was für die Ehe insofern zunächst ohne Bedeutung gewesen zu sein scheint, als Gerda ungefähr zur selben Zeit ihre lesbische Neigung erkannte). Einmal, so will es die Anekdote, wurde Gerda von einem weiblichen Modell bei einem Maltermin versetzt. Einar sprang ein, kleidete sich und posierte in weiblicher Manier und merkte: Das ist es. Eine zufällig hereinschneiende Freundin der beiden rief aus: Das soll Einar sein? Das ist doch Lili! Und damit war die Sache mit dem Namen geklärt, wenigstens dem ersten Teil. Von nun an trat sie nur noch als Frau auf.

Es gibt viele Bilder von ihr, Fotos, wo sie mit schwarz umrandeten Augen und einem Fächer in der Hand zu sehen ist, nach Art der Historienmalerei des 19. Jahrhunderts, aber auch Gemälde von der Hand Gerdas, die sie im Gegenteil als modisches Girl mit Kurzhaarschnitt im Stil der Zwanziger zeigen. Man vermutet, dass Einar/Lili intersexuell war, also organische Merkmale beider Geschlechter aufwies. Endlich entschloss sich Lili, sich auch anatomisch ganz und gar in eine Frau zu verwandeln, und ließ sich von dem Sexualwissenschaftler Magnus Hirschfeld in Berlin operieren. Zunächst entfernte man die männlichen Teile, das war der leichte Part. In Dresden sollte sie bei einer vierten und letzten OP einen Uterus erhalten (so wenigstens wird vermutet). Die Kollegin, von der ich die Geschichte zuerst erfuhr, brachte den zweiten Namensbestandteil in Zusammenhang mit dem Fluss. Nach ihrem Namen befragt, habe Lili aus dem Fenster des Krankenhauses geschaut, die Elbe gesehen und gesagt: Ich heiße Lili Elbe. Ich weiß nicht, ob das so stimmen kann, denn welches Krankenhaus nimmt eine Patientin ohne Papiere auf, die ihren Namen erst kurz vor dem Eingriff mündlich mitteilt? Zudem nannte sie sich schon vorher Elvenes, worin die Elbe anzuklingen scheint. Aber so hieß sie jedenfalls in Dresden: Lili Elbe. Lili war der erste Mensch, der einen solch radikalen Eingriff an sich vornehmen ließ, im Jahr 1931. Die Operation war also hochgradig experimentell und muss ein Gemetzel gewesen sein. Lili starb an den Blutungen.

Doch zuvor hatte sie ihren Erfahrungsbericht geschrieben: «Fra Mand til Kvinde», schon bald ins Englische übersetzt als «Man into Woman – The First Sex Change. A Portrait of Lili Elbe. The True and Remarkable Transformation of the Painter Einar Wegener». Auf dem Weg zur internationalen Bühne nahm das Thema also marktschreierische Züge an. Dieses Buch wiederum diente als Grundlage für den Roman «The Danish Girl» von Daniel Ebershoff, was sich deutlich diskreter anhört. Er erschien im Jahr 2000, wurde zum internationalen Bestseller und gab die Anregung zu dem gleichnamigen Film von 2015, unter der Regie von Tom Hooper und mit Eddie Redmayne in der Hauptrolle. Redmayne hatte zuvor den paralysierten Stephen Hawking gespielt und also bereits Erfahrung mit Rollen, in denen es ein Körperbild zu reflektieren galt. Sieht man sich Filmausschnitte an, dann fühlt man sich an den Großen Gatsby erinnert, ein beschwingtes Panorama der zwanziger Jahre. Es sieht aus, als wäre es damals leicht gewesen, die Geschlechterseiten zu wechseln, nicht nur, weil das weibliche Ideal damals selbst etwas Knabenhaftes hatte, sondern mehr noch, weil ein Geist der Freiheit wehte, mit dem es so bald schon wieder vorbei sein sollte.

Für «The Danish Girl» gilt in Deutschland eine Altersfreigabe ab sechs. Sogar das Prädikat «besonders wertvoll» wurde dem Film erteilt. Nichts könnte deutlicher machen, wie entspannt und tolerant sich die Gesellschaft heute in Fragen der Geschlechtswahl verhält und welch großer Fortschritt seither erzielt worden ist, bis hin zu dem Punkt, dass diese Freiheitserrungenschaften inzwischen als bespöttelbare Selbstverständlichkeit erscheinen. Wäre der Film in den Fünfzigern entstanden, hätte es, selbst wenn er nur Erwachsenen gezeigt worden wäre, wohl einen Prozess gegeben. Auch eine Oper zu Lili Elbe existiert inzwischen; in Dresden heißt eine Straße nach ihr.

Merkwürdigerweise ist die Künstlerin Lili Elbe fast völlig von der Person beziehungsweise Figur ausgelöscht worden. Mit ihrer Biografie wäre auch eine posthume Karriere wie bei Frida Kahlo denkbar gewesen: Frida, die von der Künstlerin zur Ikone wurde und den Weg noch einmal in umgekehrter Richtung zurückgelegt hat, indem sie Subjekt und Objekt ihrer Kunst zugleich war. Diese Identität weist Lili Elbe nun allerdings nicht auf. Sie selbst war vor allem eine Malerin von Landschaften; es sind sehr schöne, frische Bilder, in einer Art von freiem Post-Impressionismus. Doch sich selbst malte sie nicht, das überließ sie Gerda. So bleibt ihr künstlerisches Bild gespalten. Ihr Werk wird auf Auktionen angeboten, aber nicht prominent; die Weltrangliste, die sich an den gezahlten Preisen orientiert, erkennt ihr unter den Künstlern Platz 64 447 zu. Das muss nicht so bleiben. In dem Augenblick, wo der Kunstmarkt, der stets nach seiner Ausweitung giert, sich entschließen würde, Lili und Gerda als Paar wahrzunehmen und beider Werk als sozusagen ein einziges zu betrachten, könnte sich doch noch der Frida-Effekt einstellen. Ein Bild von Lili Elbe war schon für neunhundert Euro zu haben. Da könnten noch zwei bis drei Nullen hinzukommen. Mein Rat wäre, *jetzt* einzusteigen.

EIN STROM WIE DER RHEIN

Ab Dresden beginnt sich das Tal der Elbe noch mehr zu weiten. Mit drei verschiedenen Verkehrsmitteln hat sich uns der besonders malerische Abschnitt ab der tschechischen Grenze erschlossen: mit dem Auto durch die Sächsische Schweiz, mit dem Schiff im lang gestreckten Stadtgebiet von Dresden und nunmehr mit der S-Bahn, die von Dresden nach Meißen fährt. Im Grunde ist dieser ganze Flussabschnitt eine einzige große Stadt, in der sich die Siedlungen zu beiden Seiten die Hände reichen. Dresden selbst hat gut fünfhunderttausend Einwohner; der Großraum, in Gestalt einer schmalen, an beiden Enden verjüngten Spindel, die von Südost nach Nordwest zielt, mag eine Million zählen.

Noch im Stadtgebiet bieten sich markante Einzelheiten dar. Da steht die Tabakmoschee mit ihrer glasierten Kuppel und ihren Minaretten, wie ein Echo der Frauenkirche. Aber nicht um ein Gotteshaus handelt es sich, sondern um eine Zigarettenfabrik, die am Anfang des 20. Jahrhunderts noch keinerlei Skrupel kannte, weder was die Schädlichkeit des Tabaks noch was die Verwerflichkeit kultureller Aneignung betraf. Sondern man dachte so: Der Tabak kommt aus dem türkischen Orient, also errichten wir ihm ein orientalisches Gebäude. Auch die sächsischen Bergsteiger, die sich in der Sächsischen Schweiz betätigen, haben in Dresden ihr Hauptquartier, an dem die Bahn in geringer Entfernung und Geschwindigkeit vorbeifährt. Die Außenwand ist übersät mit bunten, unregelmäßig geformten Brocken, wie ein juwelenbesetztes Exponat im Grünen Gewölbe, bis zu einer Höhe von vielleicht fünfzehn Metern. Mit allen vier Extremitäten darin festgekrallt erscheint die Figur eines Kletterers. Wir halten das Ganze erst für ein fotorealistisches Fresko. Dann bewegt sich der Kletterer – er ist also echt, obwohl in unwahrscheinlicher Umgebung.

So oft bisher schon hat sich das Tal der Elbe als ein Garten dargeboten, und so auch hier wieder. Kleine Felder, eher Beete, und Blühwiesen, so viel auf so kleiner Fläche. An den Hängen gedeiht der Wein, auf der Höhe stehen Villen wie Feldherren auf ihren Hügeln, Gastwirtschaften, kleine Schlösser. An diesem Stromabschnitt gleicht die Elbe dem romantischen Rhein, zeigt sich aber weicher und lieblicher. Die sächsische Elbe ist mit fünfhundert Hektar das kleinste unter den dreizehn deutschen Weinanbaugebieten; der Wein wird außerhalb Sachsens kaum vermarktet. Wir fahren durch Coswig. Dort habe ich einmal einen Weinbaubetrieb besucht. Der Weinberg war nicht talwärts in die Senkrechte durchgekämmt, wie heute fast überall, damit die Traktoren durchfahren können, sondern parallel zum Hang mit vielen kleinen Mäuerchen gegliedert wie vor hundert Jahren, alles nur mit Hand zu bearbeiten, und von jeder Sorte gab es nur ein paar Dutzend Rebstöcke. Der Winzer hatte erklärt, er müsse jede Flasche, die er abfülle, zweihundertmal in die Hand nehmen, bevor sie verkauft wird. Eigentlich sei sein Wein viel zu billig; obwohl es auch Klagen gibt, dass er angesichts seiner Qualität eigentlich viel zu teuer wäre. Richtig ist beides.

Die Bahnhöfe unterwegs heißen Pieschen, Kötzschenbroda, Neusörnewitz oder Zitzschewig – die alten slawischen Namen, die in Sachsen auch viele Jahrhunderte nach der deutschen Landnahme vorurteilsfrei dominieren, klingen wie das Zwitschern kleiner Vögel. Kötzschenbroda stellt außerdem eine wichtige Zwischenstation auf dem Weg von Chattanooga nach Pankow dar. Keineswegs war Udo Lindenberg, als er 1983 seinen bis heute berühmten neuen Text zum alten Schlager von Glenn Miller sang, auf direktem Weg dorthin gelangt – jenen Song, der für die DDR eines der am stärksten destabilisierenden Ereignisse überhaupt gewesen sein dürfte, indem er mit unbezwinglicher Komik die Vorstellung eines heimlich auf dem Klo Westradio hörenden Erich Honecker heraufbeschwor. «Entschuldigen Sie, ist das der Sonderzug nach Pankow?» So ging es los. Aber lange davor war das Lied von Bully Buhlan entstanden, der in der Nachkriegszeit die musikalische Frage stellte: «Verzeihen Sie, mein Herr, ist das der Zug nach Kötzschenbroda?» Kötzschenbroda, das war nach dem Bombardement Dresdens der nächstgelegene funktionierende Bahnhof. Hier drängten sich die Flüchtlinge, die aus der zerstörten Stadt weiterwollten. «Ist hier noch Platz, in diesem Zug nach Kötzschenbroda? Das ist nicht schwer, wer nicht stehen kann, liegt quer.» Kötzschenbroda mitgerechnet, hält die S-Bahn allein in Radebeul viermal. Radebeul, das ist die Stadt Karl Mays. Hier verwandelt sich die Elbe gewissermaßen vom Rhein in den Mississippi.

UNSERE INDIANER

Das ist mehr als ein Scherz oder eine oberflächliche Ähnlichkeit. Beide, Elbe und Mississippi, waren die Mittelachse eines großen Landes, ehe die naturgegebenen Verhältnisse von der Politik umgestürzt wurden. Vor dem amerikanischen Bürgerkrieg, vor 1945 hatten die Flüsse große Bedeutung für den Verkehr; dann wurde die Schifffahrtsader durch kriegerische Gewalt gekappt. Mark Twain erlernte das Handwerk des Lotsen auf dem Fluss, der den Norden mit dem Süden verband; diese Linie verlor ihre Bedeutung, als sich der Süden 1861 vom Norden losriss. Und als der Süden geschlagen, der Frieden wiederhergestellt war, hatte sich die Richtung gedreht: Ab 1867 führten die neuen großen Eisenbahnen stattdessen von Ost nach West. Die Elbe, die Deutschland von Südost nach Nordwest durchströmt, fiel mit dem Hauptteil ihres Laufs in die DDR und damit den Ostblock, ihre Mündung mit dem Hafen Hamburg an den Westen und die BRD, womit ihre Rolle als Schifffahrtsstraße weitgehend ausgespielt war. Auch nach 1990 ist die Schifffahrt nicht so richtig mehr in Gang gekommen; diesen ganzen Sommer hindurch sehen wir, den Ausflugs- und Freizeitverkehr abgerechnet, so gut wie keine Schiffe auf dem Strom.

Auch die Indianer wurden gespalten, am Mississippi so gut wie an der Elbe. Der deutsche Osten und Westen bauten je ihre eigenen Stammeskulturen auf. Im Westen wurde Bamberg zum neuen Sitz des Karl-May-Verlags, und es entstanden die Festspiele von Bad Segeberg; der Osten behielt die klassischen Stätten, vor allem Radebeul, aber auch zum Beispiel die Greifensteine im Erzgebirge, wo auf einer Felsenbühne indianisches Sommertheater gespielt wird. In Radebeul steht bis heute, und heute erst recht, das Karl-May-Museum. Im Westen erhielt Pierre Brice die Filmrolle des Winnetou, im Osten spielte Gojko Mitić den Part des «Chefindianers» in zahlreichen DEFA-Filmen. Allerdings trat er dabei, auch in den Karl-May-Verfilmungen, niemals als Winnetou selbst auf, sondern abwechselnd als Mohikaner Chingachgook, als Dakota-Häuptling Weitspähender Falke, als Apachenhäuptling Ulzana oder als der Cheyenne Harter Felsen. «Winnetou III» mit Brice sahen im Westen zwölf Millionen Menschen, das war jeder Fünfte, «Die Söhne der großen Bärin» mit Mitić neun Millionen im Osten, das war mehr als die Hälfte.

Der Westen stand immer ungebrochen zu Karl May; der Osten brauchte eine Pause, in der er Karl Mays kolonialistische Implikationen bedachte. Dann aber brachte er diesen so dubiosen wie erfolgreichen und wirkungssicheren Schriftsteller doch wieder zu Ehren. Es setzte sich, wie im Westen auch, die Ansicht durch: Die Indianer, das sind wir! Auch wir stehen im Abwehrkampf gegen die Cowboys und den Weißen Mann, das heißt die Vereinigten Staaten von Amerika, auf verlorenem Posten vielleicht, aber mit edler Haltung und Gesinnung. In Westdeutschland war das Verhältnis zu den USA ambivalent, sie waren Verbündete und Vorbild, doch eben auch die Eindringlinge und Sieger. In der DDR konnte man diesen Groll ungebremster ausleben, denn hier galten die USA unzweideutig als Klassenfeind und kapitalistischer Satan; offiziell wenigstens. Als Udo Lindenberg mit seinem frechen Song die Grenze zum Osten überwinden wollte, tat er das auch, indem er die gemeinsame Wildwest-Tradition zitierte: «Ich muss da was klären / mit eurem Ober-Indianer ...» Der Ober-Indianer, das war Erich Honecker; was zwar respektlos klang, aber doch eine echte Gemeinsamkeit ins Feld führte.

Übrigens drehten West- wie Ostdeutsche ihre Indianerfilme bevorzugt im blockfreien Jugoslawien, wo es für Vertreter beider Systeme viele Felsriffe gab, von denen man mit brauenbeschattender Hand Ausschau halten konnte und wo die Herstellungskosten sich in Grenzen hielten. Nach der Wende löste sich der Gegensatz auf, und Mitić übernahm von Brice die Rolle Winnetous bei den Segeberger Festspielen. Die Frage, welcher Häuptling denn nun der eigentliche wäre, ist in Radebeul durch den Begrüßungsfilm in der «Villa Bärenfett», einem Blockhaus nach dem Muster der weißen Pioniere im 19. Jahrhundert, ebenso beiläufig wie eindeutig beantwortet: Man sieht Ausschnitte aus den Filmen mit Pierre Brice, Gojko Mitić führt moderierend durchs Programm und hat damit dem wahren Star die Bühne geräumt. Eine typische West-Ost-Geschichte eben.

«Unsere Indianer» steht dort, in der Villa Bärenfett, groß auf einer Tafel. Es erinnert stark an Naši Němci, Unsere Deutschen, auf die wir in Ústí gestoßen sind; hier in Radebeul aber vorsichtshalber mit Anführungszeichen, denn «Indianer» sagt man ja nicht mehr. Das schafft jedoch Probleme. In der Welt des Karl May und derer, die ihn lieben, war Indianer ein Name ohne Arg, im Gegenteil, es zeichnete aus. Was heute als bessere Alternative vorgeschlagen wird, «Indigene», hat den Nachteil, dass es bloß «Einheimische» bedeutet, Einheimische aber schlechterdings überall vorkommen. Ähnlich liegt der Fall ja bei den australischen Aborigines, die heute übrigens auch schon wieder nicht mehr so heißen sollen, sondern Aboriginals; manche Begriffe gelangen, so scheint es, nie zur Ruhe.

Im Einführungsfilm der Villa Bärenfett sehen wir auch einen sächsischen Pow-Wow, eine Veranstaltung, deren aus der hiesigen Region stammende Mitwirkende sich im Stil der früheren Präriebewohner kleiden und die dazugehörigen Tänze aufführen. Ein älterer Teilnehmer mit besticktem Lederhemd und üppiger Krone aus Adlerfedern, dazu Brille, spricht in breitestem Sächsisch von seiner Begeisterung für die Festlichkeiten. War das ein Indianer? Ein Indigener war er bestimmt. Vielleicht könnte man sich ja auf die Abkürzung «Indi» einigen, dann wären alle zufrieden.

«Ich bin ein Indianer!» ist der Name eines Fotoprojekts, das im Karl-May-Museum dokumentiert wird. Die beiden Autoren haben sich die verschiedenen Indianerkulturen angesehen, die in Deutschland, Österreich und Tschechien existieren. Hier gibt es alles, von der historisch exakten Re-Inszenierung über esoterische Selbsthilfegruppen bis zu Wochenend-Events für die ganze Familie. Wichtig dabei ist immer: die indianische Tracht. Man sieht auf den Bildern strohblonde Squaws, Omis mit Zöpfen, bleiche Krieger, die mit hochgerecktem Haupt über die Weiten der Prärie zu spähen scheinen. Auch erfährt man, dass immer wieder echte Native Americans teilnehmen, teils aus finanziellen Gründen, teils weil sie hier auf eine Hochschätzung treffen, die ihnen in Amerika verwehrt bleibt. Das Projekt will nicht entlarven oder karikieren, es zeigt diese Leute so, wie sie selbst gesehen werden wollen, und wahrt die Würde der Indigenen zu beiden Seiten des Großen Teichs. Und wie es sich gehört, wird das Phänomen auch problematisiert: «Muss ich mich schuldig dabei fühlen, heilige indianische Tänze nachzuspielen, oder wird das als Kompliment an ihre Kultur verstanden? Betreibe ich Kulturvampirismus – oder handelt es sich um Blutsbrüderschaft? (...) Am Ende wird der stolze Schwur

‹Ich bin ein Indianer!› vielmehr zu einer vorsichtigen Frage: ‹Kann ich überhaupt ein Indianer sein?›»

Im Garten des Museums stehen Totempfähle aus bemaltem Beton. Auch hier wird eindeutig ein Klischee bedient. Nicht nur, dass es sehr plump ist, statt des fein geschnitzten Zedernholzes dieses grobschlächtig gegossene Material zu verwenden. Im Umkreis von Winnetou auf der Prärie hat es niemals Totempfähle gegeben, höchstens Marterpfähle, mit denen man sie gern verwechselt. Der Totempfahl gehört dem Kulturkreis des pazifischen Nordwestens an, von Vancouver nordwärts bis Südostalaska. Ich habe ein Jahr lang in diesem Land der Totempfähle gelebt, auf der Insel Wrangell im alaskanischen «Panhandle», dem Wurmfortsatz des Staates längs der Küste. Für meinen Aufenthalt im Austauschjahr hatte ich mich nicht eigentlich um diese Gegend beworben, sondern wurde zufällig dorthin eingeteilt, hatte aber, als ich einmal da war, nichts dagegen einzuwenden. Alles dort war anders als bei Karl May (sieht man einmal von Bären und Elchen ab), es gab Fjorde und Gletscher – und eben Totempfähle zuhauf. Aber auch das waren nicht die Originale aus dem 19. Jahrhundert; diese waren vielmehr verrottet und wurden in der Zeit des New Deal unter Präsident Roosevelt als Arbeitsbeschaffungsmaßnahme von indigenen Künstlern nachgebildet. Vielleicht hat man das in den fünfundvierzig Jahren, seit ich dort war, noch ein zweites Mal tun müssen, denn ein Totempfahl im Freien wird bei dem nassen Klima nicht alt. Das wäre dann also die dritte Generation. Ist das ein Fake? So empfand ich es nicht. Es waren Form und Ort erhalten geblieben, wenn auch nicht die Substanz, und beim Zweck darf man zweifeln. Der alte Schamanismus bestand nicht mehr, und ebenso wenig sein Originalholz; was aber dann?

Wrangell war im Jahr 1977, als ich ankam, ein Ort, an dem seit mehr als hundert Jahren nichts mehr passiert war. 1867 (im selben Jahr, als Russland Alaska an die USA verkaufte) hatte es am nahe gelegenen Stikine River einen Goldrausch gegeben. In dieser Zeit erhielt der Ortskern sein Erscheinungsbild, hölzerne Gebäude mit hochgezogener Fassade, die Hauptstraße unbefestigt, aber mit einem Bürgersteig aus Bohlen. Hier hätte man gut einen klassischen Western drehen können. Erst im Jahr, als ich dort war, entschloss man sich, die Straße zu teeren. Etwa ein Drittel der Gesamtbevölkerung von rund dreitausend hatte indigene Wurzeln. Sie waren, anders als die indigenen Völker der «lower forty-eight», wie die Alaskaner etwas herablassend die Hauptmasse der anderen Bundesstaaten nennen, niemals besiegt worden und hatten viele ihrer alten Rechte behalten, namentlich auf den hier sehr wichtigen Fischfang, was den Neid der Weißen weckte: So ein Indianer musste nur ein paar Wochen im Sommer auf dem Meer mit seinen Netzen richtig arbeiten und war damit das ganze Jahr versorgt!

Die Indigenen unterschieden sich kaum von den anderen Einwohnern, sie sprachen Englisch und trugen dieselbe Kleidung wie alle anderen. Nur wenn im Sommer mit den Kreuzfahrtschiffen die Touristen ankamen, legten sie für ein paar Stunden ihre alte Kleidung an; es war wie Fasching. Ein einziges Mal habe ich, nachts auf der Fähre, die die kleinen, weit voneinander abgelegenen Siedlungen verband, zwei alte Frauen eine indigene Sprache sprechen hören, ganz leise. «Indianer», dieses Wort, das bei uns bis vor Kurzem so harmlos klang, hat im Amerikanischen einen anderen Beigeschmack. Dawn, die beste Freundin meiner siebzehnjährigen Gastschwester, war eine Indigene aus dem Volk der Tlingit, wie alle hier; sie war fast täglich bei uns. Der Schwager meiner Gastmutter, weißer Bauunternehmer und einer der wohlhabenderen Einwohner des Orts, sah es mit Zwiespalt und Bekümmerung. «She is pretty as a picture», sagte er. «Too bad she is a goddamn Indian.»

Die Villa Bärenfett stellt im Wesentlichen ein Völkerkundemuseum dar, wo man die karge materielle Kultur der Indigenen besichtigen und sich über den Unterschied zwischen einem Tipi und einem Wigwam belehren lassen kann. Den Mittelpunkt des Museumskomplexes aber bildet die Villa Shatterhand, das Wohnhaus Karl Mays, das er 1896 erwarb und nach seinen Vorstellungen ausgestaltete, mit Exponaten aus Nordamerika und dem Nahen Osten, wohin Kara Ben Nemsi gereist war. Auf einem Foto sieht man den noch jungen Autor, wie er sich als Redakteur in Szene setzt, mit verschränkten Armen und herausgedrückter Brust, schneidig und windig und definitiv nicht vertrauenswürdig. Man glaubt es dem Bild sofort, dass dieser Mann wegen Betrugs, Amtsanmaßung und anderer Delikte jahrelang im Gefängnis saß. Aus tiefster Armut kam er, geboren in eine Weberfamilie in Ernstthal, nicht weit von hier, die von der Konkurrenz der neuen Maschinen ruiniert worden war; in seinen Kindheitserinnerungen erzählt er, wie er und seine Geschwister an den Türen um Kartoffelschalen bettelten, um daraus Suppe zu kochen. Seine Jugend war überschattet von Haft und Schande. Dann folgte der kometenhafte Aufstieg – allein in Deutschland sollen hundert Millionen seiner Bücher verkauft worden sein, mehr als von jedem anderen deutschen Autor bis zum heutigen Tag; es empfingen ihn der bayerische König und der deutsche Kaiser. Am Ende seines Lebens holte ihn wieder die Schande ein. Unschuldig daran war er nicht.

Drei Schusswaffen treten in Mays Büchern fast wie selbstständige Helden auf: Der Henrystutzen, mit dem man fünfundzwanzigmal schießen kann, ohne einmal zu laden, und der Bärentöter, der nur einen einzigen Schuss braucht, um einen Grizzly niederzustrecken, gehören Old Shatterhand; die mit schimmernden Nieten geschmückte Silberbüchse ist das Gewehr Winnetous. Alle drei präsentieren sich in einer Vitrine als der größte Schatz des Hauses. Niemand sollte nach dem Willen des Autors daran zweifeln, dass Karl May selbst Old Shatterhand war und nur erzählte, was er zusammen mit seinem Blutsbruder Winnetou authentisch im Westen erlebt hatte. Fragen warf aber speziell die Silberbüchse auf.

Denn die sollte sich eigentlich im Grab Winnetous auf der Prärie befinden. Wie war sie dann nach Radebeul gelangt?

Karl May selbst berichtet es so: «Ich halte noch heut meine Waffen hoch. Mein Henrystutzen und mein Bärentöter sind meine wertvollsten Besitztümer. Kostbarer aber ist mir noch Winnetous Silberbüchse, die ich, als er noch lebte, stets mit einer gewissen heiligen Scheu betrachtet oder in die Hand genommen habe. Als er erschossen wurde, haben wir ihn hoch zu Ross und mit allen seinen Waffen, also auch mit ihr begraben. Einige Jahre später kam ich mit meinen Gefährten bei der Verfolgung eines Trupps Ogellallah-Indianer grad dazu, dass die Sioux sein Grab öffnen und berauben wollten. Wir vertrieben sie nach hartem Kampfe. Sie hatten es auf die Silberbüchse abgesehen. Ich konnte natürlich nicht als Hüter seines Grabes stets im Tal des Metsur-Flusses bleiben, und da zu erwarten war, dass sich die Entweihung des Grabes wiederholen werde, nahm ich die Silberbüchse heraus ... Jetzt hängt dieses herrliche Gewehr neben meinem Schreibtische, und während ich von ihm erzähle, habe ich es vor meinen Augen und gedenke in tiefer Wehmut dessen, den es nicht ein einziges Mal im Stich gelassen hat und der mein bester, vielleicht mein einziger Freund gewesen ist.»

Das war mehr, als die bis dahin reichlich treuherzige Öffentlichkeit sich bieten lassen wollte. Bis dahin hatte sich offenbar niemand daran gestört, dass der nur 1,66 Meter messende Karl May zugleich der Recke mit der zerschmetternden Hand gewesen sein sollte. Jetzt aber ergoss sich ein Strom von Häme über den angeblichen Prärieläufer und Büchsenretter. Dabei konnte es doch kein Geheimnis gewesen sein, dass alle drei Gewehre nach Mays Instruktionen von einem Dresdner Büchsenmacher angefertigt worden waren. Sein Nachruhm überstand es; er selber nicht. Als er 1912 starb, war er ein verbitterter Mann.

Es gibt seit Kurzem noch ein drittes Haus auf dem Gelände des Museums: die Villa Nscho-tschi, benannt nach Winnetous

Schwester. Hier bemüht man sich, die Zuschreibungen von außen und das ethnologische Trophäensammeln durch die Ausstellung zeitgenössischer Künstler zu korrigieren. Was man sieht, ist aber eher geprägt von Hippie-Ästhetik, weise Frauen in bonbonfarbenen Gewändern sitzen mit erhobenen Armen im Mondlicht und beschwören die Geister der Ahnen, was sie, als ich in Alaska war, niemals taten. Ein Hüne zersprengt seinen Dress und zeigt einem mickrigen weißen Zeitungsleser seine furchterregenden roten Muskelmassen: «The Indigenous Hulk». Auch Gold waschen kann man auf dem Gelände; doch merkt selbst der Sechsjährige, der es versucht, dass die zutage geförderten Goldkörner nicht echt sind.

Gegenüber von Radebeul auf der anderen Elbseite beginnt die Lommatzscher Pflege, Sachsens Kornkammer, mit den besten Ackerböden weit und breit. Von hier stammt der kürzlich verstorbene Lyriker Wulf Kirsten, der Dichter einer untergegangenen bäuerlichen Kultur, die sich schon in seiner Kindheit aufzulösen begann: «gestern noch immer blindlings draufzu gelebt / auf ein und demselben erdenfleck, zwischen / radspuren gewandelt, lehmverkrustet am feldrand / gesessen, braungesprenkelte lercheneier / ausgebreitet auf der blanken ackererde, / hinterm pflug her getorkelt, kartoffeln / nachgelesen, weidenkorb zog die schulter / schief, eine landplage wie keine seit menschen- / gedenken, feldmausgewimmel, damals, ich weiß / noch wie heute, seidig glänzender septembertag, / doch ich weiß nicht, wer mit wem umgesprungen / auf der gestürzten feldmark, das große pflugrad / lief in der furche, mit dem langstieligen / distelstecher gefuchtelt, weil kein durchkommen / war ...» So hebt er an, um noch lange nicht aufzuhören, es tauchen Utensilien auf, die heute keiner mehr kennt, der Distelstecher, der Dengelstock, die Kreuzhacke, die er wenigstens als Wörter bewahren will, ohne dass er dabei die alte und heute durch Maschineneinsatz entbehrlich gewordene Mühsal leugnet, wenn man torkelnd Kartoffeln liest und der Korb die Schulter schief zieht. «Schicksal» heißt das Gedicht; und man weiß nicht recht, liegt das Schicksal in der damaligen Unentrinnbarkeit der schweren Arbeit oder im Verlust der vielen Dinge und Stimmungen, die dazugehörten. Ich habe einmal eine alte fränkische Bäuerin sagen hören: Man hat sich früher mehr müssen plagen, aber schöner war es doch.

Die Lommatzscher Pflege hat noch einen weiteren überregional bekannt gewordenen Sohn hervorgebracht, der nun wieder zur Sorte der Westernhelden gehört, an denen dieser Abschnitt des Elbtals reich ist: Terence Hill, fünf Jahre jünger als Wulf Kirsten, der sich zusammen mit seinem Kumpel Bud Spencer in Filmen wie «Vier Fäuste für ein Halleluja» oder «Zwei Himmelhunde auf dem Weg zur Hölle» durch die brutale Welt des Wilden Westens boxt, verbrachte Teile seiner Kindheit in Lommatzsch. Von hier stammte seine Mutter Ottilie Minna Hildegard Thieme, die einen Italiener geheiratet hatte. Mario, wie Terence damals noch hieß, erlebte im Vorschulalter die Zerstörung Dresdens und kam knapp mit dem Leben davon. Erst nach der Wende reiste er, inzwischen zum Amerikaner geworden, ins Land seiner Kindheit zurück und wurde zum Ehrenbürger von Lommatzsch ernannt; es gibt seit Kurzem dort sogar ein Terence-Hill-Museum. Er lebt heute übrigens in Umbrien, wo er eine Gelateria betreibt, von der es mittlerweile auch eine Filiale in Dresden gibt.

EIN WEIBLICHER KÖNIG LEAR

Als wir in Meißen ankommen, hat es vierunddreißig Grad, und wir ächzen unter dem Gepäck, das wir vom Bahnhof zum Hotel ziehen müssen. Der Wasserstand der Elbe ist auf einem Tiefpunkt angelangt. Vom Burgberg oben hat man einen wunderbaren Blick auf den Fluss, oder was von ihm übrig ist. Wo die Triebisch einmündet, hat sich eine große Familie versammelt; eine Frau mit Kopftuch und weitem Gewand hat ihren Klappstuhl ins seichte Gewässer gestellt und kühlt sich die Füße. Die Stadt erinnert mich an Würzburg, wo ich herkomme. Auf dem einen, dem hohen Ufer, in Spornlage, auf drei Seiten von steilen Hängen geschützt und auf der vierten von einem großen Torkomplex, erhebt sich die mittelalterliche Burg, unterhalb davon liegt die alte Stadt in beengter Lage, eine Brücke schlägt den Bogen über den Fluss, und an der Peripherie gedeiht der Wein. Einen Unterschied jedoch gibt es: In Meißen befindet sich die gesamte alte Infrastruktur auf der einen Seite, Burg, Stadt und Dom, während in Würzburg Stadt und Dom von der Festung durch den Main getrennt werden.

Meißen ist die alte Hauptstadt Sachsens, das im 10. Jahrhundert als Mark Meißen begann. Damals lag es weit im wilden Osten, ein Vorposten tief in slawischem Land, ein Stück Frontier, als Quedlinburg und Magdeburg längst Zentren der Macht geworden waren. Erst im 12. Jahrhundert, als man Silber in Sachsen fand, begann im Ernst der innere Landesausbau. Nachdem die deutschen Siedler Schlesien und Ostpreußen erreicht hatten, änderte sich die relative Lage, Sachsen und seine Nachbarregionen wurden nun zu Mitteldeutschland. Heute, da Deutschland nunmehr wieder an der Oder-Neiße-Linie endet, sind Meißen und Umgebung neuerdings zu Ostdeutschland geworden; und nur der «Mitteldeutsche Rundfunk», die «Mitteldeutsche Regiobahn» sowie die «Mitteldeutsche Zeitung» halten namentlich an einer Mitte fest, die sich längst wieder in einen Rand verwandelt hat.

Meißen aber darf als Keimzeile gelten. Burg und Dom bilden zusammen nur eine einzige Kontur, die über das Stadtbild gebietet, ein vieltürmiges, stattliches und doch zartes Ensemble. Der Dom ist eine schöne gotische Halle, mit zwei Chören, wie es bei Herrscherkirchen manchmal der Fall ist: dem geistlichen mit dem Gestühl für die Domherren im einen, dem weltlichen mit der

Grablege der Wettiner im anderen Chor. Neben den prachtvollen Fürstengräbern findet sich klein auf dem Boden eine Steinfliese mit einer Erinnerungsinschrift für Anna von Sachsen. Sie gehört dazu und irgendwie doch nicht; die auffällige Unscheinbarkeit ihrer Gedenkpalette weckt die Neugier. Wer war diese Außenseiterin, die der Familie dennoch nicht entrann? Wie ich herausfinde, war sie mit Wilhelm von Oranien verheiratet, dem Helden des holländischen Freiheitskampfs; zur Hochzeit in Leipzig war er mit tausend Pferden angereist. Sie hatten immerhin fünf Kinder zusammen. Aber sie erwies sich als eigensinnig, unberechenbar, griff schon morgens zu gezuckertem Wein und trank die kräftigsten Männer unter den Tisch, lief schließlich ihrem Gatten davon und ließ sich auf ein ehebrecherisches Verhältnis mit ihrem Rechtsberater Jan Rubens ein, dem Vater des Malers Peter Paul, der davon nichts ahnte und aus allen Wolken fiel, als er es erfuhr. Man internierte sie, Wilhelm ließ sich scheiden, sie wurde depressiv und schlug ihre Dienstmädchen blutig. Ihr Personal schrumpfte mehr und mehr zusammen, teils weil keiner es bei ihr aushielt, teils weil niemand mehr für sie bezahlen wollte, von ein paar Hundert über wenige Dutzend bis schließlich zu einer einzigen Magd, die aber dann auch das Weite suchte: ein weiblicher König Lear. Sie starb, dreiunddreißig Jahre alt, im Jahr 1577 in mehr oder weniger umnachtetem Zustand.

Gleich zweimal in Dom und Schatzkammer mit Bild vertreten sind Martin Luther und Philipp Melanchthon, beide Male von Lucas Cranach dem Jüngeren porträtiert, der übrigens auch das Brautwerbungskonterfei der Anna von Sachsen angefertigt hatte, das man an den europäischen Höfen herumschickte, um einen Ehemann für sie zu finden. Luther scheint im Lauf der Zeit immer dicker geworden zu sein und Melanchthon immer dünner, was bei dieser Art der paarweisen Präsentation eine ungewollte Komik entfaltet. Aus einem Luther könnte man leicht zwei Melanchthons machen. Melanchthon ließ man neben dem Propheten und Apostel Luther offenbar als Charakter gelten, obwohl er mit seiner Hagerkeit keineswegs dem männlichen Ideal des 16. Jahrhunderts entsprach. Alle anderen Porträts, die hier zu sehen sind, geraten eher ins Quadratische. Den Vogel schoss der unglückliche Kurfürst Johann Friedrich ab, der in Mühlberg unterlag. Bei der sächsischen Landesausstellung in Torgau vor einigen Jahren habe ich die Rüstung gesehen, mit der er in die Schlacht zog. Sie war ungelogen so breit wie mein Wohnzimmersofa.

WEISSES GOLD

Das Schloss, das sich eng an den Dom schmiegt, ein Hauptwerk des Architekten Arnold von Westfalen, wurde fertig gerade, als die Leipziger Teilung zwischen den Fürstenbrüdern Ernst und Albrecht den Bau entbehrlich machte. Residiert wurde nun anderswo. Die Fensteröffnungen wirken, als hätte man ringsherum schwere Vorhänge gerafft. August der Starke nutzte die Anlage später als Porzellanmanufaktur. Seinem Untertan Johann Friedrich Böttger, der eigentlich hatte Gold machen wollen, war es zu Anfang des 18. Jahrhunderts stattdessen gelungen, die Rezeptur des chinesischen Porzellans herauszufinden, das in Europa heiß begehrt war. Damit hatte Sachsen ein Monopol in der Hand, welches um jeden Preis vor Betriebsspionage zu schützen war. Also sperrte man den Erfinder, den Mann, der zu viel wusste, für den Rest seines Lebens in die Albrechtsburg, in der das neue sächsische Porzellan unter gefängnisähnlichen Bedingungen produziert wurde. Wo der Feind nicht reinkann, kommen auch die Insassen nicht ohne Weiteres raus – wie wertvoll das für künftige Umnutzungen war, das haben wir schon in Theresienstadt und Pirna festgestellt.

Später, als das Rezept trotz aller Vorsicht publik geworden war und man auch an anderen Orten Porzellan herstellte, hat man die Manufaktur ein Stück aus der Stadt hinaus verlegt; da befindet sie sich auch heute noch und kann besichtigt werden. Ein internationales Publikum, auch aus Asien, nimmt an der Führung teil. Von Raum zu Raum gleiten wir, gesagt werden muss nicht viel, denn die virtuosen Handgriffe, denen wir zuschauen dürfen, erklären sich weitgehend selbst. Da dreht sich die Töpferscheibe, überraschend schnell und kraftvoll bloß mit dem Fuß angetrieben, es legt ein Pinsel, der aus kaum mehr als einem einzigen Haar zu bestehen scheint, mit völliger Sicherheit seinen gebogenen Weg zurück, denn korrigieren lässt sich hier nichts, jeder falsche Strich würde sogleich vom porösen Scherben aufgesogen und müsste das Werkstück ruinieren. Wie schaffen die Handwerker das? Es muss gleichzeitig so schwierig und so langweilig sein: Feinstarbeit, aber immer dieselbe. Nur zwei Farben sind beständig genug, dass sie die Glut des Brennens unter der Glasur aushalten: Kobaltblau, für das bekannte Zwiebelmuster, das in Wahrheit aus chinesischen Granatäpfeln und Chrysanthemen hervorging, und das etwas weniger nachgefragte Chromgrün für die Bordüren aus Weinlaub. Alles andere, alle bunten Farben für Schmetterlinge, Blumen, Vögel, wird erst nach dem Glasurbrand aufgetragen und ergibt entsprechend fein tastbare Muster.

Tausende von Pigmenten verwahrt man hier und Hunderttausende von Modeln, mit denen sich Puttenköpfe, Rosetten, Faltenfälle formen lassen. Wir dürfen dabei sein, wie sich die Kleinplastik eines reich, aber leicht gekleideten Mädchens zusammenfügt. Sie beugt sich hinab, sie schwingt den Arm mit einer goldenen Kugel darin. Wer ist sie? Die Prinzessin aus dem Froschkönig, die gleich ihren goldenen Ball im Brunnen verlieren wird? Eris, die Göttin des Streits, die den Zankapfel ins Konzilium der Olympier rollen lässt, beschriftet mit «Der Schönsten», auf dass sich die Göttinnen in die Haare kriegen, und so den Trojanischen Krieg vom Zaun bricht? Denn das Barock liebte in der Anmut die gelehrte Anspielung; und barock ist hier im Grunde alles geblieben. Nein, erfahren wir auf Nachfrage, es handle sich einfach um ein «ballspielendes Mädchen».

Die Manufaktur, wie wir sie besichtigen können, ist heute eine Mischung aus Museumsevent und Outlet. Doch nehmen die Verkaufsräume deutlich mehr Platz ein als die Schauwerkstatt. Selbst Meissen, wie die Manufaktur sich nennt, im Gegensatz zur Stadt Meißen mit scharfem S, hat heute damit zu kämpfen, dass teures Porzellan aus der Mode ist und der Tummelplatz der Repräsentation sich auf andere Felder verlagert hat. Alle tragen heute Jeans, und alle trinken aus Billigtassen. Man muss sehr genau hinschauen, um herauszufinden, wer was gilt und wie viel Geld hat. Das war vor dreihundert Jahren anders. Da luxurierten die Höfe im weißen Gold und feierten damit die Trias der drei neuen Getränke Kaffee, Tee und Schokolade. Den Höfen folgte erst das große Bürgertum mit seinem quasi-adligen Stolz und dann das kleine mit seinem Ehrgeiz.

Dann wurde alles Porzellan, das was hermachen sollte, als spießig verschrien. Wenn man heute einlädt, so geschieht das nicht daheim, sondern in Gastwirtschaften oder an Orten, wohin man Catering bestellt. Das vielteilige Service für große Gesellschaften im eigenen Haus und der kulinarische Aufwand, den es bedient, setzt etwas voraus, das es nicht mehr gibt: Dienstboten. Deren Zahl war es im Grunde gewesen, die sich hinter den vielen Eisschälchen und Teetassen verbarg. Nicht nur hat heute keiner mehr welche; es gilt vielmehr sogar als schlechter Ton, welche zu haben. In einem Interview, das Melinda Gates, Ehefrau von Bill, vor einiger Zeit gab, dem damals reichsten Mann der Welt, wurde sie gefragt, wie das Paar es denn mit der Beschickung der Spülmaschine halte. Oh, sagte Melinda, Bill stelle ganz manierlich das gemeinsam benutzte Geschirr hinein, nur das Ausräumen übernehme er nicht so gern.

Was vor hundertfünfzig Jahren eine Schande gewesen wäre, nämlich im Haushalt allein dazustehen, ist nunmehr zum Ausdruck eines demokratischen Standards geworden, den selbst die Privilegiertesten zu bekräftigen haben, wenigstens zum Schein. Nicht die Tatsache, dass es sich beim Ehepaar Gates wohl um Heuchler handelt, stellt den interessanten Tatbestand dar (das sind sie vermutlich, denn das mexikanische Hausmädchen ist wahrscheinlich nie weit weg); sondern dass sie es für nötig halten, sich speziell in diesem Punkt so klein zu machen wie eine Durchschnittsfamilie. In einer sozialen Umwelt, wo man nicht mehr zehn Leute zum Auftragen und Spülen hat oder haben will (man vergesse bei aller Schönheit nicht das Spülen!), wird das große Service unbrauchbar.

Meissen freilich tritt die Flucht nach vorn an: Es gestattet sich den rettenden Luxus, teuer zu sein. Das steht den Herstellern der zweiten Liga nicht zu Gebote. Nicht ohne Ehrfurcht nimmt man die hohen Preise noch für die kleinsten Objekte zur Kenntnis. Ich fotografiere nacheinander immer zweierlei: das Ding selbst und sein Preisschild. Kuchenteller, Untertasse und Tasse mit Golddesign: 399 Euro; Kaffeekanne dazu: 1990 Euro; Starterset Zwiebelmuster für eine Person: 1896 Euro; Kuh im Sennerinnenanzug: 2490 Euro; Mohr, der Dame in Reifrock und Korsett mit Handkuss bedrängt: 18 000 Euro. (Hier darf man vom verpönten Mohren sprechen wie in Radebeul vom Indianer, denn es ist wirklich ein solcher, wie vor Kurzem noch bei Sarotti.) Ein Elefant von Schäferhundgröße, mit Kakadus, Affen und einzeln abnehmbaren und nummerierten Glöckchen: 50 000 Euro. Der Elefant im Porzellanladen: Hier genießt er, was er sonst nie bekam, nämlich Heimatrecht. Und das Prunkstück überhaupt: ein Aufbau, den man sich weniger aufgrund seiner absoluten Größe als wegen seines Auftritts mit Pauken und Trompeten gar nicht mehr in einem Innenraum vorstellen mag, worin wappenhaltende Nymphen, Schwäne, die den Hals um Kronenpodeste schlingen, aufklappende Muscheln mit dem Kopf des Neptun wie dem abgeschlagenen Haupt Johannes des Täufers, Putten, Goldleisten und manches andere, was zu identifizieren mir schwerfällt, ein Ensemble von jener Sorte bilden, die Karl Kraus einen Scheiterhaufen mit Schlagobers nennt: 680 000 Euro. Ich zweifle nicht daran, dass dieser Preis, gemessen an Arbeitsstunden und handwerklichem Geschick, seine Berechtigung hat. Die bloße Existenz dieses Dings ist ein Manifest.

Das sind alles Zitate aus der Goldenen Zeit des Weißen Goldes. Weniger Glück hat die Marke, wo sie sich zu verjüngen sucht und das Zeichen der gekreuzten Schwerter für die Gegenwart herrichten will. Eine Kaffeetasse, vielmehr ein Mug, mit einem Peace-Zeichen oder dem gekrakelten kobaltblauen Schriftzug «Yes? No? Maybe?» sollte das Haus Meissen besser schwedischen Einrichtungshäusern überlassen, da kriegt man dasselbe für ein Zwanzigstel des Preises. Oder wer braucht einen bunten spannenhohen Bajazzo, der sich in seiner picassohaften Anmutung so dummplump anstellt wie nur je die sakrale Kunst des 20. Jahrhunderts, aber 11 500 Euro kosten soll? Auch bei der Ausweitung der Produktpalette vermittels des Brandings scheint das Haus keine glückliche Hand zu haben. Badetücher zu 50 Euro? Das führt zu weit vom Kerngeschäft ab, viel weiter als zum Beispiel eine Damenhandtasche von einem Parfüm.

Es gibt auch wirklich schöne Dinge hier, beispielsweise ein Service mit hellem, rotem Mohn. Doch irgendwie widerstrebt mir die Vorstellung, dass auf diesen zarten gemalten Mohn, ihn verdeckend und übertrumpfend, ein massives Stück Sahnetorte geschaufelt würde. Der Star der Manege aber ist die sächsische Freiheitsstatue, auch «Saxonia» genannt. Mit ihr hat Meissen auf die deutsche Vereinigung reagiert. Es ist die «größte freistehende Porzellanstatue der Welt», als wäre dies ein erstrebenswerter Rekord und nicht vielmehr ein Grund für schlimme Befürchtungen. Die

Freiheit ist natürlich weiblich, wie in New York. Sie ist zierlicher als ihre amerikanische Schwester, aber doch mindestens lebensgroß, trägt einen Irokesenschopf und wirkt ziemlich kokett, indem sie, ihren bodenlangen Rock raffend, voranschreitet. Tausend Rosetten oder Pailletten, jede von Hand aus der Form gefertigt, bedecken ihn. Eigentlich ist der Rock der Hauptdarsteller, in ihn ist erkennbar die meiste Arbeitszeit eingeflossen. Nicht ein Model mit kurzem O ist sie: Die Model mit langem O hat sie geformt. Eine Freiheit von Porzellan! Kann das gut gehen? Wo doch bekanntlich Vorsicht die Mutter der Porzellankiste ist.

Die Familie meiner Mutter gehörte zu den letzten Ausläufern der großbürgerlichen Porzellankultur. Die beiden altehrwürdigen Handelshäuser, denen meine Großeltern entstammten, gingen im ersten Drittel des 20. Jahrhunderts bankrott. Gerettet wurde symbolisches Gut: Serviettenringe, alte Schränke, in Holz eingelegte oder gestickte Wappen ... oder eben auch ein Tafelservice, von dem es immer hieß, es sei aus Meißen. Beweis: die blauen Schwerter auf der Unterseite. Meine Mutter, die es geerbt hatte, suchte einen Antiquitätenhändler auf, da sie die Ansicht vertrat, dass dieses Service ihr zu nichts mehr nütze wäre. Der Händler besah sich die angeblichen Schwerter und erklärte ihr dann: Das seien nicht die Meissner Schwerter, sondern zwei gekreuzte Ls, das hochstaplerisch – um nicht zu sagen betrügerisch – angeglichene Zeichen der Manufaktur Lobenstein in Thüringen. Für einen Laien sah dieses Signum wirklich sehr ähnlich aus. Der Händler bot ihr 500 Euro. Für diesen Preis, erklärte meine Mutter, behalte sie es. Und so steht es noch immer, ohne je gebraucht zu werden, bei ihr daheim im Schrank.

SCHIBBOLETH

Würde man in Meißen leben wollen? Die Stadt ist schmuck und malerisch, landschaftlich wunderbar eingebettet, mit dreißigtausend Einwohnern nicht gar so klein, durch die S-Bahn mit Dresden verbunden, mit vielen Bildungs- und Verwaltungseinrichtungen gesegnet. Wäre das nichts, zum Beispiel wenn man in Rente geht? Die Antwort ist ein klares Nein. Gerade wer den Ruhestand erreicht hat, sollte sich nicht im Anheimelnden einhausen. Was auf den Reisenden von auswärts so traulich und so hold wirkt, hat immer auch seine dunkle Seite und seinen doppelten Boden; dem Trauten ist das Dumpfe blutsverwandt. Von «Schatzkästlein des Horrors» sprach Wolfgang Hildesheimer mit Blick auf Deutschlands Fachwerkorte, und Franz Josef Degenhardt besang den «Sonntag in der kleinen Stadt», speziell das sonntägliche Mittagessen, mit «Messern, die auf Knochen stoßen, und dem Blubbern dicker Soßen». Das ist vielleicht ein bisschen paranoid und übertrieben.

Aber es existiert ein Gradmesser für die Spießigkeit eines Gemeinwesens, der auch den bezauberten Touristen zu warnen vermag. Er besteht in der Menge der Frakturschrift, die an öffentlichen Orten erscheint. Fraktur tut immer, als wäre sie alt und hätte alle bewahrenden Rechte des Alters auf ihrer Seite. In der überwiegenden Zahl der Fälle jedoch trifft das nicht zu, und man hat sie erst in jüngster Zeit obendrauf gepinselt. Viel jünger ist sie meist als die lieblose und ungeliebte Moderne, von der sie sich abheben will. Ob ich das belegen kann? Aber ja! Ich führe den Beweis anhand eines einzelnen Buchstaben, und zwar hier in Meißen.

Fraktur weist mehr Tücken auf, als ihre Liebhaber glauben. Sie hat nämlich, was heikler ist als die allseits beliebte Tradition, eine Geschichte. Sie geht hervor aus den Handschriften des Mittelalters. Diese waren in den letzten Jahrhunderten vor Erfindung des Buchdrucks recht hastig geworden (in solcher Eile kündigte sich das Bedürfnis nach dem Buchdruck an) und kürzten zusammen, was sie konnten. Spätmittelalterliche Handschriften lesen sich – soweit man sie überhaupt zu lesen vermag – oft fast wie Steno; häufig wiederkehrende Buchstabengruppen wurden eingedampft. Davon übernahm der Buchdruck, als er endlich kam, noch so einiges, vor allem die Ligaturen; das heißt, bestimmte Verbindungen schrieb man nicht Letter für Letter aus, sondern zog sie zusammen. Reste davon finden sich selbst noch in den modernen Schriften, etwa das «&», das, was man heute nur schwer sieht, aus dem lateinischen «et» (und) hervorging; und als letzter Überhälter unter den eigentlichen Buchstaben das «ß», noch gesprochen, aber nicht mehr empfunden als «sz». Auch die gedruckte Fraktur kannte noch eine ganze Reihe solcher Ligaturen, beispielsweise ch, st, fl. Das st hielt, wenigstens indirekt, aus bis zur letzten Rechtschreibreform, in Form der Regel: Trenne nie das S vom T, denn es tut ihm gar zu weh. Diese erhielt ganz zu Recht ihren Abschied. Die Fraktur, die seit etwa 1940 als veraltet galt (Hitler mochte sie nicht), blieb wegen ihrer prinzipiellen Unmodernität von solchen Anpassungen zunächst verschont – ehe sie unversehens neuerdings die Aktualität des scheinbar Altehrwürdigen errang.

Der «Spiegel», immer an vorderster Front dabei, wenn es darum geht, den Osten zu verleumden, gestaltete ein Titelblatt, auf dem riesengroß das eine Wort «Sachsen» hervorstach. Dieses begann in einer normalen modernen Schrift, kippte aber in der Mitte in die Fraktur, als wäre damit alles Nötige über dieses Bundesland und seine Nazi-Hinterwäldler ausgesagt. Unbekannt schien den Autoren, dass es gerade Hitler war, der der Frakturschrift auf deutschem Boden den Gnadenstoß versetzt hatte. Und anstelle des erforderlichen langen erschien natürlich ein rundes S. So verkündeten die Verfasser ihre Ignoranz.

Die wenigsten, die heute für ihre Botschaften Fraktur verwenden, haben wohl mit ihr im eigentlichen Sinn eine Leseerfahrung gemacht; für sie ist diese Schriftart nicht der Normalfall, sondern ein Statement. Mit jemandem «Fraktur reden», das hieß einmal: ohne Drumherumgerede gleich zu den wichtigen, oft unangenehmen Punkten kommen. Fraktur war, was das Volk lesen konnte, im Gegensatz zur gelehrten lateinischen Antiqua. Heute heißt Fraktur im Gegenteil so viel wie: obskure Umschweife machen. Es gibt in der Fraktur also ein langes S und ein rundes S. Das lange S sieht ähnlich aus wie ein kleines f, was zugegebenermaßen verwirren kann. (Ähnlich verhält es sich mit r und x, weshalb man, wo Fraktur geschrieben wird, nur schwer erkennt, ob es um Erotik oder Exotik geht.) Es ist das S im Inneren der Wörter; nur am Ende der Wörter und am Ende der Stämme in den oftmals zusammengesetzten deutschen Vokabeln erscheint das runde S, also jener Buchstabe, den wir als das normale S empfinden. Das scheint heute schwer vermittelbar.

Mir ist nicht ganz klar, weshalb so viele Leute und Einrichtungen, die der Öffentlichkeit etwas mitteilen wollen, heute bei der Fraktur landen. Zwei verschiedene Botschaften scheinen sich hier zu mischen: «Ich bin rechts» und «Ich bin alt». In Meißen, das auf den Elbfahrradtourismus setzt, handelt es sich wohl eher um «Ich bin alt», denn das Rechte würde die meisten Besucher verstören. Aber wie alt ist alt? Alt ist jedenfalls nicht, was vom langen S nichts weiß. Wir schauen uns um. **«Meißner Burgſtuben»**: Wunderbar, die wissen noch, was ein langes S ist! **«Hotel am Markt – Reſidenz»**: noch ein langes S, sogar in Gold! **«Historischer Weinhof»**: Hier aber zwei S-Fehler in einem Wort, als ob jemand lispelt – das ist zu viel für einen, der für historisch gehalten werden will.

Im Alten Testament mit seinen Massakern findet sich auch eins, bei dem es um die verschiedenen Typen des S geht. Daran kennt man Freund und Feind auseinander. Alle, denen die Sieger begegnen, müssen das Wort «Schibboleth» aussprechen, was «Ähre» bedeutet. Wer stattdessen «Sibboleth» sagt, gehört zu den Feinden und wird unverzüglich getötet. Das scheint mir allzu hart für eine bloße S-Variante; zu einem solchen Schibboleth möchte ich das richtige und das falsche S dann doch nicht machen. Mein Gegenvorschlag: über jene falsche Tradition zu lachen, die nicht ist, was sie zu sein behauptet, sondern eine junge Erfindung, die uns ins Bockshorn jagen soll, sich aber dabei verrät. Vor vierzig Jahren hätte ich Stein und Bein geschworen, dass das Dirndl als Tracht auf dem Oktoberfest mit der Generation unserer Eltern ausstirbt. Das Gegenteil ist eingetreten: Heute scheinen viele zu meinen, dass erst die Tracht zum Eintritt berechtigt. Gerade die Jungen tragen sie. Ich war vor vierzig Jahren schon mal in Meißen; da gab es noch die DDR. Damals habe ich nicht auf Schrifttypen geachtet. Aber ich möchte wetten, es hat nicht ein Zehntel so viel Fraktur gegeben wie heute.

Fraktur ist keine schöne Schrift. Sie ist alt und fußt auf den handschriftlichen Gewohnheiten des Mittelalters, für die es heute keine sachliche Grundlage mehr gibt. Ihr Dorngestrüpp verstößt eklatant gegen das Prinzip der Klarheit, das aller Schriftlichkeit zugrunde liegen sollte. Wenn ich hier also das lange S einzuklagen scheine, so ist das nicht als Plädoyer für die wahre Fraktur zu betrachten, sondern als Antrag, sie lieber ganz aufzugeben.

DAS GEHT IN RUH UND SCHWEIGEN UNTER

Stromabwärts von Meißen wird das Elbtal nun wirklich breit, die Hänge treten auseinander, und an ihnen wächst der Wein. Jetzt ist es Anfang November, aber die Luft so warm und das Wetter so sonnig, dass der Tag auch einer im September sein könnte. Das Licht ist nicht mehr so intensiv wie im Sommer; doch gerade das kommt den Farben zugute, die sich, weil die eigentliche Helligkeit nachlässt, zu ihrer ganzen, tiefen Fülle entwickeln können. Die Bäume, die sich oberhalb der Weinberge erheben, haben für die späte Jahreszeit noch erstaunlich viel Grün bewahrt, und die bereits abgeernteten Weinberge weisen ein leuchtend dunkles Gelb auf. Selbst das von Schatten modellierte Grau der Granitbrüche an den Hügelseiten wirkt heute warm und wie eine richtige Farbe. Das Himmelsblau spiegelt sich als tieferer Ton auf dem Wasserspiegel. Für diesen Ort und diesen Tag scheint Georg Trakl sein Herbstgedicht geschrieben zu haben: «Gewaltig endet so das Jahr / Mit goldnem Wein und Frucht der Gärten / Rund schweigen Wälder wunderbar / Und sind des Einsamen Gefährten.» Und weiter: «Es ist der Liebe milde Zeit / Im Kahn den blauen Fluss hinunter / Wie schön sich Bild an Bildchen reiht / Das geht in Ruh und Schweigen unter.»

Die Weinlese ist vorüber und die Rebstöcke leer, abgesehen von einzelnen sehr kleinen Trauben von bräunlicher Farbe und zuckersüßem Geschmack, die man offenbar hat hängen lassen, um später daraus Eiswein zu machen; über sie kriecht hin, was an Wespen und Schmetterlingen noch übrig ist. Selbst zwei Libellen, im Hochzeitsflug zu einem Paarungsrad vereint, haben es bis in den November geschafft. Zwischen den Rebzeilen liegen lang gestreckt und zusammengerafft die blauen Plastiknetze, die man zur Lesezeit über den Weinberg gezogen hatte, um Stare und andere zweibeinige Räuber von der Plünderung der Beeren abzuhalten; jetzt sind sie überflüssig geworden.

Hier, in Diesbar-Seußlitz, verläuft der äußerste Nordrand des deutschen Südens. Noch einmal gibt es hier Hügelland und Reben und Barock, dieser in Gestalt eines Schlosses und einer Schlosskirche, die niemand anders als George Bähr entworfen hat, der Architekt der Dresdner Frauenkirche. Hier gab es auch einen gewaltigen Felsen, der ins Tal hereinragte und lang den Bau einer Straße zwischen den beiden Hälften des Doppelorts verhindert hat, sodass der Verkehr nur über den Fluss möglich war. Er hieß der Böse Bruder, wohl weil er die Verbindung der Geschwister unterband.

Eine Walnussallee führt hinunter zur Elbfähre. Es ist immer angenehm, wenn zur Flankierung der Straßen fruchttragende Bäume verwendet werden, denn dann findet, zur richtigen Jahreszeit jedenfalls, der Spaziergänger außer Schatten auch noch etwas zu verzehren. Nicht viel zwar, denn wie im Weinberg ist die Ernte schon abgeschlossen. Aber die vier oder fünf Nüsse, die wir trotzdem auflesen, knacken und essen, schenken uns eine Teilhabe am Land. Nahrung vermittelt immer das Gefühl, irgendwo nicht nur einfach durchzureisen, sondern da und dabei zu sein. Man kann sich auch im Kino eines fremden Landes einen Film ansehen, von dem man kein Wort versteht, oder sich einen neuen Haarschnitt verpassen lassen; aber am einfachsten ist immer eine Mahlzeit, auch eine kleine. Unterwegs kommen wir an einem Privathaus vorbei, vor dessen Gartenzaun zwei Tischchen stehen, mit selbst gemachten Brotaufstrichen aus allen möglichen Obstsorten, das Glas zu 1,80 Euro, was ein fairer Preis scheint. Das Geld soll man durch den Schlitz eines Metallkästchens werfen: Das ist die Kasse des Vertrauens. Sie ist es sogar noch in höherem Sinn als bei den Blumenfeldern zum Selberpflücken, wo der Einwurf zwar freiwillig ist, die Kasse selbst aber sehr solide verankert. Hier in Diesbar-Seußlitz jedoch könnte man, wenn man wollte, nicht nur straffrei Mundraub begehen, sondern ungestraft die Kasse selbst einstecken. Wir entrichten die 3,60 Euro für einen Erdbeer- und einen Himbeeraufstrich.

Am Ende der Allee liegt eine Fährenlände. Die Elbe ist, wohl mehr als jeder andere in Deutschland, ein Fluss der Fähren, von den kleinen Booten nur für Fußgänger und Radfahrer bis zur großen, schon fast maritimen Autofähre in Wischhafen an der Unterelbe, die von Ufer zu Ufer bald eine halbe Stunde benötigt. Diese hier gehört zu den kleinen. Der zuvor unbeschäftigte Fährmann macht sich vom anderen Ufer extra für uns auf, als wir ans Wasser treten, und wir fühlen uns ein wenig schuldbewusst, dass wir bloß geguckt haben und nicht fahren wollen; dass wir seine Arbeit vergeudet haben.

In Diesbar-Seußlitz, wie gesagt, endet der Süden, und er tut es mit verblüffender Raschheit innerhalb weniger Kilometer. Das Norddeutsche Tiefland beginnt; Straßen und Ortschaften, die vorher keine Wahl hatten, als sich ins Tal zu fügen, benutzen die neu gewonnene Weite, um sich vom stets gefährlichen Strom zu distanzieren; nicht weit zwar, zwei oder drei Kilometer vielleicht; aber hier, wo es flach wird, reicht das schon aus, um ihn aus den Augen zu verlieren und seinen Verlauf aus dem Galeriewald, der ihn begleitet, erraten zu müssen. An dieser Schwelle wird die Elbe zu einem menschenarmen und, obwohl sie langsamer fließt, nahezu wilden Strom; zu einem Einsiedler, der nur noch hin und wieder unter die Leute geht und nur bei den größeren Städten anlegt wie ein Kreuzfahrtschiff. Die erste dieser Stationen ist Riesa.

SATT IN RIESA

Riesa empfängt uns am Eingang als «Stadt des Sports». Es gibt hier auch noch eine Nudel- und eine Seifenfabrik*, während die Stahlindustrie, die früher 17000 Menschen beschäftigte, heute nur noch 500 Arbeitsplätze bietet. In den Nachbarorten stoßen wir auf eine «Straße der Jugend», wo ein paar Rentner promenieren, und eine «Straße der Technik», wo Schafe weiden. Die alten sozialistischen Straßennamen wurden nur in ideologisch dringenden Fällen ausgewechselt. Aber gegen eine Straße des Friedens oder eine Straße der Nationen lässt sich, obwohl der Herkunfts-

* Übrigens hat im Jahr 2024 auch die Seifenfabrik geschlossen.

tonfall unverkennbar bleibt, auch im neuen System nichts einwenden. Vielerorts hat sich sogar die Straße der Einheit erhalten; man muss sich bloß das Richtige dabei denken. Als die Straße ihren Namen erhielt, galt er der neu gegründeten Sozialistischen Einheitspartei aus Kommunisten und Sozialdemokraten. Aber genauso gut lässt sich das natürlich auf die Wiedervereinigung beziehen. Einheit als solche ist nie verkehrt.

In Riesa war ich vor vierzig Jahren schon einmal als Tourist. Es war nicht nur für DDR-Bürger schwer bis unmöglich, in den Westen zu gelangen, sondern auch für Westbürger in der Gegenrichtung nicht so einfach. Weder der Westen noch der Osten sahen Reisen in die DDR wirklich gern; wenigstens hatte auch der Westen seine Vorbehalte. Die bürokratischen Schikanen, die der Osten aufrichtete, einschließlich endloser Wartezeiten an der Grenze und Zwangsumtausch (der natürlich nur im Westen so hieß, im Osten hingegen Eintrittsgeld, als ginge man ins Kino), sind hinlänglich bekannt. Weniger erinnerlich dürfte sein, dass jeder Angehörige des öffentlichen Dienstes im Westen seinem Arbeitgeber Meldung über selbst die kürzeste Ostreise machen musste. Das betraf auf alle Fälle meinen Vater, der als Staatsanwalt in seinem Bezirk auch für einen rund hundert Kilometer langen Abschnitt der Zonengrenze, wie sie hieß, zuständig war und jedes Mal ein Verfahren wegen Mordes einzuleiten hatte, wenn ein Republikflüchtling an dieser Grenze erschossen worden war. Als Geheimnisträger waren ihm von seinem Ministerium Reisen in den Osten grundsätzlich untersagt, bis weit in die siebziger Jahre.

Es galt aber auch für mich, der bloß die subalterne Funktion einer wissenschaftlichen Hilfskraft an der Uni ausübte. Mein unmittelbarer Vorgesetzter, also der Lehrstuhlinhaber, hatte mir einen Belehrungsvortrag zu halten, der einem Katechismus glich. Ein wesentlicher Punkt war, dass ich mich davor hüten sollte, als Spion angeworben zu werden, insbesondere durch eigens dafür geschulte, attraktive Agentinnen ... Es war ein peinlicher Moment zwischen mir und meinem nachmaligen Doktorvater. Aber es musste sein, sonst hätte der östliche Geheimdienst am Ende erfahren, dass der Kopierer im Würzburger Institut für Germanistik gewisse Macken hatte. Das wäre dann vielleicht im «Schwarzen Kanal» aufgetaucht, einer Sendung des Ostfernsehens, das auch wir im grenznahen westdeutschen Raum gut empfangen konnten. Sie zeichnete aus authentischen westlichen Filmschnipseln, entsprechend kommentiert, ein verheerendes Bild des real existierenden Kapitalismus. Der Name des Moderators war Karl Eduard von Schnitzler, der aber im Osten (wie ich dort erfuhr) angeblich nur Karl Eduard von Schni hieß, weil man an dem Punkt nämlich schon umgeschaltet hatte. Ich wusste immerhin seinen kompletten Namen und sah und hörte mir gelegentlich an, was er zeigte und zu sagen hatte.

Bei meiner zweiten Reise in die DDR, Mitte der achtziger Jahre, waren wir noch Studenten und hatten nicht viel Geld. Darum wählten wir das billigste aller Hotels, das die DDR-Agentur Intourist den Westtouristen anbot. Es befand sich in Bad Liebenwerda in der Lausitz, ungefähr zwanzig Kilometer von der Elbe entfernt. Ungeachtet des Bädertitels war dort nicht viel los. Wir trafen in den ziemlich leeren und dunklen Räumlichkeiten nur auf einen einzigen weiteren Gast, einen syrischen Teppichhändler aus Westberlin, der einfach mal Urlaub machen wollte und es aufgrund seiner Staatsbürgerschaft mit den Formalien leichter hatte als wir. Er erzählte, wie er wenige Tage zuvor im Hotel ein ostdeutsches Pärchen kennengelernt hatte. Er, der Syrer, fuhr einen prestigeträchtigen westlichen Sportwagen. Der andere Mann war ganz wild darauf, so was auch mal zu steuern. Der Teppichhändler schlug vor: Tauschen wir doch einfach, mein Sportwagen gegen deinen Trabant plus deine Frau. Ein Scherz war es gewesen, ein Scherz! Doch als er am Abend in sein Schlafzimmer ging, saß die Frau auf der Bettkante ... Der Teppichhändler klang halb belustigt und halb empört. Aber mindestens eine Versuchung war es offenbar doch gewesen.

Bad Liebenwerda war preiswert, etwas abseits gelegen, aber doch nicht weit von Leipzig, Dresden, Meißen – und Riesa. Meißen war damals eine Offenbarung, mit Schloss, Dom, Fluss, Porzellanmanufaktur und nicht zuletzt mit seinen Restaurants. Dreißig Westmark mussten wir pro Kopf und Tag zum Kurs von eins zu eins umtauschen, aber für alles, was darüber hinausging, offerierte uns jeder beliebige Passant einen Wechselkurs von eins zu vier, um an «Währung» zu gelangen. Währung war selbstverständlich nur das Westgeld. Wir fanden es schwierig, auch nur die dreißig zwangsumgetauschten Mark loszuwerden, denn die DDR war ein Land, in dem einerseits das meiste sehr billig war, andererseits aber vieles schwer zu kriegen. Wir fuhren nach Leipzig, weil es dort viele Bücher geben sollte, und erwarben auch einige. Unter anderem erstand ich einen historischen Atlas, der auf minderwertigem Papier gedruckt, jedoch sehr aufschlussreich war. Zum Beispiel war dort verzeichnet, welche Wahlkreise wie oft und ab wann sozialistische Abgeordnete in den Reichstag entsandten. Den tiefsten roten, ja purpurnen Ton wies dabei der Kreis Glauchau auf, und ich dachte: Was ist oder war das wohl für eine Gegend? Acht Jahre später wusste ich es, denn ich wohnte dort.

Wenn wir also in Meißen, das wir als gastronomisches Zentrum der Region ausgemacht hatten, essen gingen, so staunten wir, dass das teuerste Gericht auf der Karte nur 6,50 Mark kostete. Da wir eins zu vier tauschten, bedeutete das für uns 1,60 Mark. Es war uns klar, dass wir, wenn wir zu diesem Preis speisten, einen Akt der Ausbeutung an der verzweifelt devisenhungrigen DDR begingen. Andererseits taten wir nur, was man von uns wollte. Und dann waren wir natürlich Studierende, die es genossen, sich auch mal etwas zu gönnen, das sie sich im Westen eher selten leisten konnten; im Arbeiter-und-Bauern-Staat waren wir also sozusagen als Proletarier gerechtfertigt. Heute muss man am selben Ort für die gleiche Mahlzeit ungefähr das Zwanzigfache zahlen. Das ist in Ordnung.

In der DDR war der zu zahlende Preis immer nur *ein* Faktor im Spektrum der Erhältlichkeit. In Riesa gab es überhaupt keine Gastronomie, wenigstens keine, die wir gefunden hätten. Wir kamen dort an einem warmen Märzabend an, gingen entzückt in den dortigen Auwäldern spazieren, in denen ein wunderbarer Flor aus Frühblühern gedieh, aus Anemonen, Blausternen und Lerchensporn, nahmen das Lenin-Denkmal in Augenschein (das heute fehlt) – aber fanden absolut keinen Ort, wo wir hätten essen können, und das in einer Stadt von damals noch fünfzigtausend Einwohnern.

Das ist heute bestimmt anders!, denken wir im November 2023. Aber nach einem Spaziergang am Ufer der Elbe und durch den Stadtpark haben wir, und zwar Samstagmittag um 13 Uhr, große Probleme, etwas Essbares zu finden. Die Stadt ist hübsch, doch leer. Der von einem Griechen bewirtschaftete Ratskeller müsste laut Selbstauskunft offen sein, ist es aber nicht. Passanten weisen uns in verschiedene Richtungen, wo es den Goldenen Löwen und ähnliche bodenständige Wirtschaften geben soll. Wir fragen drei-, vier-, fünfmal, wenden uns aufdringlicherweise sogar an eine Hochzeitsgesellschaft, aber die Angesprochenen sind nicht von hier oder mutmaßen ins Geratewohl, sodass wir den Eindruck gewinnen, die Einheimischen gingen eigentlich nie ins Gasthaus. Alle waren freundlich; sie wussten es nur einfach nicht. Schließlich landen wir in einem vietnamesischen Imbiss, der uns rettet. Wir speisen preiswert und exzellent, Frühlingsrolle mit Hackfleisch, Ente mit Reis und Austernsoße, und sind, nachdem wir schon fast aufgegeben hatten, am Schluss so satt, dass wir Mühe haben, die paar Hundert Meter zum Auto zu schaffen.

Ein vietnamesischer Imbiss funktioniert anders als ein deutsches Restaurant. Das Restaurant hat es heutzutage schwer, Leute zu finden, die kochen oder kellnern wollen. Und wenn es sie findet, kann es sie nicht rund um die Uhr bezahlen, weshalb es seine Öffnungszeiten einschränkt. Eingeschränkte Öffnungszeiten aber sind schon der halbe Bankrott, weil die Gäste sich merken müssen, wann sie kommen können, und das tötet jene Spontaneität, von der die Gastronomie letztlich lebt. Mit alldem hat ein vietnamesischer Imbiss keine Probleme. Bezahlt werden muss hier niemand, denn alles bleibt in der Familie, und die Öffnungszeiten sind plus minus unendlich, weil der Schank- und Speiseraum zugleich den Aufenthaltsraum für alle darstellt. Als wir eintreffen, heißt man uns willkommen, doch dies schließt nicht aus, dass kleine Kinder herumtollen und am größten Tisch ein Familienmahl mit mehreren Generationen stattfindet, zu dem nach und nach noch mehr Leute hinzustoßen. Man entschuldigt sich bei uns für den Krach. Wir sind in ein fremdes Wohnzimmer geraten. Aber wir müssen uns nicht schlecht fühlen dabei. Niemand stört sich an uns, alle sind nett, die zwei Systeme, Gasthaus und Familientisch, überlagern sich konfliktfrei. Wir sind die einzigen Gäste, doch es ist voll. Vielleicht sieht so die Zukunft der Gastronomie überhaupt aus, und sie wird, ausgenommen ein paar Sterneküchen, komplett in der Hand von Migranten liegen, die als Familien funktionieren und nicht als Arbeitskräfte. Übrigens gibt es auch in Riesa wieder, obwohl im Abstand von nur ein oder zwei Kilometern eine Auto- und eine Eisenbahnbrücke den Fluss queren, eine kleine Fähre, für ein einzelnes kleines Stadtviertel.

ELBE DAY

Als Kaiser Karl V. am 24. April 1547 über eine Furt bei Mühlberg setzte und das überrumpelte Heer der Protestanten schlug, wurde die Elbe zur Achse des deutschen Reichs. Als General Blücher den Fluss am 29. September 1813 bei Wartenburg überquerte und das preußische Heer zur Leipziger Völkerschlacht führte, machte er die Elbe zur Achse Europas. Als sich am 25. April 1945 in Torgau sowjetische und US-amerikanische Truppen die Hand schüttelten und damit die Ost- und die Westfront des Zweiten Weltkriegs zusammenfielen, war die Elbe mit einem Mal die Achse der ganzen Welt.

Die Bilder des «Elbe Day» gehören zu den einprägsamsten Erinnerungen an diesen Krieg. Dramatischer als das Foto einer Unterzeichnungszeremonie es könnte, drücken sie aus, dass hier endlich etwas zu Ende geht. Die Amerikaner krabbelten über die Trümmer der Brücke, die kurz zuvor von den abziehenden Deutschen gesprengt worden war, aufs andere Ufer hinüber, zur Stadt Torgau, wo die sowjetischen Truppen standen. Dieses Verhältnis der beiden Seiten – die einen kommen, die anderen sind schon da – hält das berühmteste der Bilder fest, auf dem die Amerikaner, kenntlich an ihren halbkugeligen Helmen, mit ausgestreckten Armen den Russen förmlich entgegenfliegen. Auch die Russen, die kleine Kappen tragen, strecken die Arme aus, stehen dabei aber fest auf zwei Beinen. All diese Arme gehen ineinander über und bilden eine Kette von unwahrscheinlicher Länge, wobei die Bewegung, die Sehnsucht, die Energie von links nach rechts allmählich in die Ruhe des Sieges, ja des Friedens übergeht. Kein Triumph ist es, wie ihn zum Beispiel das in vielem ähnliche Foto von der Hissung des Sternenbanners auf der japanischen Insel Iwojima zeigt, sondern ein spontanes Fest. Ein Historienmaler hätte es nicht schöner hinbekommen. Und es handelt sich auch wirklich um ein Stück Historienmalerei, insofern die Szene nachgestellt war, einige Tage nach und etliche Kilometer entfernt von der wirklichen Erstbegegnung in Strehla. Diese hatte freilich, wie andere, weniger bekannt gewordene Fotos belegen, die man ebenfalls hier in Torgau sehen kann, in einer leichenübersäten Umgebung stattgefunden, was vom Hochgefühl des Augenblicks abgelenkt hätte. Ist das ikonische Foto darum ein Fake? Ist es weniger wahr als die nicht minder berühmte Grafik, die den berittenen Boten zeigt, der losprescht, um der Welt die Nachricht vom Ende des Dreißigjährigen Krieges zu verkünden? Um den Augenblick vollgültig abzubilden, musste er überschritten werden, was man jederzeit der bildenden Kunst, doch ungern der so viel rascher und unwillkürlich verfahrenden Fotografie zubilligt. Dieses Foto verdankt sich jedenfalls einer künstlerischen Entscheidung.

Auch Stein geworden ist die Begegnung. Unterhalb von Schloss Hartenfels, direkt am Fluss, steht ein Denkmal, das von einem sowjetischen Künstler noch im Jahr 1945 errichtet wurde, insgesamt vielleicht zehn Meter hoch, ein gestufter Sockel, darauf ein hoher, von ionischen Säulen flankierter Quader, oben bekrönt mit den gleichfalls steinernen Flaggen der beiden Nationen, doch ausschließlich kyrillisch beschriftet; die deutsche und die englische Inschrift wurden auf kleineren Tafeln erst später hinzugefügt. So wird fühlbar, dass sich zwischen dem Ereignis und seinem Monument, zwischen Frühling und Herbst 1945 bereits einiges geändert hatte; dass der Eiserne Vorhang niedergegangen war und die Alliierten von gestern sich nunmehr als neue Rivalen sahen. «Ruhm und Ehre der siegreichen Roten Armee und den heldenmütigen Truppen unserer Verbündeten die den Sieg über das faschistische Deutschland erkämpft haben.» Die Verbündeten sind noch heldenmütig, immerhin; doch ihren Namen erfährt man schon nicht mehr. Dazu muss man die flussabgewandte Rückseite des Monuments aufsuchen. Doch auch bei diesem etwas sachlicher gehaltenen Text sind die Truppen der Roten Armee das Subjekt des Satzes; sie sind es, die sich «mit» den amerikanischen Truppen vereinigen, welche damit deutlich an die zweite Stelle treten. Schon vorher hatte Stalin, dem die bildlich festgehaltene Verbrüderung missfiel, die verantwortlichen Offiziere aus der Partei ausschließen lassen. Die Amerikaner hatten im Vorfeld der Begegnung offenbar geringe bis keine Verluste erlitten. Wie viele sowjetische Tote es gab, kann man ermessen, wenn man vom Bahnhof zum Fluss am Soldatenfriedhof vorbeikommt; zweihundert Grabsteine mögen es sein.

Noch ein weiteres, kleineres Denkmal findet sich in der Nähe des großen, aufgestellt von den Vertriebenenverbänden und bestimmt erst nach der Wende, denn die DDR hätte es nicht geduldet. Doch auch so hat es sich verstecken und bescheiden müssen. Sein Bildschmuck beschränkt sich auf die Wappen der alten Ostgebiete, seine bronzene Beschriftung lautet: «In ehrendem Gedenken aller Opfer von Krieg Flucht und Vertreibung Erinnerung Mahnung Versöhnung Frieden». Hier kann man dem Ressentiment ins innere Räderwerk schauen. Schon die Nähe zu dem großen anderen Denkmal bei gleichzeitig subalterner Positionierung muss das unbefriedigende Ergebnis zähen Ringens gewesen sein. Eine offen revisionistische Botschaft kam nicht infrage; sie taucht also in die Untertöne ab. Dass man der Opfer gedenken soll, versteht sich; aber warum muss es ein «ehrendes» Gedenken sein? Die Ehre ist ein militärischer Begriff und erscheint auf dem Denkmal der Roten Armee mit gutem Recht – doch wären bei den umgekommenen und misshandelten Zivilisten nicht andere Affekte eher am Platz gewesen, Schmerz und Erschütterung beispielsweise? Bei den Opfern des Kriegs bleibt man sehr allgemein, das können die anderen gewesen sein oder man selbst, da schließt man formal niemanden aus. Aber es ist klar, dass bei Flucht und Vertreibung nur noch zählt, was man selbst erlitten, nicht, was man den anderen angetan hat. Die letzten vier Wörter, lauter Substantive, drei davon auf -ung und also ersichtlich mehr Vorgänge als Zustände, stehen ohne syntaktische Verbindung da und machen es ungewiss, wie sie zu verknüpfen wären, namentlich wie sich die Mahnung und die

Versöhnung wohl zueinander verhalten. Wenn man es nicht sehr geschickt anstellt, wird die Mahnung, die ja nichts vergessen will, leicht eine zur Unversöhnlichkeit. Das kleine Denkmal steht da im Groll gegen das große, darf sich nicht offen äußern und schwärt darum in der Andeutung.

Torgau hatte seine zwei Sternstunden. Die zweite an einem Frühlingstag des Jahres 1945. Die erste, etwas längere, erlebte es unter Kurfürst Johann Friedrich, der Schloss Hartenfels zur prachtvollen Residenz ausbaute. Von außen ist sie noch eine Burg, die sich wehrhaft über der Elbe erhebt; von innen aber ein Schloss nach dem Vorbild der französischen Königsschlösser an der Loire. Beherrschendes Element ist der «Wendelstein», ein vielstöckiger, filigraner Treppenturm; in wunderbarem Rundschwung führt seine Treppe empor, wie ein frisch gewaschenes Bettlaken, das soeben mit großer Kraft gewrungen wird. Die Hofkirche, die völlig in der Schlossfassade verschwindet (schließlich war Johann Friedrich durch die Reformation auch zum obersten Herrn der Kirche geworden), stellte den ersten Kirchenbau des neuen Glaubens überhaupt dar. Luther persönlich kam 1544 von Wittenberg herüber, um sie durch seine Predigt einzuweihen. 1546 starb er. Im Jahr darauf war die Schlacht von Mühlberg; der Kurfürst geriet in Gefangenschaft und das Schloss in die Hände seiner Feinde. Danach versank Schloss Hartenfels in einen vierhundertjährigen Schlaf. Keinen besseren Drehort hätte die DEFA, die DDR-Filmgesellschaft, für ihren Märchenfilm «Dornröschen» finden können. Noch immer kann man in einer kleinen Ausstellung die Requisiten bewundern.

Leider zur Zeit unseres Besuches nicht zu besichtigen ist hingegen das Dokumentationszentrum, das die Geschichte der Torgauer Gefängnisse zeigt. Torgau war im Dritten Reich Sitz des Reichskriegsgerichts, im nahe gelegenen Fort Zinna wurden tausendzweihundert Soldaten exekutiert. Während der sowjetischen

Besatzung gab es hier zwei Speziallager, in denen etwa achthundert Häftlinge starben – meist nicht durch Hinrichtung, sondern an den miserablen Haftbedingungen. In der alten Festungsstadt Torgau und ihrer Umgebung gibt es nach wie vor viele solide Bauten, die sich auch künftig eignen würden, Leute einzusperren, falls Bedarf entsteht. Gegenwärtig sind die einzigen Gefangenen von Hartenfels die drei Braunbären, die man, einer alten fürstlichen Tradition folgend, im Burggraben hält; zwei davon sind, wie sich der Schautafel entnehmen lässt, Zwillingsgeschwister.

Wir gehen ein Stück die Elbe entlang, die hier, obwohl Torgau flussabwärts liegt, schmaler und unscheinbarer wirkt als in Dresden. Keine Elbwiesen, kein Strand, kein Schiffsverkehr, keine Ausflügler und Picknicker. Die alte Brücke direkt vor dem Schloss existiert schon lange nicht mehr, dafür gibt es zwei neue, in beide Richtungen ungefähr einen Kilometer von der alten Querung entfernt, unscheinbar auch sie. Hier ist der Strom in der Ebene angekommen und verliert die Kraft, seine Landschaft zu prägen.

Es ist Samstagnachmittag. Auf dem Marktplatz findet eine Kundgebung der Linken statt. Ungefähr hundert Leute sind dabei. Eine nicht-binäre Person mit langem Haar, Netzstrümpfen und Bärenohren, doch tiefer Stimme steht auf der Tribüne und spricht. Wir hören im Vorbeigehen: «So viel Polizei hier und so wenig Gerechtigkeit!» In der Tat stehen einige Polizeifahrzeuge herum. Ihr Verhältnis zur Gerechtigkeit lässt sich optisch nicht ergründen. Sie dienen wohl dazu, ein Ausufern der Veranstaltung zu verhindern, doch ebenso, die in Regenbogentücher gewandeten Teilnehmer vor andersdenkenden Stadtbewohnern zu schützen. Jedenfalls haben sie erst mal nichts zu tun. Sonst ist in der Stadt, Sitz des Landkreises Nordsachsen mit knapp zwanzigtausend Einwohnern, nicht viel los. Es gibt eine ganze Menge von kleinen Läden, aber kaum Kundschaft. Einer davon ist ein Copyshop, aber darüber hinaus vertreibt der Inhaber auch seine Ansichten. «Verkauf, Service, Zubehör» steht da, doch gleich darüber, in einem Schriftzug auf breitem orangefarbenem Band, das quer durchs ganze Schaufenster geht: «Deutsche Panzer rollen wieder Richtung Russland – Haben wir nichts aus der Vergangenheit gelernt??? Diplomatie statt Krieg – Friedensverhandlungen!!!» Das ist zweifellos aktuell. Darüber hängt eine Parade von T-Shirts, auf denen steht «Hände weg von unseren Kindern!», mit einer Spritze daneben, die wie ein Dolch zum Meuchelmord geschwungen wird, oder «3G oder 2G – geht gar nicht!!!» Stimmt, 3G und 2G, da war doch was – diese Hemden hängen, wie es scheint, schon länger. Bestimmte Meinungen, auch zu unverwandten Gegenständen, bilden offenbar Cluster und treten selten einzeln auf.

Der Torgauer Bahnhof weist für die Abreisenden eine Besonderheit auf: Man darf erst auf den Bahnsteig, wenn der Zug eintrifft, vorher ist der Zugang mit Schloss und Schlagbaum gesperrt. Es gibt keine Unterführung, man muss über die Gleise gehen. Mit uns warten circa dreißig Leute, einige kommen von der Kundgebung. Jemand hat zwischen die Beine ein Plakat geklemmt, auf dem in bunten Buchstaben steht: «If God hates gays, why are we so cute?» Der Zug fährt ein, ein älterer Bahnangestellter in Sicherheitsweste hinkt herbei, mit sichtlicher Mühe, er schließt uns auf, und dann fahren wir.

DES KAISERS PURPURNER MANTEL

Wir suchen, etwa zwanzig Kilometer flussabwärts, Mühlberg auf. In Mühlberg stößt für ein kleines Stück das Land Brandenburg an die Elbe vor, was es dann erst wieder weiter nördlich bei Wittenberge tut. Es ist nicht ganz einfach, den Weg mit dem Auto zu finden. Das Navi ist inzwischen technisch so raffiniert geworden, dass es eine Routenberechnung auf bloßen Zuruf vornehmen kann. Aber es kommt nicht damit zurecht, dass der offizielle Name «Mühlberg/Elbe» lautet und nicht «Mühlberg an der Elbe», womit es Werner versucht, der mich diesmal wieder begleitet. Stattdessen will es uns zur Straße «An der alten Elbe» dirigieren, die in Riesa liegt. Das KI-System versteht also nicht, dass die Elbe ein Fluss ist, dessen Lage im Verhältnis zu einer Stadt sich auf verschiedene Weise ausdrücken lässt, amtlich oder informell, durch Schrägstrich oder durch Präposition. Das System hat die ganze Welt intus, weiß aber nicht, dass es sich dabei um eine Welt handelt. Also kommt noch einmal mein alter Autoatlas zu Ehren, den ich als Beifahrer immer auf den Knien halte.

In Mühlberg an der Elbe hat sich im Jahr 1547 das Schicksal Deutschlands auf lange Zeit entschieden. Auf der einen Seite kampierte das Heer der Protestanten, die sich im Schmalkaldischen Bund unter der Führung des sächsischen Kurfürsten Johann Friedrich und des hessischen Landgrafen Philipp zusammengeschlossen hatten, auf der anderen Seite das katholische Heer. Die Protestanten hielten sich für sicher, denn zwischen ihnen und dem Feind lag der Strom. Aber die Elbe stand wieder mal niedriger als vermutet. Barthel Strauchmann, ein örtlicher Bauer, bot sich den Katholiken als Führer an: Er wollte ihnen eine Furt zeigen, wo das Heer durchreiten konnte. Der Kaiser legte ihm seinen leuchtend roten Purpurmantel um und befahl: Folgt diesem Mann, als wäre ich es selbst! So gelangte das kaiserliche Heer unbemerkt ans andere Ufer und überraschte den Gegner mitten im Gebet. Die Schlacht begann, die Protestanten verloren, Johann Friedrich erhielt eine schwere Wunde im Gesicht und geriet, ebenso wie Landgraf Philipp, in Gefangenschaft.

Sonst heißt es immer, die Geschichte werde vom Sieger geschrieben. Aber in diesem Fall hat auch der Verlierer seinen Ausdruck gefunden. Im Gefolge Karls V. war Tizian dabei, der sein berühmtes Bild des Kaisers als ritterlichen Siegers von Mühlberg malte, das heute im Prado hängt; doch der im nahen Wittenberg ansässige Lukas Cranach der Jüngere porträtierte den geschlagenen Johann Friedrich mit seiner tiefen Narbe, welche ihn als Märtyrer der guten Sache beglaubigte. Wittenberg, das nahe Zentrum der Reformation, fiel nach Mühlberg in die Hände der Katholiken. Der kaiserliche Feldherr Alba, der sich später in den Niederlanden einen finsteren Namen machte, schlug dem Kaiser vor, das Grab Luthers zu zerstören, der im Jahr zuvor gestorben war und die Niederlage nicht mehr erleben musste. Karl V., so heißt es, lehnte das Ansinnen ab mit der Begründung: Ich führe Krieg mit den Lebenden, nicht mit den Toten. Das Grab blieb erhalten.

Von der Schlacht selbst haben sich kaum Spuren im Gelände erhalten und auch nur wenige in dem kleinen Museum. Dafür finden wir das Frauenkloster Marienstern. Es heißt genauso wie sein berühmtes Gegenstück in der Oberlausitz. Als wir uns nähern, stellen wir überrascht fest: Die Kirche ist offen! Das ist in diesen traditionell protestantischen Gegenden eine Seltenheit. Wir treffen einen älteren Herrn, der das Gelände gerade verlassen wollte, aber für uns umkehrt, als wir ihn ansprechen, uns herumführt und seine Geschichte erzählt.

Er stammt aus dem Schwarzwald und ist Rentner, seine Frau ist verstorben. Da wollte er noch einmal etwas ganz anderes anfangen und gelangte irgendwie an diesen abgelegenen Ort. Das Kloster schlug ihn sofort in seinen Bann, und er wusste: Hier wollte er bleiben. Er zog nach Mühlberg, in ein Heim für betreutes Wohnen, obwohl er noch sehr rüstig scheint. Das war vor zwei Jahren. Seither kommt er jeden Tag hierher und freut sich an der schlichten, aber schönen Architektur dieses gotischen Backsteinbaus, der, ungewöhnlich heute für eine Kirche, keine Bestuhlung aufweist, ganz so, wie es im Mittelalter der Fall war, als man nicht bequem in Bänken saß, sondern auf dem Boden kniete und sich niederwarf. Der Raum wirkt weiter und höher dadurch, ernst und freundlich. Unser Führer, oder vielmehr unser Gastgeber, wie er uns inzwischen vorkommt, hat das Gefühl, hier endlich am Ziel seines Lebens angekommen zu sein, seinen Frieden gefunden zu haben. Es stört ihn nicht, dass Mühlberg so klein und so weit weg vom Schuss ist. Wenn er abends spazieren geht, sucht er die Seen vor der Stadt auf, Altwasser der Elbe, und sieht zu, wie sich der Sonnenuntergang in ihnen spiegelt. Was ihm besonders gefällt, sind zwei Dinge: dass dies ein ökumenischer Ort ist (das katholische Pfarrhaus liegt direkt am Kloster, den Pfarrer sehen wir kurz aus der Ferne) und dass hier einst die Frauen, immerhin sechzig von ihnen, ohne männliche Einmischung ihr Leben gestalten konnten. Äbtissinnen, so wenige es von ihnen auch gab, waren wahrscheinlich die einzigen wirklich freien Frauen des Mittelalters – eine Möglichkeit, die mit der Reformation dahinfiel.

Er weist uns auf die neugotischen Glasmalereien in den Fenstern hinter dem Hochaltar hin. Im mittleren thront Christus als Weltenrichter, daneben stehen Petrus, der erste Papst, und Paulus, der Organisator der jungen Kirche, mit Schlüssel und Schwert als Abzeichen ihrer Würde. Aber zu deren Seite wiederum, jeweils ein ganzes Fenster hoch, haben Maria und Martha ihren Platz gefunden, jene beiden Schwestern, bei denen Jesus gern zu Gast war. Marien gibt es viele im Neuen Testament. Diese Maria, so steht es im Evangelium, saß zu Jesu Füßen und lauschte ihm, während Martha in der Küche das Essen zubereitete. Das schien Martha keine faire Verteilung, und sie forderte Jesus auf: Meister, sag Maria, sie soll auch was für unser Abendessen tun! Worauf Jesus erwiderte (eine der wenigen Gelegenheiten, wo man den Eindruck hat, dass er leicht genervt war): Martha, Martha, ich sage dir, Maria hat das bessere Teil erwählt. Hier aber, in diesen Glasfenstern, ist diese mutmaßlich von Jesus gestiftete Rangordnung aufgehoben, und Martha, zum Zeichen ihres Tätigkeitsfelds mit einer großen Kanne in der Hand, steht völlig gleichberechtigt neben ihrer

Schwester. Bete und arbeite, das war der Wahlspruch der Klöster; hier sieht man das Gebet und die Arbeit nebeneinander in weiblicher Gestalt, wie es sich für ein Frauenkloster gehört.

Mühlberg erscheint uns noch friedlicher als Riesa. Gegessen haben wir glücklicherweise schon. Viele Häuser sind aufwendig renoviert worden, da hat der Aufbau Ost nicht gespart. Einige aber auch nicht: Wir sehen ein großes Haus aus dem 19. Jahrhundert, mit geschwungenen Fenstereinfassungen und machtvollem Torbogen, von dem die graubraune Farbe blättert und in dessen Sockelzone sich dunkle Feuchtigkeit gesammelt hat. Schon in der DDR-Zeit hat man von dieser Anlage offenbar nur noch einen Teil genutzt; als ein Schatten hat sich der typische Schriftzug des HO-Ladens an der Wand erhalten. Dann, nach der Wende, versuchte sich jemand an «Obst, Gemüse, Blumen – täglich frisch», wie wir noch an der Schaufensterscheibe lesen können; aber auch das muss schon eine Weile her sein. Jetzt steht es leer. Ähnlich erging es dem «Ristorante Roma» ein paar Häuser weiter. Wahrscheinlich sieht der Ort heute insgesamt schmucker aus als vor hundert Jahren. Geschrumpft ist er trotzdem.

Mühlberg, obwohl vom Fluss selbst durch ein Stück Schwemmland mit großen Seen getrennt (jenen Seen, die unserem ortskundigen Begleiter im Kloster am Abend so viel Ruhe schenken), hat sogar einen Elbhafen, in dem ein paar kleine Motorboote liegen. Direkt davor hat man ein großes Bauprojekt begonnen. «Elbdeichverstärkung» nennt es sich und umfasst ausweislich der Bautafel «Deichbau, Erdbau, Spundwandverbau, Betonbau, Verkehrswegebau, Landschaftsbau», also praktisch alles. Den Erdmassen liegt ein halb fertiges Parkett aus Betonverbundsteinen auf. So soll den unberechenbaren Elbhochwassern Trotz geboten werden. Auch ein kleines Denkmal hat man gesetzt, dessen Reliefbild wir erst nicht deuten können: eine Hand, die einen Sack gepackt hält. Aber die Beischrift erklärt den Sinn: Bei der großen Flut im August 2002 ist die Stadt, obschon ganz knapp, verschont geblieben. In goldenen Ziffern wird der Pegelhöchststand angegeben: 9,98 Meter. Bei zehn Metern, so versteht man, wäre die Wallkrone aus aufgehäuften Sandsäcken überschritten worden und der Ort versunken. «Mühlberg sagt danke.» Man wüsste gern, wem.

Später, im Auto, sprechen wir über das Buch von Dirk Oschmann, über das im Jahr 2023 breit und hitzig debattiert wurde. Ist der Osten, wie der Titel behauptet, eine Erfindung des sich als überlegen empfindenden Westens? Werden Ostdeutsche nach wie vor systematisch benachteiligt? Oschmann hat einiges an Fakten auf seiner Seite, vor allem dass die Ostdeutschen zwar siebzehn Prozent der deutschen Gesamtbevölkerung ausmachen, aber nur 1,7 Prozent der Spitzenpositionen in Wirtschaft, Verwaltung, Bildung, Justiz und so weiter besetzen – ein Missverhältnis von eins zu zehn; nicht einmal im Osten selbst haben sie die leitenden Funktionen inne. Die Führungseliten wurden ausgetauscht, der Maschinenbauer musste auf Hausmeister umsatteln, die Silikattechnikerin fand sich als Souffleuse im Theater wieder; viele stürzten ab in die Arbeitslosigkeit. Wen wundert es, dass da Unmut aufkommt? Die Ostdeutschen, das sind die anderen Deutschen, wie bei Simone de Beauvoir die Frauen das andere Geschlecht; sie verhalten sich zu ihrem Gegenüber zwar komplementär, aber nicht gleichberechtigt. Es gibt in Deutschland Ost- und Frauenbeauftragte; Beauftragte für die Männer und den Westen existieren nicht.

Werner, der die Wende als seine große persönliche Chance be- und ergriff, hat wenig Geduld mit denen, die sich im Osten zurückgesetzt fühlen. Er war damals schon fast fünfzig, also in einem Alter, in dem sonst die Biografien brachen, die bisherigen Qualifikationen plötzlich wertlos wurden und es für Jobs unter den neuen Bedingungen zu spät schien. Hatte nicht jeder dieselbe Gelegenheit? Und wenn man damit nichts anfing, dann lag es wohl an einem selbst. Das scheint mir zu hart geurteilt. Ist es nicht merkwürdig, dass jemand, der sein ganzes Leben im Osten verbracht hat, sich so streng gegen seine Landsleute und Schicksalsgenossen äußert, derjenige jedoch, der aus dem Westen stammt, mit einem «Ja, aber ...» reagiert? Wahrscheinlich nicht; denn die Nähe ist es, die unduldsam macht, und die Freiheit der Betrachtung wächst mit dem Abstand. Ist es möglich, dass ich mich, obwohl ich jetzt dreißig Jahre hier bin, wenn es drauf ankommt, immer noch wie ein Wessi verhalte, und zwar wie einer jener hierzulande besonders wenig geschätzten altlinken Wessis? Ich wollte, es wäre nicht so und der Unterschied von West und Ost spielte, wie es manche vor zwanzig Jahren gehofft haben, wirklich keine Rolle mehr. Doch wenn man sich historische Präzedenzfälle betrachtet, so führen Vereinigungen aus einem starken und einem schwachen Landesteil zu besonders hartnäckigen mentalen, ökonomischen, sozialen und kulturellen Verwerfungen. Hundert Jahre hat es gedauert, bis der besiegte amerikanische Süden zum siegreichen Norden aufschloss; in den mehr als hundertfünfzig Jahren, die das geeinte Italien besteht, ist der Mezzogiorno, der südliche Teil des Landes, nur immer weiter zurückgeblieben. Es kann also noch dauern.

Wir fahren durch die Abenddämmerung, jene Stunde, wo alles, was der Erde verhaftet ist, sich schon geschwärzt hat, der Himmel aber auf einmal, vielleicht durch den Kontrast, im Abendrot eine neue Helligkeit entfaltet. Und durch diesen Himmel fliegen die Gänse. Nicht ein paar Gänse, auch nicht bloß ein paar Schwärme, der ganze Himmel ist voll von ihnen, von Horizont zu Horizont, dass man dessen Ausmaß in ihren Flugbildern erst eigentlich ermisst, in langen Ketten, in V-Formationen, so weit das Auge reicht. In großer Ferne ahnt man sie mehr, als dass man sie sieht; dort fliegen oder liegen ihre Heerscharen, deren Individuen man nicht mehr auseinanderkennt, wie Rauch in der Luft. Auf einmal scheint in dieser altkultivierten Landschaft wieder alles Natur:

Licht und Dunkel, und die Vögel als das belebende Element der Welt. Es währt nicht lange, die Gänse gehen nieder und finden sich zu ihren Schlafplätzen in den Feldern ein. Man sieht noch so halb und halb, dicht gedrängt, ihre hochgereckten Hälse und staunt über die riesige Anzahl; und dann bricht die Finsternis herein.

DRITTER TEIL
DIE MITTELELBE

Als 1949 die beiden deutschen Staaten gegründet wurden, befand sich der östliche der beiden von Anfang an in einer wirtschaftlich unterlegenen Position. Nicht nur erhielt er, anders als der Westen, keine Aufbauhilfe in Gestalt eines Marshall-Plans und musste im Gegenteil einen großen Teil seiner Produktionsanlagen als Reparation an die Sowjetunion abtreten; sondern er verfügte auch kaum über Rohstoffe. Der Westen hatte Steinkohle und später die nötigen Devisen, um Erdöl und Erdgas zu importieren. Auf dem Gebiet der DDR aber gab es fast nur Braunkohle. (Das Uran im Erzgebirge und in Thüringen wurde komplett von der Sowjetunion beansprucht, die es vor allem für ihre Nuklearbewaffnung brauchte.)

Die Braunkohle war in jeder Hinsicht problematisch. Sie enthielt viel Schwefel und andere Schmutzanteile, die beim Verbrennen die typischen DDR-Sinneseindrücke erzeugten: farblich ein gelbes bis bräunliches Grau, das die Hauswände und selbst, wie es einem vorkam, wenn man aus dem Westen einreiste, die Luft durchdrang – die langen Straßenzüge in Leipzig oder Dresden verloren sich in einem trüben Dunst –, und geruchlich ein allgegenwärtiges Aroma, bitter und darunter noch andere, schwer einzuordnende Komponenten. In diesen Braunkohlendunst war das ganze Land förmlich eingehüllt, besonders im Winterhalbjahr, wenn geheizt wurde. Und geheizt wurde, ohne zu sparen, denn vom Schlichten gab es in diesem Land allzeit genug, von Schnaps, Kartoffeln und eben auch der braunen Energie. Als ich 1993 nach Chemnitz kam, fanden meine Universitätskurse in alten Bauarbeiterbaracken aus den Siebzigern statt, die man, nachdem die Uni fertig gebaut war, hatte stehen lassen. Ein Schild erinnerte die Dozenten: Bitte beim Verlassen des Gebäudes die Heizung aufdrehen! Das schien mir ein

Versehen und eigentlich das Gegenteil gemeint zu sein. Aber ich ließ mich belehren: Nein, es war wichtig, die Räume stets warm zu halten, damit die unisolierten Leitungen nicht einfroren und aufplatzten. Neue Leitungen waren nicht erschwinglich; die Wärme schon.

Die Braunkohle wurde, anders als die Steinkohle, im Tagebau gewonnen. Das vereinfachte die Sache einerseits, denn statt den Flözen in kilometertiefen Schächten nachzugehen, musste man nur von oben die Deckschichten abtragen und gelangte so an den begehrten Stoff. Andererseits entstanden auf diese Weise riesige Gruben in der Landschaft, die nicht nur das Ackerland, sondern auch dutzendweise Dörfer verschlangen, in ganz anderen Größenordnungen als in der westdeutschen Ville, wo die Braunkohle ein letztlich lokales Phänomen blieb. Die Tagebaue des Ostens hingegen zogen sich über das Areal mehrerer heutiger Bundesländer hin, Sachsen, Sachsen-Anhalt, Brandenburg, zu beiden Seiten der Elbe. Einen davon habe ich noch in Aktion gesehen, habe an seinem canyonartigen Rand gestanden und in einen weiten Abgrund geblickt, über dessen Boden die Förderbänder liefen und an dessen Rändern die Bagger fraßen, mit ungeheuren Schaufelrädern, in denen die Schaufeln wie Zähne saßen, jede davon mit dem Fassungsvermögen eines Kleinwagens. Man durfte da zwar eigentlich nicht hin; aber wenn man das Auto ein Stück weiter abstellte und durch das abgesiedelte und halb schon weggebaggerte Heuersdorf ging, auf dessen Innenhöfen übermannshoch das Unkraut stand, dann konnte man direkt bis zu den fräsenden Baggern gelangen und aus der Nähe verfolgen, wie die Zähne sich ins Erdreich gruben. Ich zog es vor, hinter einer Düne in Deckung zu gehen; doch meine Begleiterin, kühner als ich, trat ganz dicht heran, bis auf ein paar Meter, ohne dass es den mahlenden Riesen zu bekümmern schien.

Eine Mondlandschaft war es, darin stimmten alle überein. Bitterfeld, in der schwer umweltgeschädigten DDR das Epizentrum der Verheerung, war von Tagebauen förmlich umzingelt, und was nicht als Staub von unten kam, das kam aus der Luft, als Niederschlag der chemischen Industrie, die ebenfalls auf der Braunkohle fußte. Bitterfeld, Bitterfeld, wo der Dreck vom Himmel fällt ... Aber das ist schon lang her. Heute tritt hervor, welche Chancen die Verwüstung langfristig bot. Auf den Abraumhalden sind unregulierte junge Wälder emporgewachsen, und die tiefen Senken verwandeln sich in Seen. Wo sich vor hundert Jahren monotone Rüben- oder Weizenfelder erstreckten und vor fünfzig Jahren aufgerissene Wunden klafften, da entfaltet sich heute ein neues Bild, gemischt aus Land und Wasser. Blühende Landschaften hatte Kanzler Kohl dem Beitrittsgebiet versprochen, eine Verheißung, für die er viel Hohn erntete. Wenn sie irgendwo in Erfüllung gegangen ist, dann hier. Bitterfeld verfügt heute über eine Weiße Flotte, die über die alten Kohlelöcher fährt; das tief im Binnenland gelegene Leipzig hat sich eine weitgefächerte Badezone zugelegt. So ungeheuer sind die Abmessungen dieser Umwälzung, dass noch längst nicht alles davon entwickelt worden ist. Manche der alten Tagebaue laufen erst allmählich voll und werden dafür noch Jahre brauchen. Und auch wenn stellenweise schon geschieht, was am Starnberger See oder Bodensee lang abgeschlossen ist, nämlich dass die Ufergrundstücke parzelliert und den Betuchten zum Kauf angeboten werden, mit Badestegen, Bootshäusern und allem Drum und Dran, so steht hier im Großen und Ganzen noch alles auf Anfang. 1300 Hektar misst der Große Goitzschsee, 1000 Hektar Lohsa II, 1900 Hektar der Geiseltalsee.

Mit 540 Hektar gehört der Gremminer See zur Mittelklasse. Wenn man an seinem Ufer steht, fühlt man sich wie am ersten Tag der Zweiten Schöpfung. Auf der anderen Seite liegt die Stadt Gräfenhainichen, aber nicht am Ufer, da gibt es keine gewachsene Bindung, wie sie sonst zwischen den Orten und ihren Gewässern besteht. Der See schließt sich ab zum schilfbestandenen Kreis von vielleicht drei Kilometern im Durchmesser, dem Zutritt offen nur an dieser einen Stelle, wo wir uns jetzt befinden, an einem kleinen Sandstrand mit ein paar grob gezimmerten Sitzbänken aus Europaletten. Eine ersichtlich künstliche Halbinsel schiebt sich ins Wasser, und darauf steht Ferropolis.

Ferropolis, das heißt Stadt aus Eisen. Hier hat man eine Anzahl der außer Dienst gestellten Riesenbagger geparkt – regelrecht geparkt, denn man hat sie hergefahren über die kleinen Straßen der Gegend, die unter ihrem Gewicht zerquetscht wurden. Sie gehören zu den größten mobilen Maschinen der Welt. Bis zu 2000 Tonnen wiegen sie, sind bis 125 Meter lang und 36 Meter hoch. Diese Giganten tragen die einförmig rötliche Farbe des Rosts, der alles Eisen, das im Freien steht, befällt und zernagt; aber zerstören wird der Rost sie nicht, denn das Eisen ist überall mindestens daumendick, teils noch viel dicker. Wenn man sie in Frieden lässt und nicht irgendwann doch noch zum Schrottwert verscherbelt, wird es Jahrhunderte dauern, bis sie zusammenkrachen. Sie alle tragen eine Kennung aus Ziffern und eine Typenkennzeichnung, die sie als Absetzer, Schaufelradbagger, Raupensäulenschwenkbagger kenntlich macht. Das zusammengesetzte deutsche Hauptwort kann sich an diesen Ungeheuern in all seiner Herrlichkeit bewähren. Darüber hinaus tragen sie suggestive und ein wenig ironische Namen, die man ihnen wohl erst gegeben hat, als sie in Rente gingen. Fünf Stück sind es; sie heißen Medusa, Big Wheel, Gemini, Mad Max und Mosquito (dieses wohl deshalb, weil es mit nur 67 Metern Länge und 790 Tonnen Gewicht das Baby der Familie ist). Als ein Wirrwarr aus Streben und Gestängen bieten sie sich dem Auge dar. Man kann teilweise sogar mit einem Aufzug hinauffahren, was den Arbeitern, als die Maschinen noch in Betrieb waren, nicht möglich war; sie mussten über luftige Metallleitern bis zu ihrem Arbeitsplatz emporsteigen, ein Albtraum für Leute, die nicht schwindelfrei sind, mich zum Beispiel.

Um diese Monstren ganz zu begreifen, müsste man sie in Bewegung erleben; denn obwohl sie heute dastehen wie Gebirge, sind es einst Fahrzeuge gewesen, beweglich auf haushohen Raupenketten. Man müsste sehen, wie sie drehen, schwenken, rollen, graben, in scheinbarer Zeitlupe, aber das natürlich nur in Relation zu ihrer Größe; in Wirklichkeit waren sie ganz schön schnell, und vor allem effektiv. Wer sie Saurier nennt, eine Metapher, die sich aufzudrängen scheint, nicht nur weil sie sehr groß sind, sondern auch weil sie, wie die großen Pflanzenfresser des Erdmittelalters, mit ihren langen Hälsen die Kohle gleichsam zu äsen schienen, benutzt ein untermaßstäbliches Bild: Selbst die größten Saurier hätten neben diesen Baggern bloß gewirkt wie ein Hund, der neben seinem Herrn hertrabt. Auch unterschlägt der Vergleich, der sich vor allem an das Veraltete und Ausgestorbene der beiden Bautypen, der Bagger und der Saurier, hält, wie erfolgreich solcher Gigantismus war: Denn die Saurier wandelten mehr als hundert Millionen Jahre auf der Erde, eine Spanne, die der Homo sapiens bislang nicht ansatzweise erreicht hat, und auf den Schultern der Bagger stand die Volkswirtschaft Ostdeutschlands. Diese Bagger waren die Antwort der DDR auf ihre verzweifelte Rohstofflage. Es handelt sich um Großleistungen der Ingenieurskunst.

Was gleichfalls fehlt, ist der Lärm. Er muss ohrenbetäubend gewesen sein, ein Krachen und Quietschen und Rumpeln, wenn Eisen auf Eisen und Eisen auf Gestein traf, eine Symphonie der Unterwelt. Man hört es noch den Stimmen der früheren Arbeiter und Arbeiterinnen an, die vom Audioguide aus den Rundgang begleiten: rau vom ewigen Schreien, ohne welches es vermutlich in dieser Umgebung keine Verständigung gab. Ganz recht, auch der Arbeiterinnen. Man mag es gut oder schlecht finden, dass die DDR die Frauen zu allen Arbeiten, auch den harten, heranzog; doch ganz bestimmt entstand so ein hoher Grad an Gleichberechtigung. Die eine, die wir hören und die klingt, als hätte sie jahrzehntelang

Kette geraucht, obwohl sie wahrscheinlich nur ständig hatte brüllen müssen, spricht davon, wie sie sich durch ihren Einsatz den Respekt der Kollegen erzwang. Sie alle wussten, was sie taten und wofür, Tag und Nacht (gebaggert wurde in Schichten), sommers wie winters, wenn das Eisen möglicherweise so kalt wurde, dass bei unvorsichtigen Berührungen die Haut daran hängen blieb; ja vor allem winters, wenn geheizt wurde. Hier war bestimmt kein Platz für den von Wolfgang Hilbig benannten Konsens (acht Stunden bezahlt, davon zwei Stunden Arbeit im engeren Sinn), hier ging es rund, rund um die Uhr. Man kann diese Giganten nicht betrachten, ohne Achtung vor jener Arbeitsgesellschaft zu empfinden, die mit dem Osten unterging.

Aber dieses Konzil entsorgter Maschinen stellt nicht nur ein Museum dar, sondern, weit lebendiger, auch ein Theater. Zu Füßen der fünf Riesen hat man eine Arena mit Tausenden Sitzen hergerichtet, wo im Sommer Konzerte stattfinden, natürlich keine Kammermusik, sondern Heavy-Metal-Events. Heavy Metal! Es dürfte auf der ganzen Welt keinen Ort geben, der dieser Idee so schlagenden und fasslichen Ausdruck verleiht und ihr eine solche Bühne schenkt wie dieser hier.

Ich bin diesmal mit Ralf unterwegs. Ralf stammt aus Thüringen, genauer aus der Kleinstadt Tanna im thüringischen Vogtland, und hatte eine Ausbildung als Forstwirt begonnen, als die Wende hereinbrach. Den Forstwirt schloss er noch ab, aber nutzte sogleich die Gunst der Stunde, um in der ganzen Welt herumzureisen. Er war in Los Angeles und stieg in Mexiko den Popocatépetl hinauf, bis ihm die Puste ausging

Ralf sah die Gelegenheit, endlich zu tun, was er wirklich wollte, und das war, Geschichte zu studieren; Alte Geschichte. Das brachte uns vor mehr als zwanzig Jahren zusammen, als er bei mir Latein lernte, das in der DDR so gut wie nicht angeboten worden war. In den letzten Jahren sind wir gern miteinander verreist, zwar nicht im Maßstab des Popocatépetl, denn Klettern ist nichts für mich, dafür aber ans Mittelmeer, bevorzugt Italien. Ralf promovierte, über den Weingott Dionysos, ging mit seinem Doktorvater an die Ruhr-Uni Bochum, vertrat einige Zeit die Antike-Professur an der TU Chemnitz und versuchte sich dann mit einem Reise- und Bildungsunternehmen. Das lief in Chemnitz leider nicht wie erhofft, und heute arbeitet er, als Quereinsteiger, an einer Oberschule, das heißt nach älterer Sprachregelung einer Hauptschule, in der Nähe von Chemnitz. Es hat ihn erhebliche Anpassungsschwierigkeiten gekostet, aber heute ist er als Lehrer glücklich. Mir kommt es vor, als trüge er jenen Ring aus Lessings «Nathan dem Weisen», der die Kraft verleiht, vor Gott und den Menschen angenehm zu machen. Wo er hinkommt, findet er Freunde. Vor Kurzem war er Gast beim achtzigsten Geburtstag eines Bekannten, den er auf einer Eisenbahnfahrt kennengelernt und der ihn sogleich zu sich daheim, in eine toskanische Villa, eingeladen hatte, eines vormals einflussreichen westdeutschen Regisseurs und Autors. Die Feier fand in Charlottenburg statt. Ralf empfand Charlottenburg und den Ku'damm, eine Gegend der Hauptstadt, die er vorher nicht kannte, als einen Anachronismus. Wie kann es sein, fragt er, dass sich im Ostteil der Stadt alles verändert hat und hier gar nichts! Die Geburtstagsrunde war freundlich und lebhaft, er kam ins Gespräch mit vielen einstigen Geistesgrößen des Westens, die teilweise im Rollstuhl saßen; aber er hatte das Gefühl, Zeuge einer verschwindenden Welt zu sein. Ja, nach der alten DDR geht jetzt doch auch allmählich die alte BRD unter, die es vor einem Dritteljahrhundert so hochmütig von sich gewiesen hat, dass sie sich gleichfalls wandeln sollte, als im Beitrittsgebiet alles anders wurde von Grund auf.

IM GARTENREICH

Sachsen-Anhalt ist von allen deutschen Bundesländern das erstaunlichste. Die meisten anderen Länder lassen sich ziemlich mühelos auf einen, auf ihren Begriff bringen: Bayern ist das Land der Lederhosen und des «Mir san mir», in Rheinland-Pfalz gedeiht der Wein, Schleswig-Holstein ist meerumschlungen. Das ist natürlich nur oberflächlich, gibt aber dem, der gar nichts weiß, eine vorläufige Orientierung. Doch Sachsen-Anhalt hat so viele Aspekte, die sich einfach nicht tourismuswirksam zusammenfügen wollen, sondern für sich bleiben, und bietet dabei auf ganz kleinen Arealen ein Maximum an Vielfalt. Der Hexentanzplatz auf dem Brocken hat nichts mit den frommen Franckeschen Stiftungen in Halle zu schaffen; die ebenfalls in Halle gezeigte Himmelsscheibe von Nebra aus der Bronzezeit nichts mit Luther in Wittenberg. Magdeburg ist zugleich die Stadt Ottos des Großen, des Gründers des Heiligen Römischen Reiches, und der Magdeburger Halbkugeln, des ersten echt wissenschaftlichen Experiments auf deutschem Boden. Im Norden gibt es Rudel von Großtrappen, hier ragt der eurasische Steppengürtel mit seinem letzten westlichen Zipfel herein, ein rares Stück Wildnis, während im Süden die Industrie von Bitterfeld und Leuna die schlimmsten Umweltzerstörungen Mitteleuropas beging. Das Bauhaus in Dessau steht unfern der Merseburger Zaubersprüche. Naumburg ist Heimat der schönsten Hochgotik, und doch stammt von hier auch Friedrich Nietzsche, geistiger Ahnherr des 20. Jahrhunderts. Quedlinburg liefert das Inbild der romantischen deutschen Fachwerkstadt – *so* habe er sich immer Deutschland vorgestellt!, rief ein schwedischer Besucher, der vom Vogelherd aus auf die Scharen der buckligen Dächer herabsah –, aber in dieser Stadt befindet sich zugleich ein Museum für Lyonel Feininger, den konstruktivsten der hierzulande tätigen Modernisten.

Hier gibt es Windparks, die über die Ebenen ins Unabsehbare ziehen, die Hoffnungsträger der Klimawende, ebenso wie die riesigen Braunkohlelöcher, Fossilien der alten Dreckenergie.

Sogar ein echter Apostel findet sich hier, und zwar im Halberstädter Domschatz, wo nur wenige Besucher hinkommen. Die Küsterin macht eine Führung.

«Hier sehen Sie den Schädel von Jacobus Minor, und hier ...»

«Moment mal, Sie haben hier einen Apostel?»

«Ja. Und hier ...»

«Wissen Sie, was der Besitz einer solchen Spitzenreliquie in der katholischen Welt bedeuten würde? Dass man über einem Apostelgrab den Petersdom und den Vatikan gegründet hat? Ist Ihnen bekannt, dass die Wallfahrt nach den Gebeinen seines Namens- und Amtsgenossen Jacobus Maior den gesamten Betrieb des Jakobswegs am Laufen hält? Sie könnten hier einen zweiten Jakobsweg aufmachen!»

Mit einem Gemisch von Gruseln und Ehrfurcht besieht man den geschwärzten, goldgefassten Knochen, der bei der Plünderung Konstantinopels während des fehlgeleiteten Vierten Kreuzzugs 1204 abhandenkam und auf irgendwelchen Wegen ausgerechnet an diesem Ort gelandet ist, in der Urheimat des Protestantismus, der ihn doch überhaupt nicht würdigen kann. Aber die Küsterin ist schon beim nächsten Stück, das sie mit lutherischer Trockenheit als den Arm des anderen Jakob vorstellt, des Santiago von Compostela, der demnach nicht komplett dort ruht, sondern wenigstens in Teilen ebenfalls hier. Die Sachsen-Anhalter wissen nicht, was sie haben. Schon das macht den Besuch dieses Landes reizvoll.

Vor allem staunt man über den zweiten und kleineren Teil dieses Doppellandes, über Anhalt. Als wäre es noch nicht klein genug, zerfiel es im alten Reich in nicht weniger als vier Teilstaaten (noch im 19. Jahrhundert blieben immerhin drei davon übrig), nämlich Anhalt-Dessau, Anhalt-Bernburg, Anhalt-Köthen und Anhalt-

Zerbst. Aber fast jeder wies mindestens ein Alleinstellungsmerkmal auf, etwas, das es nur hier gab, das von hier aus aber weit, ja weltweit wirkte. Die Zarin Katharina II., die im 18. Jahrhundert Russland zur Stellung einer Weltmacht verhalf, war eine Prinzessin aus Anhalt-Zerbst. Unter dem Dach des alten Schlosses von Köthen finden sich: erstens das einzige ornithologiegeschichtliche Museum Europas, dessen Exponate eigenhändig von Johann Friedrich Naumann präpariert wurden, dem Verfasser der dreizehnbändigen Naturgeschichte der Vögel Deutschlands; zweitens ein Bach-Museum, denn am Hof von Köthen verlebte Johann Sebastian Bach seine glücklichsten Jahre; drittens ein Museum für Homöopathie, denn hier war Christian Friedrich Samuel Hahnemann aktiv, der Begründer der Lehre; viertens das Museum des Palmenordens, denn von diesem winzigen Hof ging die Gründung der Fruchtbringenden Gesellschaft aus, des ersten Versuchs einer deutschen Sprachakademie. Das alles in einer Stadt, die heute ungefähr fünfundzwanzigtausend Einwohner zählt, und alle Museen zusammen sind für den Preis von sechs Euro zu besichtigen, ermäßigt vier. Dessau schließlich brachte das Philanthropinum hervor, einen der frühesten systematischen Versuche pädagogischer Praxis, das Bauhaus – dazu später noch ausführlich – und die Idee der Parklandschaft.

Die anhaltinischen Fürstentümer, die im 19. Jahrhundert zu Herzogtümern avancierten, bedeckten eine Fläche von 48 deutschen Quadratmeilen, das entspricht rund 2400 Quadratkilometern oder etwa dem Umfang eines heutigen norddeutschen Landkreises; Anhalt-Dessau entsprechend ungefähr einem Viertel davon. Das ist wenig für einen Staat, aber viel für einen Garten. In einen solchen nämlich wollte Fürst Leopold III. Friedrich Franz sein Territorium umwandeln. Und es gelang ihm. Er verfuhr dabei ungefähr so, wie sich heute die Biosphärenreservate organisieren: Es gibt Kernbereiche, Übergangszonen, Peripherie – keine festen

Grenzen, aber insgesamt eine Ordnung der Dinge, bei der sich eine bestimmte Idee von Natur in wechselnden Intensitätsgraden über eine ganze Region erstreckt. Mehrere große Parkanlagen verkettete der Fürst zu einer Auenlandschaft, die sich über einen langen Abschnitt der Elbe hinzog und auch die Äcker der Bauern einbezog. Sonst wo in Europa blieb dieser Traum punktuell und stimmungshaft, selbst im großen, kulturell maßgeblichen Frankreich, wo zur selben Zeit die Phantasie der Königin Marie-Antoinette in Schäferspielen schwelgte. Hier aber, in Anhalt-Dessau, verwandelte sich das Idyll in einen großen Plan.

Zum Kondensationskern dieser Umwälzung eines ganzen Territoriums wählte Fürst Franz von Anhalt-Dessau, wie es so oft bei fürstlichen Neugründungen im 18. Jahrhundert geschah, ein Jagdschloss seiner Vorfahren; das heißt etwas, das ursprünglich ein Ort höfischen Vergnügens in der Wildnis gewesen war, sich aber alsbald zu einer Art saisonaler Nebenresidenz entwickelte. Schon die Vorfahren hatten die Anlage um einen ausgedehnten französischen Garten erweitert, also einen geometrischen Entwurf, der die zugrunde liegende Landschaft in ein Muster bändigte. Franz ließ alle diese akkurat beschnittenen Buchsbaum- und Eibenhecken herausreißen (damals gab es noch keinen Denkmalschutz, der es ihm hätte verbieten können) und folgte der neuesten Mode, die er auf seinen Reisen in England kennengelernt hatte, dem Ideal einer kunstvoll zu sich selbst gebrachten und hierin überhöhten Natur. Mensch und Natur sollten sich darin finden wie ein Liebespaar, das einander entgegeneilt und in die Arme schließt, ohne dass noch an Wildnis, Mühsal oder Kampf zu denken war. Der abgezirkelte französische Garten hatte den Triumph über die Natur gefeiert. Der englische sprach vom Frieden.

Das Areal ist riesig und vielgestaltig. Es stand in dieser Größe zur Verfügung, weil es sich fast ausschließlich um Überschwemmungsgelände der Elbe handelte, das sich vorher nur extensiv hatte nutzen lassen. Der Bauherr musste sein Reich also zunächst durch ein System von Dämmen sichern, die indessen immer wieder bei starkem Hochwasser durchbrachen, was zu tiefen Ausspülungen und erheblichen Geländeverlusten führte. Reine Natur, wenn man sie hätte gewähren lassen, hätte hier einen riesigen, schlammigen See veranstaltet.

Der Park ist voll von graziösen und allegorischen Beziehungen, die er durch lange Sichtachsen verbindet. So winken gedankenvolle Urnen antikisierenden Altären zu. Der Luxus besteht im Raum, die Dinge selbst dagegen sind meist recht schlicht ausgeführt. Eine Toteninsel gedenkt Jean-Jacques Rousseaus, des Urhebers der Forderung «Zurück zur Natur». Ein «Toleranzblick» stellt in zwei gleichzeitig sichtbaren Schneisen die Synagoge neben die Pfarrkirche. Die Welt wird zur Lessing'schen Ringparabel. Hier lebt die Aufklärung, der Geist des 18. Jahrhunderts, deren Motto lautete: Die Gedanken sind frei. Das ging gut, solange es Gedanken blieben. Die Schäferkönigin Marie-Antoinette endete unter der Guillotine. Fürst Franz, der neutral bleiben wollte, geriet unter den massiven Druck seines großen Nachbarn Preußen. «Seine Neutralität wird Ihm bekommen wie denen Hunden das Grasfressen!», beschied König Friedrich II. seinen fürstlichen Kollegen, dem er dank seines überlegenen Einflusses bereits die angestrebte Liebesheirat vermasselt hatte. Eine preußische Besetzung brachte das kleine Land an den Rand des Ruins.

Und dennoch wurde das große Projekt fertig, was nicht zuletzt daran lag, dass Fürst Franz, während des Siebenjährigen Kriegs auf den Thron gelangt und noch die Herrschaft Napoleons überlebend, fast sechzig Jahre lang regierte. Er hatte zwei Generationen Zeit dafür. Das Gartenreich Wörlitz erschließt sich im Modus des Spaziergangs; aber man sollte schon einigermaßen in Form sein, wenn man hier spazieren will. Die Abstände sind beträchtlich. Dem Spaziergänger erscheint es, als gäbe es zu dieser Welt kein

Draußen mehr. Die Grenzen sind kaschiert durch Baumgruppen, die die leider notwendigen Dämme verbergen. Und die Übergänge zur Landwirtschaft vollziehen sich in einer Allmählichkeit, die glauben lässt, eine Vertreibung aus dem Paradies hätte nie stattgefunden und alles, was Menschen sonst durch den Schweiß ihres Angesichts erwerben müssen, könnte sich auch einfach von selbst darbieten. Im Märchen von Frau Holle gelangt die Goldmarie, nachdem sie durch den Brunnen gefallen ist, in diese andere Welt, wo menschliche Arbeit nurmehr bedeutet, den Dingen bei dem zu helfen, was sie ohnehin werden wollen. Der Apfelbaum hat reife Früchte und ruft: Schüttle mich! Das Brot im Ofen spricht: Ich bin ausgebacken, hol mich hervor. So, aus diesem Märchengeist, ist das Gartenreich gedacht, zu dem ein ganzes Land wurde.

Man kommt weit herum an so einem halben Tag (den sollte man schon einplanen), man erlebt Rosengärten, künstliche Grotten, das älteste neugotische Gebäude auf deutschem Boden, noch vor dem Historismus des 19. Jahrhunderts aufgerichtet im Anschluss an die englischen Spukromane des vorherigen. Es soll hier sogar einen «Schmuckeremiten» gegeben haben, also einen Fake-Einsiedler, der den Lustwandelnden durch seine ansonsten untätige Präsenz den Eindruck vermittelte, sich tief in eine andere Zeit und einen anderen Raum verloren zu haben.

Einmal war ich in Wörlitz bei einer Podiumsdiskussion im Publikum dabei. Es ging darum, wie man mit dem damals noch nicht wieder völlig instand gesetzten Gartenerbe umgehen sollte; denn die DDR hatte weder die Mittel noch das Interesse besessen, es zu warten. Streit gab es speziell um die großen Bäume, die mangels gärtnerischen Eingriffs mittlerweile in den Sichtachsen gewachsen waren. An der Veranstaltung nahm auch der Ökologe Hansjörg Küster teil, der mir bis dahin unbekannt war. Entspannt und leicht ironisch sprach er davon, dass jeder Ort auf dieser Erde eine lange Geschichte aufweise, von der in jeder Gegenwart immer nur eine einzelne Gestalt aufgerufen werden könne, und es sei topografisch unmöglich, allseitige historische Gerechtigkeit zu üben. Man müsse sich also entscheiden, ob man dem Naturschutz folgt, der die neuen Bäume in den alten Achsen erhalten will, oder dem Denkmalschutz, der es vorzieht, die Bäume zugunsten der Perspektiven abzusägen. An der Entscheidung führe schon aus Mangel an Platz kein Weg vorbei, und gar nichts zu tun sei auch eine Entscheidung. Das war für mich damals eine Erleuchtung.

Wörlitz hat auch einen Vulkan, den einzigen in Deutschland. Der weit gereiste Fürst war nicht nur in England gewesen, von wo er den englischen Garten und die Neugotik mitgebracht hatte, sondern auch in Italien mit seinem Vesuv. Der Wörlitzer Vesuv muss, wenn er ausbricht, angeheizt werden wie ein Ofen. Da war ich leider noch nie dabei. Es wäre gewiss ein Erlebnis wie im Puppentheater, das die Phantasie umso mehr in Gang setzt, je weniger es in seinem kleinen hölzernen Maßstab eine echte Illusion erzeugt. Die Tagung der Deutschen Akademie für Sprache und Dichtung (sie hatte auch die Podiumsdiskussion veranstaltet) fand zum Teil in den Höhlen unter diesem Vulkan statt. Dort lud mich Ingo Schulze, der Erzähler des Übergangs von Ost nach West und Autor der «Simplen Stories», die im thüringischen Altenburg der frühen Neunziger spielen, zu einem Bier ein. An diesem Tag hatte ihn die Akademie als Mitglied aufgenommen, deren Präsident er vor Kurzem geworden ist. An diesen Abend erinnere ich mich gerne.

FÄHRE

Die Elbe ist der Fluss der Fähren. Von Wörlitz aus führt eine Pflasterstraße zur Elbfähre von Coswig. Es ist vielleicht die miserabelste Straße des vereinigten Deutschlands. Vielleicht hat man sie aus Pietät im Zustand des 18. Jahrhunderts belassen, oder die Unesco hätte dem ganzen Wörlitzer Gartenreich die Würde des Weltkulturerbes aberkannt wie den Dresdnern, wenn sich jemand einfallen ließe, die knietiefen Spurrillen auszugleichen. Sonst bin ich ja der Ansicht: Es gibt keine schlechten Straßen, nur unangepasste Geschwindigkeit. Hier aber schüttelt es uns selbst bei Schritttempo so durch, dass wir um Bandscheiben und Stoßdämpfer bangen. Es sind vielleicht fünf Kilometer; aber die können sich ganz schön ziehen. Was machen wir nur, wenn die Fähre nicht fährt? Dann müssten wir die ganze Strecke zurück ... Zu unserer Erleichterung kommt uns ein Auto entgegen: Diese Buckelpiste ist also gottseidank keine Sackgasse.

Berechtigt war die Furcht trotzdem. Vor Jahren war ich schon mal an dieser Stelle, wiewohl von der anderen Elbseite her. Das heißt, damals kamen wir nicht von Wörlitz, sondern von Coswig/Anhalt – der Zusatz ist wichtig, damit man es nicht mit dem anderen Coswig bei Dresden verwechselt, das gleichfalls an der Elbe liegt. Damals kamen wir um die entscheidenden Minuten zu spät, die Fähre hatte gerade Feierabend gemacht. Unser Nachtquartier befand sich in Sichtweite am anderen Ufer, wir konnten den Namen lesen: Elbterrassen. Aber hinüber gelangten wir nicht und mussten den beträchtlichen Umweg über die Wittenberger Elbbrücke nehmen. Als wir schließlich unseren Bestimmungsort erreichten, der nur dreihundert Meter von uns entfernt gewesen war, aber uns fünfzig Kilometer Umweg aufgenötigt hatte, war die Küche schon zu. Doch man erbarmte sich schließlich und gab uns noch was zu essen. Damals lautete das offizielle Motto Sachsen-Anhalts: «Land der Frühaufsteher!» Die Schattenseite verschwieg man, nämlich dass es sich dementsprechend auch um ein Land der Frühzubettgeher handelte.

Das ist diesmal anders, wir treffen zur Mittagszeit ein und essen, wo wir schon am Wasser sind, je eine Forelle, während wir das Schauspiel des Fährbetriebs beobachten. Man sollte meinen, diese

Kürzestreise des Hin und Her und Her und Hin wäre stumpfsinnig. Tatsächlich aber wirkt es sehr lebendig, wie Fahrradfahrer und Autos warten, winken, einchecken, vergnügt über den Fluss blicken, ihren Obolus entrichten und wieder von Bord gehen, eine in hohem Grad ritualisierte Abfolge von Tätigkeiten und Bewegungen. Der Fluss wird zur heiteren Schwelle. Und so stehen auch wir kurz danach mit unserem Wagen in der Schlange, rumpeln an Deck und haben unser Erlebnis des Übergangs, so kurz es auch sein mag. Wir nutzen die paar Minuten, um den Mechanismus zu studieren, der die Fähre vorantreibt. Dass ich ihn ganz verstanden hätte, kann ich nicht behaupten; nur so viel, dass die Hauptarbeit der Fluss leistet, dessen Fließenergie es gestattet, mal von links nach rechts und mal von rechts nach links zu fahren, je nachdem, wie man das Ruderblatt wendet. Eine Reihe von Bojen spielt eine Rolle dabei und eine Winde, die ihren eigenen kleinen Motor hat. Wir sehen ihr zu dabei, wie sie quietschend die eine Trosse einholt, während die andere immer länger wird.

LUTHER UND DIE «JUDENSAU»

Wir machen diesmal einen kleinen Schlenker flussaufwärts. In Wittenberg war ich schon so oft, dass ich fürchte, nichts Neues mehr zu sehen, weil das Alterlebte übermächtig ist. Ich sehe die Silhouette der Schlosskirche, die mit ihrer martialischen Bekrönung aussieht wie eine Pickelhaube oder Handgranate oder mindestens wie ein Brunnen von Hieronymus Bosch. Ich sehe die Tür, an die einst Martin Luther seine fünfundneunzig Thesen schlug und die das 19. Jahrhundert dort getreulich in Bronze nachgebildet hat. Im Gegensatz zu wohl den meisten Pilgern oder Touristen, die bloß ehrfürchtig vor der Zahl 95 verweilen, weiß ich auch, was in diesen Thesen drinsteht: dass darin wenig von Erlösung und viel von Reue, Verzweiflung und Höllenangst die Rede ist, von Heulen und Zähneknirschen, einem zutiefst mittelalterlichen Gemütszustand. Es ist ein Text, bei dem ich mich wundere, wie er je als Signal neuzeitlicher Befreiung hat wirken können, wo er doch nichts als die Zermalmung des Subjekts anzubieten hatte, das sich auf Gnade oder Ungnade der Gnade Gottes anvertraut. Den Ablasshandel hasst Luther nicht deswegen, weil hier Geld den Besitzer wechselt, sondern weil ihn die Vorstellung empört, dass der Mensch etwas, und sei es das Geringste, soll vollbringen können, um auf das Schicksal seines Heils einzuwirken.

Ich weiß noch, wie die Stadt Wittenberg 2017 zum fünfhundertsten Jahrestag der Thesen ihren Luther gefeiert hat: Da das völlig entchristlichte Sachsen-Anhalt mit dem Faktum, dass es Ursprungsort der Reformation ist, nichts mehr anfangen kann, gleichzeitig aber natürlich den touristischen Wert der Figur Luther erkennt und sich zunutze machen will, verlegte es sich auf die schmunzelnde Anekdote. Man bot Stadtführungen an, die um Luther den Grobianus kreisten: Warum rülpset und furzet ihr nicht, hat es euch nicht geschmecket? Oder, im extra geschaffenen Luther-Shop, Socken mit der Inschrift: Hier stehe ich, ich kann nicht anders. Dazu reichlich alkoholische Getränke, zum Beispiel die Tinte jenes Tintenfasses, das Luther nach dem Teufel warf, als Schnaps. Ich empfinde gegen Luther, diesen Gewaltmenschen, der wider die Bauern und die Juden hetzte und seine Reformation letztlich nur durchsetzte, weil er den Fürsten die Kirchengüter zur Beute überließ, einen heftigen Widerwillen und habe doch das Gefühl: Dass ihr ihn gar so klein und so lustig macht, das hat er nicht verdient. Mit seiner Bibelübersetzung hat er mehr als jeder andere Mensch die bis heute gültige Gestalt der deutschen Sprache geprägt. Aber nicht das stand in Wittenberg im Mittelpunkt des Jubiläums, sondern dass er sein Bier selbst braute. Wenn der Protestantismus irgendwie fortbestehen will, muss er sich Klarheit verschaffen, was Luther eigentlich für ihn heißen soll. Er ist der Begründer, der Inbegriff, der Schöpfer eurer Heiligen Schrift, und sosehr er den Papst hasste und schmähte, er ist in höherem Grade Papst, als es je einer bei den Katholiken war, deren Päpste alle paar Jahre wechseln. Bedeutet er für euch bloß das, was ihr jüngst aus ihm gemacht habt, ein lustiges Trampeltier in einer Art Nachtwächterkluft, dann könnt ihr euch eigentlich nur die Kugel geben und die evangelische Kirchensteuer in eine bundesnahe Stiftung überführen.

Auf dem Marktplatz stehen Luther und Melanchthon, überschattet von baugleichen Baldachinen, der eine dick, der andere dünn, das hatten wir schon. Zwei Heilige sind es, und eine einzige Verlegenheit. Luther entzog den Heiligen die Geschäftsgrundlage, indem er die Kraft ihrer Fürbitte bestritt; jetzt ist er selber einer. Einen Dichter, den keiner mehr liest, wie Gellert in Hainichen oder Rückert in meiner Heimatstadt Schweinfurt, erträgt man leicht im Ortsbild, er verpflichtet zu nichts. Aber einen Religionsstifter, an den keiner mehr glaubt? Sein Paradigma ist nicht die Erinnerung, die Platz für alles Mögliche hat, sondern die Wahrheit, von der Luther nie abließ. Wären die Wittenberger ehrlich, so würden sie Luther, Melanchthon, Aurifaber, Bugenhagen und wie sie alle heißen von ihren Sockeln stoßen: weil sie nämlich deren Wahrheit nicht mehr teilen. Stattdessen reicht es nur zum müden Zynismus des Fremdenverkehrs, der alles, was zufällig da ist, als das Seinige reklamiert. In Leisnig haben sie, vom Guinness-Buch der Rekorde beglaubigt, den größten Stiefel der Welt (Schuhgröße dreihundertdreißig); in Wittenberg haben sie Luther.

Und doch gewinnt Luther hier eine eigene Art von Aktualität. War er nicht, indem er eine Reform wollte und seine Thesen anschlug, ein Rebell? Auf dem Marktplatz, in Sichtweite der körperlich so ungleichen Zwillinge unter ihren Baldachinen, wirbt ein Stand mit einem neuen Thesenanschlag: «These 1: sofortiger

Rücktritt der jetzigen Regierung und Bildung einer Übergangsregierung aus Persönlichkeiten mit hoher Fachkompetenz; These 2: Friedensvertrag, Souveränität und Verfassung für Deutschland; These 3: Abschaffung der Parteienstruktur und Neubildung des Parlamentes mit gewählten Volksvertretern». Es folgt noch ein ganzer Rattenschwanz, wenn auch nicht bis fünfundneunzig. Sind das Thesen? Wohl eher Forderungen. Man beruft sich auf das große Vorbild; aber viel Ähnlichkeit besteht nicht, es sei denn, man wollte den Zorn an sich für ähnlich halten.

In Wittenberg gibt es eine «Judensau», das heißt eine Plastik, die zeigt, wie Juden, denen das Schwein als unrein gilt, an dessen Zitzen saugen, und Schlimmeres: ein Dokument des mittelalterlichen Antijudaismus. Diese «Judensau» ist mir früher nie aufgefallen und wäre es auch diesmal nicht, wenn Ralf sie nicht gefunden hätte. Ganz oben an der Stadtpfarrkirche steckt sie, unterhalb des Dachansatzes, ungefähr zwanzig Meter über dem Erdboden. Man muss sie suchen, wenn man sie finden will. An dieser nicht ins Auge springenden Stelle hätte man sie vielleicht auch auf sich beruhen lassen können. Oder herunterschlagen, zum Zeichen, dass man mit der Gesinnung dieses Bildwerks nichts mehr zu tun haben will. Das Ding ist eine gotische Skulptur und folglich ein Kulturgut – aber sind wir verpflichtet, unter diesem Titel alle vergangene Gemeinheit zu konservieren und damit letztlich doch zu ehren? Man hätte sie dokumentieren und danach zerstören können, das wäre bestimmt die geradlinigste und eleganteste Lösung gewesen. Die zweitbeste: die Sau von ihrer zwar schwer auszumachenden, aber immerhin öffentlich an einem Sakralbau befindlichen Stelle wegzuholen und im Heimatmuseum oder einem ähnlichen Ort unterzubringen, wo sie ihres Kontexts entkleidet wäre und statt als Statement nur noch als Zeugnis wirken kann. Das alles tat man nicht. Man beließ die «Judensau», wo sie war, wies aber kritisch auf sie hin und versah sie, wie man es eben hierzulande so macht, mit einem ausführlichen Kommentar. «Stätte der Mahnung», steht über der textreichen Tafel: «Durch das Relief an der Außenfassade wurden Juden gedemütigt und ausgegrenzt.» Das hätte man sich fast gedacht.

Auch Luther kriegt sein Fett weg, es wird auf sein Traktat «Von den Juden und ihren Lügen» hingewiesen, aber sehr viel kleiner, als er selbst in Lebensgröße auf dem Marktplatz steht. Und man hat eine zweite Skulptur gegen die erste gesetzt (auch sie fällt erst mal nicht so sehr auf): «Eine reliefartige Bodenplatte zeigt vier gegeneinander verkippte Trittplatten, aus denen drohendes Unheil quillt. Die Fugen ergeben ein Kreuzzeichen.» Da haben ein Künstler und eine Gemeinde nicht richtig über ihre Metaphern nachgedacht, denn dass das Unheil aus dem Kreuz quillt wie in schlechten Horrorfilmen das Wesen aus dem Sumpf, das haben sie wohl kaum gemeint. «Die Stadtkirchengemeinde in Wittenberg distanziert sich von Antisemitismus und Judenhass. Sie bittet Gott und das jüdische Volk um Vergebung für diese Gotteslästerung und die Beleidigung der Juden.» Dann ist ja alles gut, und alle können zufrieden sein, Christen und Juden, Lebende und Tote, Einheimische und Touristen.

DAS RINGEN DER PINGUINE

Es ist eine Tür, wie sie heute an vielen Orten üblich sind: eine große Glasscheibe mit metallenem Rahmen, mit einem Bügel oder Hebel ungefähr auf Hüfthöhe des Besuchers, welcher ersichtlich dazu gedacht ist, niedergedrückt zu werden und damit den Weg ins Gebäude freizugeben. Bloß, wo sollte man drücken, links oder rechts? Denn auf einer der beiden Seiten müssen sich die Türangeln befinden, und folglich wird die Tür sich auf der anderen öffnen. Aber welche welche ist, das lässt sich dem Design der Tür nicht entnehmen. Die Chancen stehen fifty-fifty, dass man erst einmal die falsche Seite erwischt. Nicht dass hierdurch ein großer Zeit- oder Kraftverlust entstünde. Aber wenn man davorsteht, ärgert man sich doch ein wenig, dass man diese Ratlosigkeit aufgehalst bekommt, die sich so leicht vermeiden ließe, wenn statt der sinnlos quer durchlaufenden Stange eine Klinke alten Stils verwendet worden wäre. Dann befände man sich nicht im Zweifel, an welcher Stelle man seine Mühe einzusetzen hat. Das Problem war ja an sich ein für alle Male in der Bronzezeit gelöst worden – ja, es dachte, da die Erfindung der Tür mit der der Klinke beziehungsweise des Riegels zusammengefallen sein dürfte, niemand daran, dass hier überhaupt einmal ein Problem entstehen könnte. Jetzt ist es eins. Erfunden wurde es vom Bauhaus.

Wir stehen am Eingang eines der Meisterhäuser in Dessau (welches ist egal, denn sie sind alle gleich) und wundern uns. Hat das Bauhaus denn nicht versprochen, der Funktion jedes Gegenstands und jedes Gebäudes seinen unmissverständlichen, nackten Ausdruck zu verleihen? Hier, wo die sieben Meister wohnten – Walter Gropius, Lyonel Feininger, Paul Klee, Oskar Schlemmer, Wassily Kandinsky, László Moholy-Nagy und Georg Muche – hier wäre wohl mehr als anderswo der Ort gewesen, die Prinzipien der Schule in reiner und vorbildlicher Weise zu verwirklichen. Allein, dies misslingt schon an der Stelle der ersten Begegnung, da, wo es vom Draußen der Welt ins Drinnen der Häuser geht.

Es gibt ja bis heute leider keine Methode, wie eine Tür anzeigen könnte, ob sie sich nach innen oder außen öffnet. Im 18. Jahrhundert, der hohen Zeit der Aufklärung, hätte man das zum Anlass einer Preisfrage genommen, gemäß Lichtenbergs Diktum «Allzeit: Wie kann dieses besser gemacht werden?». Das Beste, was bis heute herausgekommen ist, besteht in der paarweisen Beschriftung «Drücken/Ziehen». Das bleibt unbefriedigend, weil die erforderliche Information nicht der sichtbaren Funktion selbst entspringt wie bei einer Klinke, sondern von außen angebracht werden muss. Aber einigermaßen deutlich ist es doch, wenngleich man immer wieder Leute beobachten kann, die das Schildchen übersehen und fehlgreifen, das heißt ziehen statt drücken oder umgekehrt. Bedenklich wird dieses Geheimnis der Öffnungsrichtung nur dort, wo die Tür per Lichtschranke von allein aufgeht und der Unachtsame einen Nasenstüber verpasst kriegt – Beispiel eines technischen Fortschritts, der es geschafft hat, auf dem Weg scheinbarer Erleichterung einen möglichen Irrtum in eine echte Gefahr zu verwandeln, oder mindestens in eine weit größere Unbequemlichkeit, als die zu behebende es gewesen war. Hier, an der Bauhaus-Tür, steht man sozusagen an der Pforte des Übels der Moderne: Die Reform bewirkt, dass, was früher ging, auf einmal klemmt. Anstelle einer alten Lösung setzt sich eine neue Schwierigkeit. Das Bauhaus trat an, das Ornament zu vernichten und an jedem Ding allein die Funktion zur Geltung zu bringen, welche sich in der Kahlheit beglaubigt. Hier nun lässt sich betrachten, wie die Funktion zum Ornament wird, indem sie nämlich nicht funktioniert.

Und war es nicht bei allem so, was das Bauhaus in die Hand nahm und umerschuf? Ich erinnere mich an die große Ausstellung zu seinem hundertjährigen Jubiläum in Weimar, wo es seinen Sitz hatte, ehe es nach Dessau zog. Da waren Stühle zu besichtigen, deren Rückenlehnen statt des bis dahin üblichen Hundert-Grad-Winkels einen solchen von neunzig Grad aufwiesen, auf welchen sich schlechterdings nicht sitzen ließ, weil sie den Körper, der sich zurücklehnen wollte, stattdessen zum Winkelhaken machten. Auch eine Wiege gab es, an der die sanft geschwungenen Kufen des traditionellen Modells in zwei umlaufende kreisförmige Reifen verwandelt worden waren, zwischen denen die Wiegenmulde als Kasten mit dem Querschnitt eines gleichseitigen Dreiecks eingespannt war. Aber die klare Form! Form follows function, das war das Credo des Bauhauses und aller, die nach ihm kamen. Fragt man nach der Funktion dieses Geräts, so ergibt sich die Vorstellung eines dreieckigen, der Schwerkraft spottenden Säuglings, der nachts durch die Wohnung Rhönrad fährt.

Was übrigens wäre die Funktion einer Tür? Selbst der elementaren Bestimmung – hier hat der Zimmermann das Loch gelassen – entsprechen die Eingänge der Meisterhäuser nicht uneingeschränkt. Aber eine Tür ist ja noch mehr, so gut wie das Fenster mehr als eine Lichtöffnung ist und das Haus mehr als ein Dach über dem Kopf. Ein gutes Haus wird seine Maße und Formen immer der Analogie mit dem menschlichen Körper entnehmen und umso gelungener scheinen, je weniger es sie ausstellt. Das Fenster hat sein Urbild im Auge (englisch *window* ist das «Windauge»), und das Auge dient nicht nur dem Sehen, sondern mit seinen Lidern, Brauen und Tränen dem Ausdruck der Seele, weshalb all jene Architekten schlecht beraten sind, die ihre Fenster aus den Wänden stechen wie Plätzchen aus dem Teig. Eine Tür aber ist im Haus, was im Gesicht der Mund ist. Und der Mund beschränkt sich nicht darauf, Eingang der Speisen zu sein, er vollbringt vielmehr auch das Reden, Singen und Küssen; er hat Lippen. Die Tür soll dem, der hineinwill, den Weg weisen und also die Hauptsache an der Fassade sein. Sie soll fühlbar das Draußen vom Drinnen scheiden, sie soll die Grenze eines Raums und eines Besitzes bezeichnen und doch den Besucher willkommen heißen.

Von alldem kann an den Eingängen der Meisterhäuser nicht die Rede sein; hier hat man sich für schmucklose Mauselöcher entschieden, kaum breiter als ein mittelbreiter Mensch und in einen Winkel gequetscht, dass man sie kaum findet: ein After mehr als ein Mund. Zwischen Außen- und Innentür befindet sich ein grau gestrichener, klaustrophobischer Windfang, der sich weigert, einen Übergang zu markieren, und in seiner optischen Anmutung ganz dem zugigen Draußen angehört. Wer so empfangen wird, dem vergeht die Lust auf den Besuch. Nur Gropius als Chef hatte ein Haus für sich allein; die anderen mussten sich paarweise ein Doppelhaus teilen. Auch besaß er als Einziger einen richtigen Garten, den er zur Straße hin mit einer circa zwei Meter hohen und fünfzig Meter langen Mauer abschloss: eine rückhaltlos feindselige Geste zum öffentlichen Raum. Gropius' Haus hat immerhin den Charme einer Tiefgarage, weil es im Inneren weitgehend offen ist. Das ist freilich nicht sein Verdienst, sondern das seines Nachfolgers Mies van der Rohe, der, als er die kleinteilige Puppenstube seines Vorgängers sah, erst mal tief durchatmete und dann den ganzen Kokolores herausreißen ließ.

Bei den anderen Meisterhäusern geschah das nicht. Dort tummeln sich jede Menge viel zu kleiner Zimmer, mit Wandfarben in trüben Rosa- und Anthrazittönen. Wer um Himmels willen kam auf die Idee, Wände schwarz anzumalen? Die Fenster sind gar nicht so klein, und es scheint eine helle Frühherbstsonne; und doch besitzen diese Gelasse den merkwürdigen Hang, ihre eigene Finsternis zu erschaffen. Man fühlt sich beklemmt; dabei fehlen die Möbel, die alles zweifellos noch mehr verengt hatten. Flure und Treppen sind schmal, die vielen Türen so dicht gesetzt, dass sie, wenn man mehr als eine öffnet, einander ins Gehege kommen. Bäder und Küchen, auch sie natürlich viel zu klein, werden besonders stiefmütterlich behandelt; manchmal sind die Fenster so hoch eingesetzt, dass man nicht hinausschauen kann. Auf einem Schreibtisch stehen eine Schreibmaschine, ein Telefon und eine Lampe; damit wird er so vollständig besetzt, dass unklar ist, wie man hier zum Beispiel noch einen Brief schreiben soll. Für Küche und Schlafzimmer haben fortschrittliche Einbauschränke mit Schiebetür Verwendung gefunden. Sie sind schlecht verarbeitet, und statt auf Rädern laufen sie in Schienen – wenn man sie auf- oder zuschieben will, stocken und bocken sie. Schlecht gemacht, billig wirkt hier das meiste; man fühlt sich an westdeutsche Wohnungen aus den Fünfzigern und Sechzigern erinnert, wo es einfach nie genug Platz gab.

Ja, da besteht bestimmt ein Zusammenhang: Mögen die Meisterhäuser auch nicht billig im Sinn von preiswert gewesen sein, lieferten sie dennoch das brauchbare Muster für eine Nachkriegs- und Aufbauepoche, die, so viel sie auch baute, doch in allem sparen musste. Die einzigen großzügigen Räume sind die Künstlerateliers, mit weiten Fenstern zur Nordseite hin; aber auch hier schwebt diese Ahnung von Finsternis, die aus den Wänden selbst zu kommen scheint wie eine dämonische Präsenz. Als Bodenbelag hat man teilweise, wie ein Aufseher verrät, Trinolin verwendet, eine Substanz von stumpfem Schwarz und so dauerhaft, dass man damit Seeschiffe kalfatern könnte, die auch nach fast hundert Jahren noch (ja, so alt sind diese modernen Bauten inzwischen!) ihren Teergeruch verströmt wie am ersten Tag. Bis heute ist nicht völlig klar, was dieses Trinolin für Ingredienzen enthält. Wahrscheinlich stellt sich irgendwann heraus, dass es giftiger ist als Asbest, und dann wird man die ganze Meisterkolonie grundsanieren müssen, zu einem Preis, der die ursprünglichen Baukosten um den Faktor zehn übertrifft, und auf zehn Jahre dicht machen.

Auch einen kleinen Werbefilm bekommt der Betrachter zu sehen, der demonstriert, wie man diese Häuser zu bewohnen habe. Eine Dame führt die Beweglichkeit einer Leselampe vor wie Gymnastik; mehrere Damen im Outfit von 1930 treffen sich zum Kaffeekränzchen. Die Lebensgewohnheiten haben den Ersten Weltkrieg besser überstanden als das Mobiliar. Vor allem eine Institution ist unbeschadet durch alle Umwälzungen gekommen: das Dienstmädchen. Sie ist der eigentliche Star dieses Streifens. Man darf ihr zuschauen, wie sie Geschirr spült (mit einer hochmodernen Brause, aber von Hand) oder sich auf die Zehenspitzen stellen muss, um das Bettzeug aus dem obersten Schrankfach zu angeln (sehr praktisch, diese Wandschränke). Die Meister des Bauhauses dachten an die ästhetische Erziehung des Menschengeschlechts – an soziale Veränderungen, die ihre Bequemlichkeit beeinträchtigt hätten, jedoch kaum. Darum ist der funktionale Umsturz, wie er sich hier präsentiert, eine so schale Fassade: weil in der Art, wie der Haushalt organisiert wird, doch alles beim Alten blieb. Die echten Neuerungen kamen nicht aus Dessau oder Weimar, sondern aus Amerika: Staubsauger, Spülmaschine, Waschmaschine, jene Geräte, die Stück für Stück etliche Stunden Zeit pro Woche ersparen und die Basis eines häuslichen Lebens ohne Dienstboten bilden.

Die Meister, wie gesagt, waren wenig modern, wo es um ihre Behaglichkeit ging. Die heute leeren Zimmer täuschen eine lebenspraktische Prinzipienstrenge vor, die es so nicht gegeben hat. Wassily Kandinsky etwa hatte sich mit Biedermeier-Möbeln eingerichtet. Wer den alten Scharlatan kennt, den wird es nicht verwundern. In meinem Hotelzimmer hängt die nahezu wandfüllende Reproduktion eines Bildes von ihm. Vor dem Einschlafen hat man Muße, sich diese abstrakten, das heißt unmotiviert herumgestikulierenden Faxen anzusehen, und plötzlich weiß man: Ja, genauso funktioniert dieser Funktionalismus – als eine Scharade aus nichts als Geometrie. Ein Biedermeiersofa erfrischt im Vergleich dazu durch seine klare Zwecksetzung.

Wäre also zum Schluss gar nichts Gutes über die sieben Meisterhäuser zu sagen? Doch, eines: Als sie gebaut wurden, ließ man rings um sie den kleinen Kiefernwald stehen. Die dünnen, rötlichen Stämme mit ihren lichten Kronen setzen schöne Akzente vor die weißen Blocks und verwandeln das Ensemble in eine Art Zen-Garten. Dafür freilich können die Meister nichts. Vielleicht ist es auch ein wenig unfair, den sieben Meistern (Meisterinnen sind keine dabei) so in ihren Wohngehäusen nachzuspüren – obwohl man sich sagen muss, dass ihre Idee von Lebensreform den Menschen als Ganzes in all seinen Hantierungen betraf und für Privatsphäre eigentlich keinen Raum ließ.

Das Bauhaus selbst, das große Schul- und Lehrhaus, ist deutlich besser gemacht als diese Dachsbauden. Es ist groß, es ist weit, und es ist überwiegend leer; in dieser Leere luxuriert es. Hier spielen die Fenster eine echte Hauptrolle, schöne feine Gitterwerke bilden sie aus, und da sie sich, um sich zu öffnen, ein Stück um ihre senkrechte Achse drehen, entstehen Strukturen, die mit ihrem Ineinander aus Recht- und Dreieck von ferne an Masten und Segel erinnern: so ähnlich, wie Feininger seine Schiffe gezeichnet hat. Im Inneren sorgen gazeartige weiße Vorhänge, die sich im Luftzug bauschen, für leichteste Abgrenzung. Zu sehen gibt es nicht viel; aber genau darin besteht das Sehenswerte. Die breiten, niedrigen Sessel freilich sind so konstruiert, dass man kaum aus ihnen hochkommt, darin bleibt das Bauhaus sich treu. Auf einem Stockwerk zeigen Video-Installationen, wie man sich das Bauhaus-Tanztheater vorzustellen hat; auf einem anderen sind die Beiträge des Bauhauses zum Londoner Zoo ausgestellt, allen voran der Pinguin-Pool.

Hier zeigt sich das Bauhaus von seiner betrüblichsten Seite. Der Pool besteht aus einem arenaartigen Betonoval, welches von zwei ineinander geschlungenen Rampen oder Rutschbahnen dominiert wird. Auf diesen Schlitterstegen sollte sich dem Publikum die soziale Interaktion der Pinguine darbieten. Die Ausstellung bildet, wie man den beigegebenen Tafeln entnehmen kann, die «unterschiedlichen epistemologischen Zugriffe auf den Pinguin Pool anhand eines Spektrums theoretischer, biologischer und kultureller Phänomene» ab. «Das kollektiv erarbeitete Display, eine Übertragung der Umrisse des Pools im Originalmaßstab in die Metallwerkstatt, schafft einen Resonanzraum für multiple Konversationen mit dem ikonischen Pool und dessen weitreichenden Geografien zwischen dem Zoo in London, dem Ausstellungsraum im Bauhaus in Dessau und den antarktischen Lebensräumen, die der Pool zum Hintergrund hatte.» Will sagen: In Dessau lässt sich besichtigen, was in London schiefging, als man dort Bewohner der Antarktis einsperrte. Die Einsicht, dass das Bauhaus-Konstrukt für Pinguine ein Albtraum war, brauchte siebzig Jahre, um praktische Folgen zu zeitigen; erst 2004 wurde der letzte Pinguin evakuiert. Die Ausstellung rühmt die Kühnheit der Architektur, fügt jedoch bedauernd an: «Gleichwohl sich damit nicht die Sicht eines Pinguins vermitteln lässt, so wird z. B. das Ringen des Pinguins, die Treppen hinunterzusteigen, ebenso spürbar wie das klimatische Unbehagen, das durch die nassen Fußabdrücke auf dem warmen Beton hervorgerufen wird.» Dem ringenden Pinguin, der die Rampe runterwill, ergeht es wie dem Besucher, der an der Tür des Meisterhauses steht. Ähnlich wurden Affen und Elefanten untergebracht. Man sieht ein Bild von drei Elefanten in einem Betonbau, durch Zwischenwände voneinander getrennt, wie sie gleich Säulenheiligen je auf einer erhöhten Betonscheibe stehen und sich nicht rühren können. Er gönnt mir nicht mal das Gras an den Füßen, beklagt sich bei Patricia Highsmith eine alte Elefantenkuh über ihren Wärter. Bei Highsmith immerhin wird der Wärter zum Schluss totgetrampelt.

Ich habe einmal mit dem Farbdesigner Friedrich-Ernst von Garnier gesprochen, der es unternommen hat, Plattenbauviertel farbig zu gestalten. Damit biss er bei den Bauhaus-Erben auf Granit: Denn Farbe ist Ornament, und Ornament ist Verbrechen, so wusste man das seit den Tagen von Adolf Loos. Aber die Einförmigkeit der grauen Wohnkolosse führte dazu, dass die Kinder, wenn sie heimwollten, ihre Eingangstür nicht fanden. Wäre es da nicht hilfreich und funktional, die Eingänge mit verschiedenen Farben zu markieren, sodass die Kinder wüssten: Ich bin bei Hellgrün zu Hause? Dieses Argument ließ man nicht gelten. Nein, für Kinder und für Tiere ist das Bauhaus nichts.

BAUHAUS ODER BAUHAUS?

Dessau hat Anteil an zwei Flüssen: Es liegt zwischen der Elbe und der Mulde, die nicht weit von hier in die Elbe mündet. Aber sie treten im Stadtbild nicht in Erscheinung. Viele Städte halten sich, auch wenn sie letztlich doch von ihr profitieren, von der Elbe fern, die, so seicht und harmlos sie auch meistens aussieht, verheerendes Hochwasser bringen kann. Von den Meisterhäusern muss man ein ganz schönes Stück durch die Vororte marschieren, bis man auf die Elbauen trifft, die, obwohl ihre Dammwege von Radlern, Joggern und Kinderwagen bevölkert werden, mit ihren großen, zum Teil gebrochenen und gestürzten Bäumen doch nass und wild wirken. Man kommt an Siedlungen vorbei, die von den Architekten des Bauhauses entworfen sind und in den vielen Jahrzehnten, wo sie den Bedürfnissen ihrer Bewohner dienen mussten, mancherlei Modifikationen erfahren haben. Interessanterweise betreffen diese vor allem die Türen und die Fenster: In den Fenstern hängen gern Tüllgardinen, und der Eingangsbereich ist vielerorts optisch erweitert, mit Vordächern, schweren gegliederten Türblättern, butzenscheibenartig gewölbten Glasscheiben. Jene Akzentuierung des Sphärenwechsels von drinnen und draußen, den die Meisterhäuser verschmähten, hat man hier nachträglich vorgenommen. Der Denkmalschutz schritt offenbar nicht ein – vielleicht weil die Besitzer vollendete Tatsachen schufen, vielleicht aber auch, weil man einsah, dass man jemandem, der ein Haus bewohnt, doch auch gewisse Rechte an dessen Gestaltung einräumen muss. Nur Satteldächer wurden nicht bewilligt, die in unserem nordischen Klima doch gewiss praktischer sind als das Bauhaus-Flachdach, durch welches, es mag so viel Charakter haben, wie es will, wohl früher oder später immer das Wasser dringt.

Die Elbe selbst bleibt wie an vielen anderen Stellen von Menschenwerk weitgehend unbehelligt. Am fernen Ufer, das man bei diesem niedrigen Wasserstand geradezu einen Strand nennen kann, sieht man Enten, Gänse, Kormorane; es ist ihr Reich. Das nahe Ufer weist einen Jachthafen auf, den Leopoldshafen, und einen Bootsklub dazu. Wir treffen auf eine ältere Dame, die wir, da der lange Weg uns müde und durstig gemacht hat, nach Gastronomie befragen. Die gibt es an dieser Stelle zwar nicht; aber dafür erzählt sie davon, wie es früher war, kurz nach dem Krieg. Von einer zerstörten Stadt war sie in die andere gelangt, von Stettin nach Dessau – Stettin, das heute so knapp hinter der Grenze nach Polen liegt, dass es zu einem Straßburg des Ostens werden könnte, wenn irgendwer es dazu machen wollte. Dort musste sie weg und kam nach Dessau, wo sich zum Unglück der Stadt die Junkers-Werke befanden, die die deutsche Wehrmacht mit Flugzeugen versorgten. Die Stadt wurde weggebombt (auch das Bauhaus kam zu Schaden). Sie verstehe die jungen Leute nicht, sagt die alte Dame, die heute mit ihren Graffiti die Häuser beschmieren: Hätten sie gar kein Gefühl für den Wert eines intakten Hauses? Wenn man so viele Ruinen gesehen hat wie sie, dann sei man froh, wenn etwas heil ist. Sie verrät auch, wie alt sie ist – sechsundneunzig Jahre –, schwingt sich auf ihr Fahrrad und fährt davon. Ihr verdanken wir den Hinweis auf das Kornhaus, eine Ausflugsgaststätte direkt an der Elbe, ebenfalls ein Werk des Bauhauses und zweifellos das beste in dieser Stadt, großzügig schlicht und ganz dem Strom zugewandt. Als es entstand, konnten die Gäste von der Terrasse aus die Wasserflugzeuge der Marke Junkers auf der Elbe landen sehen, ein Anblick, den in Mitteleuropa bestimmt schon lange niemand mehr erlebt hat. Vielleicht gibt es so was noch in Finnland.

Viel los ist nicht in Dessau. Geht man am Sonntagabend durch die Innenstadt, so machen sich weder die alte Fürstenresidenz noch das neuere Bauhaus geltend, und die vielen Parks und Anlagen sind eher etwas für einen Besuch tagsüber. Die Zerstörung und den Aufbau hat es bewältigt wie die meisten deutschen Städte in Ost und West, robust und praktisch, in einem ganz anderen Sinn, als es sich das Bauhaus vorstellte.

Übrigens gibt es in Dessau noch ein zweites Bauhaus, einen Baumarkt, der aber eine ähnliche Produktpalette wie das erste liefert und sich als Fachmarkt für DIY, was Do it yourself bedeutet, und Heimwerkerbedarf empfiehlt. Es verspricht, was Fliesen angeht, Kompetenz in Weiß, sei es matt oder glänzend, und einen Online-Farbmischservice; Laminate gibt es ab 16,46 Euro pro Quadratmeter. Moderne Leichtigkeit gekoppelt mit New Romantic! Zwischen beiden Bauhäusern hat es einen Streit gegeben, wer den suggestiven Namen führen darf; das erste konnte vom zweiten damals noch nichts wissen, aber auch das zweite, bei dem es sich um eine Kette handelt, könnte bei der Namenswahl in Unkenntnis des ersten gehandelt haben, sodass die Konkurrenzsituation möglicherweise ungewollt und in aller Unschuld entstand. Irgendwie scheint man sich geeinigt zu haben, denn wenn man im Internet «Bauhaus Dessau» aufruft, bekommt man erst das ältere und gleich darauf das jüngere angezeigt. Das jüngere offeriert die deutlich besseren Küchen und Bäder.

Nicht verschweigen möchte ich auch, wenn ich von Dessau spreche, eine Szene vor dem Bahnhof. Dort hielt sich der schwarz gekleidete und Bier trinkende Besitzer eines Kampfhunds an der Leine auf. Als ein ausländischer Passant darum bat, ihm den Durchgang freizugeben, wurde er von dem Hundehalter wüst angepöbelt, als «Eierkopf» beschimpft und noch mit anderen Namen belegt. Direkte Gewaltandrohung war trotz Kampfhund nicht im Spiel, aber es langte. Das war bestimmt nicht typisch für die Stadt, doch ein Erlebnis. Ob keiner einschritt? Außer den dreien, den Hund eingerechnet, zwischen denen die Szene sich zutrug, und uns beiden, die sie sahen, war der große Platz leer.

HUNDERTWASSER

In Magdeburg steht das Hundertwasserhaus, genannt die Grüne Zitadelle. Es ist das größte und letzte Projekt des im Jahr 2000 verstorbenen österreichischen Architekten und Designers Friedensreich Hundertwasser. Er, der auf dem Rückweg von Neuseeland an Bord des Schiffs «Queen Elizabeth 2» starb, hinterließ die Ausführung dem Architekten Peter Pelikan. (Er heißt wirklich so.) Das Haus, 2005 fertig geworden, nimmt einen kompletten Block in der Innenstadt ein, ungefähr fünf Stockwerke hoch. Ungefähr; denn die Zahl lässt sich von außen schwer bestimmen, und die Höhe variiert. Wer das Bauhaus liebt, wird das Hundertwasserhaus hassen. Umgekehrt ist die Sache nicht ganz so einfach. Das Bauhaus stellt Funktionen aus, die es nicht liefert, und macht sie so zu Ornamenten. Das Hundertwasserhaus funktioniert offenbar ganz gut, tut aber, als käme es nicht darauf an und als dürfte es sich darum ganz dem Ornament widmen. «Los von Loos», hatte Hundertwasser als Motto ausgegeben, das heißt von Adolf Loos und seiner Behauptung, Ornament sei Verbrechen. Tatsächlich aber unterwirft sich das Gebäude, wie alle Architektur es muss, der Schwerkraft, und die wirkt lotrecht nach unten, was bewirkt, dass alle tragenden Teile, wie sich von selbst versteht, im Neunzig-Grad-Winkel zum Erdboden stehen. Über die altrosafarbenen Mauern laufen schräg von oben nach unten, aus Ziegelfragmenten und Ähnlichem gefügt, geschlängelte Streifen von schokoladenbrauner Gesamtanmutung, die den Eindruck erwecken sollen, als wäre das Plane und Senkrechte der Wand zu wellenförmiger Gestalt aufgelöst; was aber nicht zutrifft.

Zentrales Element ist ein Turm, der durch allerlei Accessoires vortäuscht, schief zu sein, während er, wenn man genau hinsieht, vielmehr einen kerzengeraden Zylinder bildet – also das genaue

Gegenteil des Schiefen Turms von Pisa darstellt, der gern gerade geworden wäre, aber leider in eine echte Schieflage geriet. Die Fenster verteilen sich scheinbar wahllos über die Fassade, als ob im Inneren Verhältnisse wie bei Escher oder Piranesi herrschten. Dabei enthält es ganz brave Mietwohnungen, in denen bestimmt kein Bedürfnis an geringelten Rampen und Ähnlichem besteht. An einigen Stellen kann man diesem Haus sozusagen unter den Rock gucken, zum Beispiel am Eingang der Tiefgarage, wo die bunte, schiefe Haut rasch endet und dem graden, grauen und gruftartigen Muster dieses Bautyps weicht. Die Bauhaus-Meister möblierten sich heimlich im Stil des Biedermeiers; Hundertwasser frönt unter seinem Zuckerguss der Sachlichkeit wie einem Laster.

Und dennoch täte man dem Hundertwasserhaus unrecht, wenn man es als bloße ornamentale Hülse abwerten wollte. Denn die Ornamente, wo es wirklich welche sind und nicht nur Zutaten eines Knusperhäuschens, besitzen Phantasie und Humor. Die großen mattgoldenen Kugeln, die auf den spitzkuppligen Türmchen thronen, wirken majestätisch und träumerisch, wie Anzieher und Ableiter nicht von Blitzen, sondern von Mondlicht. Die Baluster geben sich erst gar nicht die Mühe, so zu tun, als hätten sie tragende Pflichten, sondern begnügen sich als geschweifte Spielelemente, türkisfarben und korallenrot. Es gibt einen Dachgarten, oder etliche davon, denn Bäume und Grünanlagen erstrecken sich über mehrere Ebenen; es gibt einen arkadengeschmückten Innenhof, auf den sich Läden öffnen; und es gibt eine Kindertagesstätte. Nicht zuletzt das unterscheidet dieses Haus vom Bauhaus. Natürlich harmoniert es nicht mit seiner Umgebung, wie es die Gebäude von Gaudí in Barcelona tun, auf den sich Hundertwasser offenbar bezieht. Aber Magdeburg ist ohnehin keine Stadt der Harmonie. Besser als der Plattenbau, der früher hier stand, ist die Grüne Zitadelle allemal.

Merkwürdig, dass diese Stadt größer wirkt als Chemnitz, wo ich herkomme, obwohl sie sogar ein paar Tausend Einwohner weniger zählt. Das liegt daran, dass zwischen Bahnhof und Innenstadt, also dem Bezirk, den man durchqueren muss, wenn man mit dem Zug ankommt, die kühle und monumentale Architektur der frühen Nachwendezeit vorherrscht; und auch daran, dass die Häuser grundsätzlich ein bis zwei Stockwerke höher und die Straßen breiter sind. In der Innenstadt hat der frühe DDR-Aufbau in der Art der Stalinallee wuchtigere Gebäude entstehen lassen als in Chemnitz, das nur ein paar zierlichere Exemplare aufweist. Man sieht an den hohen Palästen die klassischen Qualitäten dieses Stils, wie er waagrechte und senkrechte Strukturen auszugleichen weiß, mit Sockel und Simsen operiert, Bögen und Risalite setzt. Die innerstädtischen Abstände sind beträchtlich. An irgendetwas, das sich nur schwer dingfest machen lässt, merkt man, dass diese Stadt eine weitere und tiefere historische Perspektive besitzt, als ihre Bausubstanz nahelegt. Am ehesten lässt sie sich wohl negativ bestimmen, als eine Zerrissenheit, die durchs ganze Weichbild geht. Der Alte Markt, mit Rathaus und goldenem gotischem Reiter, bricht nach hinten ins chaotisch Offene aus. Die baulichen Ensembles haben beeindruckende Proportionen, neigen aber zu abrupten Schlüssen. Unser Hotel, uns als zentral empfohlen, liegt hinterm Bahnhof – nur durch ein Niemandsland von Schienen- und Straßenunterführungen gelangen wir hin.

IST DIE ELBE NOCH DIESELBE?

Und Magdeburg hat den Fluss, vielmehr den Strom – *hat* ihn wirklich, anders als Dessau, wo er ein distanzierter Fremdling bleibt. Magdeburg liegt auf einem hohen Ufer, wo keine Flut hinkommt, und kann darum, wie Dresden, der Elbe nahetreten und sie sich ganz zu eigen machen. Die Promenade zieht sich kilometerweit am

Ufer hin; es sind sogar zwei Promenaden, eine oben und eine unten. Hier befindet sich die eigentliche Fußgänger- und Radfahrerzone der Stadt, hier genießt man, obwohl es sich ja nur um ein schmales Band handelt, Freiheit und Weite. Man blickt dem Strom, der eine große Kurve beschreibt, in zwei Richtungen nach, licht und offen. Am anderen, dem niederen Ufer, befinden sich Parkanlagen, denen es nichts ausmacht, wenn sie gelegentlich überschwemmt werden. Dort hat im Jahr 1999 die Bundesgartenschau stattgefunden und als ihr Denkmal den Jahrtausendturm hinterlassen, einen sechzig Meter hohen, frei stehenden Bau in Form eines schiefen Kegels, dessen Spitze ein wenig vornüberkippt. Es handelt sich, wie man erfährt, um die größte Holzkonstruktion Europas; in ihrem Inneren bietet sie einen Überblick zu sechstausend Jahren Technikgeschichte. Man sieht den Turm gut; aber es ist weit zu ihm. Magdeburg, wenn man es ganz haben will, überschreitet die Grenze des Fußläufigen. Näher, aber ebenfalls am anderen Ufer, lädt ein Volksfest ein, bei dem vor allem das Riesenrad hinausragt in den sich allmählich verdunkelnden Abendhimmel. Volksfeste! Sie sind für jenes Volk gedacht, das die Demonstranten im Sinn hatten, als sie skandierten: Wir sind das Volk! – ehe sie umsattelten auf: Wir sind *ein* Volk. So steht es auch am Mahnmal vor dem Dom, das aus unklaren Gründen einer großen, aufrechten Tapetenrolle gleicht. Diese Formel ist es, in welcher der Umbruch vor dreißig Jahren gültig erinnert werden soll, während der älteren und ursprünglichen nur noch die Rolle eines Katalysators zukommt.

Sollen wir ans andere Ufer? Das scheint eine klare Alternative, ja oder nein, Kompromisse ausgeschlossen. Aber es gibt doch einen, und zwar die Hubbrücke. Ihr Zweck erschöpft sich nicht, wie bei Brücken üblich, in der Überquerung; es ist eine Brücke des Aufenthalts, wie die Tanzbrücke in Avignon. Zwar erstreckt sich die Hubbrücke, anders als in Avignon, bis ans andere Ufer. Aber dem Eisenbahnbetrieb, für den sie gebaut wurde, dient sie schon lange nicht mehr. Sie stammt aus den frühesten Zeiten des Bahnwesens und hatte sich damals mit den Ansprüchen der Elbschifffahrt auseinanderzusetzen: Die Schiffe mussten unter ihr durch. Man experimentierte erst mit einer Drehscheibe, die immer dann in Aktion trat, wenn ein Kahn entlangkam, und die Gleise zur Seite drehte, was offenbar keine befriedigenden Ergebnisse lieferte. Schließlich verständigte man sich auf den Hub: Näherte sich ein Schiff, wurde der ganze flussüberspannende Teil der Trasse um mehrere Meter angehoben und hinterher wieder abgesenkt, sodass sich neuerdings Schiene an Schiene schloss. Es muss ein technisches Wunderwerk gewesen sein.

Gewesen: Denn heute ist die Brücke dauerhaft hochgestemmt und nur noch für Fußgänger und den fußgängernahen rollenden Verkehr geöffnet, für Radfahrer, Kinderwagen und Rollatoren. Man lässt die Brücke, eine altehrwürdige Konstruktion aus genietetem Gusseisen, getrost verrosten, weil man weiß: Unter dieser leichten neuen Last wird sie nicht zusammenbrechen. Hier also *geht* man; aber nicht so, als käme es unbedingt drauf an, wohin. Schon hat sich ein Spenden heischender Akkordeonspieler eingefunden, der *sitzt* und durch diesen Akt deutlich macht, dass die Brücke nicht nur Mittel, sondern auch Zweck ist.

Überall sonst hängen an den Brücken dicht an dicht die Vorhängeschlösser, deren Schlüssel abgezogen und in den Fluss geworfen worden sind, um durch Analogiezauber auch der Liebe im Herzen des schlossstiftenden Paars zur Unauflöslichkeit zu verhelfen: «Verloren ist das sluzzelîn, dû muost ouch immêr darinne sîn», wie ein mittelalterliches Gedicht es ausdrückt. Ein Massenphänomen auf poetischer Basis, leicht melancholisch überhaucht von der Vorstellung, dass das beschriftete Metall wohl oft länger hielt als das Verhältnis, das es verbürgen sollte. Hier aber, auf der Hubbrücke, waltet eine andere Art von Gedenken und Beschwörung. Man hat sich darauf geeinigt, dass, wer hier eine Botschaft hinterlassen will, es nicht mithilfe eines stählernen Klickmechanismus tut, sondern durch eine Gravur auf standardisierter Plakette.

Ich mag Inschriften. Sie zwingen, weil der Platz beschränkt ist und die Ausführung teuer, zur besonnenen Kürze. Wer unter solchen Umständen zwei Zeilen hinterlässt, der hat, darauf darf man vertrauen, ein gültiges Zeugnis seiner selbst hinterlassen. Beim Material handelt es sich, soweit ich erkennen kann, um das unromantische, aber weitgehend korrosionsbeständige Aluminium. Das bedeutet, auch wenn die Brücke zusammenkracht und in den Fluten der Elbe versinkt (und das wird sie irgendwann, wenn nicht in hundert Jahren, dann in dreihundert), es werden doch etliche von diesen Querrechtecken erhalten bleiben und wieder ans Tageslicht finden, um den Späteren zu berichten, wer wir waren. Werden die es wissen wollen? Schwer zu sagen. Aber diese kleinen Spuren, so unscheinbar wie beharrlich, bieten es an. Bis dahin haben sie Geduld.

Der Vorzug der Plaketten (Hunderte sind es) gegenüber den wortkargen Schlössern, die meist nur für zwei Namen Raum bieten, besteht auch darin, dass sie sich nicht nur für die paarweise Liebe, sondern auch für andere Beziehungen eignen. «Immer füreinander da – Immer ein sicherer Hafen – Unsere Eltern». Oder: «Wenn aus Liebe Leben wird! Annelie + Frank = Insa – 17.02.2013». Oder: «In Erinnerung an Frank Giering – ein absoluter Gigant». Den hätte man doch gern mal kennengelernt, bloß um zu wissen, wie so ein Gigant eigentlich aussieht. Oder: «Für mein Schmusescheißerchen, dein Sonnenschein – 07.05.2020». Das verrät doch schon mehr über ein Näheverhältnis als die bloßen lakonischen Namen! Aber auch: «01.08.06 – Der Tag, an dem das Unheil begann – Sandra & Patrick». Was um Gottes willen ist da passiert? Hoffentlich etwas, das sich hat reparieren lassen, auch wenn sich für die Reparatur kein Datum finden ließ. «Mensch Dicker. 70. Ick wunder mir über jarnischt mehr!» Das ist wohl eher eine reifere Beziehung. Auch Rätsel gibt es, die als solche die Ewigkeit suchen: «Lucky mein Freund. Heimlich markieren, aber nicht mit mir.» Ist das ein Versöhnungsangebot oder im Gegenteil die endgültige Absage? «Sapientia felicitas – 12.08.17 – Weisheit ist Glück – für Johan». Das ist allgemeingültig ausgedrückt, aber so spezifisch verortet, dass man gern wüsste, was an diesem Tag los war. «Wo sich Wasser und Herzen trafen. Hochzeit 3.8.19 Jule und Thomas». Da hat offenbar die Elbe ihr Lied mitgesungen. Bemerkenswert an diesen Plaketten ist, dass in der Regel die Frau die erste Stelle einnimmt. Adam und Eva, Hänsel und Gretel, Romeo und Julia: passé. Jule und Thomas, so muss es heute heißen. Es gibt auch noch Fälle, wo der Mann die erste Stelle besetzt. Aber das ist schon fast die rüpelhafte Ausnahme.

Eine Inschrift fragt: «Ist die Elbe denn noch dieselbe?» Eine gute Frage. Man steigt nicht zweimal in denselben Fluss, das wusste schon der griechische Philosoph Heraklit. Denn der Fluss führt immer neues Wasser mit sich, aber er tut dies im selben alten Bett. Was ist der Fluss nun also, sein Wasser oder seine Bahn? Ist er eine Zeit oder ein Ort? Offenbar irgendwie beides; aber in einer Weise, die sich nicht auf dialektischem Weg zu einer Synthese aufheben lässt. Acht Tage braucht das Wasser von der tschechisch-deutschen Grenze bis Hamburg; die Geschwindigkeit auf der tschechischen Seite zu messen, ist wegen der vielen Staustufen nicht sinnvoll, und ab Hamburg überlagern Ebbe und Flut die eigene Strömung des Flusses. Doch auch das Bett ist, obschon in weit größeren Zeitdimensionen, nicht völlig ortsfest. In den Eiszeiten traten der Elbe immer wieder die Gletscher entgegen und zwangen sie zum Ausweichen, beziehungsweise ihr Lauf fiel zusammen mit den Urstromtälern, den großen Abzugsgräben, die parallel zu den Gletscherfronten verliefen und im Sommer das abgeschmolzene Eiswasser aufnahmen. Zogen die Gletscher sich zurück, nahm die Elbe in früheren Zeiten ihren Weg nach Norden, über Berlin oder Senftenberg. Am Oberlauf, besonders im engen Canyontal der Sächsischen und Böhmischen Schweiz, blieb die Elbe hingegen Millionen von Jahren im alten Bett, das sie immer tiefer sägte. Am Mittel- und Unterlauf aber hat sie erst seit den letzten zehntausend Jahren ungefähr die heutige Spur gehalten, wobei sie gleich mehrere der alten Urstromtäler nutzt, zwischen denen sie in hakenartigen Sprüngen wechselt, das erste Mal unterhalb von Magdeburg, das zweite Mal bei Havelberg. Auch war ihr Lauf während der Eiszeiten erheblich länger, weil ein großer Teil des Wassers auf der Erde in den Gletschern gebunden lag und die Nordsee großenteils trockenfiel. Die Weser war damals ihr Nebenfluss; ja, sie vereinigte sich mit Rhein, Maas und Themse, und wo dieser wahre Über-Fluss sich schließlich ins geschrumpfte Meer ergoss, hoch im Norden, muss er einen beeindruckenden Anblick geboten haben.

Was die Leute an Flüsse zieht, ist möglicherweise noch etwas anderes, als was sie an Seen und Meere führt. Der See wirkt durch seine Ruhe; das Meer durch seine Unermesslichkeit. Der Fluss hat keins von beiden. Seine Kraft liegt in der Gleichform der Bewegung. Das Meer verleitet zum Liegen, man frage Millionen Sonnenanbeter; an Seen finden sich gern Sitzbänke; den Fluss aber erlebt man am besten, indem man an ihm entlangspaziert, wie heute die Magdeburger beweisen. Am liebsten spazieren sie auf dem Domfelsen, der gegenwärtig ganz trocken liegt, einem flachen Areal, teils kahl, teils mit nässeliebenden Stauden und Sträuchern bewachsen, welches in Höhe der Altstadt in den Strom vorstößt und dessen Breite erheblich reduziert, sodass das Wasser Fahrt aufnimmt, sich kräuselt und sogar kleine Schaumkronen ausbildet: ein altes gefürchtetes Schifffahrtshindernis, gewissermaßen eine elbische Loreley – am Tag unseres Besuchs aber ein Ort für Picknicks.

OTTO UND DIE SEINEN

Die große Attraktion, das Wahrzeichen Magdeburgs ist der Dom. Er ist die einzige der gotischen Kathedralen in Deutschland, die noch im Mittelalter zu Ende gebaut wurde, sogar die Turmhelme, die doch sonst immer unausgeführt blieben, bis die Mittelalterbegeisterung des 19. Jahrhunderts sich der liegen gebliebenen Projekte annahm und Ulm und Köln mit ihren typischen durchbrochenen Spitzen krönte. In Magdeburg also wurden sie fertig, wenngleich sie, im Verhältnis zum Bauganzen, recht zierlich und filigran ausfielen. Das Einzige, was heute noch beziehungsweise wieder fehlt, ist das volle Geläut. Die Glocken, soweit sie schon gegossen sind, stehen im Inneren der Kirche in langer Reihe, von links nach rechts immer kleiner werdend, wie eine auseinandergesteckte Matrjoschka, und werben um Spenden zur Finanzierung. Sie alle führen einen lateinischen Namen: Die größte, vierzehn Tonnen schwer und genannt *Credamus*, «Lasset uns glauben», glänzt einstweilen noch durch Abwesenheit; sie allein soll eine halbe Million Euro kosten. Es folgen *Amemus*, «Lasset uns lieben», *Cantemus*, «Lasset uns singen», *Benedicamus*, «Lasset uns segnen»; dann aber, schon ein wenig kleinlaut, die nicht restlos positiv besetzten Tätigkeiten: *Queramur*, «Lasset uns klagen», *Dubitemus*, «Lasset uns zweifeln» und *Resistamus*, «Lasset uns widerstehen». Und ganz zuletzt *Speremus*, «Lasset uns hoffen», gerade mal 440 Kilo schwer, was für eine Glocke so gut wie nichts ist. Warum wohl gerade die Hoffnung das leiseste Stimmchen erhält? Vielleicht weil sie, wie das Gewissen, auch dann noch vernehmlich bleibt und ihre Wirkung tut, wenn sie fast unhörbar flüstert?

Im Chor liegt Otto der Große begraben, der erste und möglicherweise bedeutendste Kaiser des Heiligen Römischen Reiches, das er im Jahr 962 begründete, indem er sich in Rom vom Papst krönen ließ. Damit leitete er Mitteleuropa in eine Bahn, in der es die nächsten achteinhalb Jahrhunderte laufen sollte – ja die eigentlich ein volles Jahrtausend währte, denn auch das Zweite und das Dritte Reich bezogen sich in ihrer Zählung ausdrücklich darauf. Immer kürzer dauerten die Reiche: 844 Jahre – 62 Jahre – 12 Jahre. Einem etwaigen Vierten Reich dürfte man demnach eine Lebensdauer von der Länge einer Schwangerschaft oder einer italienischen Nachkriegs-Regierung prophezeien. Den Zusatz «deutscher Nation» erhielt das Reich erst lange nach Otto. Es war ja auch nicht nur deutscher Nation, sondern es tummelten sich darin Italiener, Franzosen, Tschechen, Niederländer, nicht zu vergessen die slawischen Völkerschaften, zu denen die Elbe, die hier vorbeifließt, lange Zeit die Grenze markierte. Otto hat Magdeburg genau auf dieser Grenze gegründet, in Sichtweite der noch ununterworfenen Barbaren, und damit ein Statement abgegeben, in welche Richtung er die Macht auszuweiten gedachte. Er tat dasselbe wie rund sieben Jahrhunderte später Peter der Große, der seine neue Hauptstadt Sankt Petersburg ebenfalls an die äußerste Peripherie seines Reichs legte (an die westliche in seinem Fall), um seine Ansprüche in Europa zu unterstreichen. Die Zeitgenossen äußerten Zweifel daran, dass es gutgehen könne, wenn ein Reich sozusagen sein Herz auf der Fingerspitze balanciert. Ein solches Herz war jedenfalls auch Magdeburg: Otto machte die Stadt zu seiner bevorzugten Residenz, gründete zahlreiche Kirchen und Klöster und errichtete gegen erheblichen Widerstand seines eigenen Sohns, des Erzbischofs von Mainz, das neue Erzbistum, das für die Bekehrung des Ostens zuständig sein sollte. Die Magdeburger Kirchenprovinz und später, als die Kommune Selbstständigkeit erreichte, das Magdeburger Stadtrecht prägten das östliche Deutschland samt der darüber hinaus gewonnenen und besiedelten Räume auf lange Zeit.

Das Grab ist sehr schlicht, ein flacher Quader aus poliertem, gebändertem Stein, daraufgelegt ein rotsamtenes Kreuz mit frischen

Blumen und dem Schriftzug «Otto Magnus Imperator». Wenn das Domkapitel im Chor zusammentrat, begannen die Domherren ihre Sitzung noch Jahrhunderte später damit, dass sie sich vor diesem Grab verneigten. Auch das Grab von Ottos Gattin Editha hat man vor einigen Jahren wieder aufgefunden. Es befand sich, womit keiner gerechnet hatte, direkt unterhalb ihres Grabmals, bloß ein bisschen tiefer als gedacht. Sie starb mit nur sechsunddreißig Jahren. Otto muss sie sehr geliebt haben, denn obwohl er noch einmal heiratete, verfügte er, dass er zusammen mit ihr bestattet sein wollte. Man fand heraus, indem man ihre Zähne analysierte, dass sie tatsächlich, wie immer behauptet, aber nicht immer geglaubt worden war, aus England stammte; und zwar konnte man den Ort, an dem sie ihre Kindheit und Jugend verbrachte, bis auf ein paar Kilometer genau bestimmen. Der Geschichtswissenschaft, oder vielmehr ihren exakt verfahrenden Hilfswissenschaften, traut man inzwischen zu, alles, was je auf der Welt geschehen ist, wiederzubringen.

Die Frauen der Sächsischen Dynastie! Hundert Jahre spielten sie an der Seite ihrer Männer eine nahezu gleichberechtigte Rolle, wie es weder vorher noch nachher bis ins 20. Jahrhundert der Fall war. Fünf Könige und Kaiser – fünf Königinnen und Kaiserinnen: Mathilde, Gattin Heinrichs des Ersten und Mutter Ottos des Großen, heiliggesprochen und hochverehrt; Editha, erste Frau Ottos des Großen und ebenfalls wie eine Heilige angesehen; Adelheid, seine zweite Frau, Mutter von Kaiser Otto II.; Theophanu, byzantinische Prinzessin, die ihrem Ehemann Otto II. die langersehnte Anerkennung als dem anderen Kaiser Europas zur Mitgift brachte, später als Mutter des unmündigen Otto III. Regentin des Reiches; und schließlich Kunigunde, Gattin von Heinrich II., mit diesem zusammen heiliggesprochen und bis heute präsent in Bamberg, wo sie beide bestattet sind und ein halbes Jahrtausend nach ihrem Tod ein Grabmal von Tilman Riemenschneider bekamen. Dann starben die Sachsenkaiser aus, es folgten die Salier und alle weiteren Dynasten, die ihren Frauen keinen gleichberechtigten Sitz an ihrer Seite als *consors imperii*, Gefährtin der Herrschaft, mehr gönnten. Ein Jahrhundert hatte es gewährt; es war das Jahrhundert, als Magdeburg ein europäisches Zentrum war. Schlägt man die Etymologie nach, so wird man darauf verwiesen, «Magadaburg» sei germanisch eine «große Burg» gewesen. Das Stadtwappen weiß es besser: Es zeigt, auf einem Stadttor stehend und mit zwei Kränzen in den Händen, weniger eine Magd als eine majestätische Frau.

Das Innere des Doms ist ein Schatzhaus und ein Bildersaal der mittelalterlichen und frühneuzeitlichen Skulptur. Man spricht vom Schiff der Kirche; hier darf man diese Metapher in einem wörtlichen Sinn verstehen. Ja, dieser Dom gleicht einem großen gesunkenen Schiff mit überreicher Ladung. Überall, auf dem Lettner, der den Altarraum von der Gemeinde trennt, an der Kanzel, an den haushohen Grabepitaphien, an Säulen, Wänden und Portalen prunkt die feinste und intrikateste Steinmetzkunst, zuweilen so, dass man seine liebe Not hat, in diesen ziselierten Wimmelbildern die Gliedmaßen ihren Inhabern zuzuordnen: als käme es darauf gar nicht im Einzelnen an, sondern nur auf die Fracht als Ganzes.

Als wir in Magdeburg sind, findet auf dem Domplatz gerade ein Mittelaltermarkt statt. Er ist nicht frei zugänglich, sondern kostet Eintritt und ist mit Sichtsperren umgeben. So war das im Mittelalter bestimmt nicht. Aber durch die Ritzen kann man gucken. Mittelalter, was ist das? Es sind tausend Jahre, von circa 500 bis 1500 n. Chr. Am Anfang steht eine nahezu schriftlose Barbarei, am Ende der Buchdruck und die Renaissance. Die Praxis dieses Markts, soweit wir es mitbekommen, besteht überwiegend im Kostüm, besonders im selbst geschneiderten Umhang. Mittelalter ist ein Rollenspiel. Obwohl die Spieler so nah am Dom sind, einer der vollgültigsten Manifestationen des Mittelalters auf deutschem Boden, scheinen sie sich von ihm abzuwenden. Denn bei allen sonstigen Facetten des Spiels, der Verkleidung, der Folklore aus Dudelsackpfeifern und Gänsemägden, dem gröblich Selbstgemachten aller Dinge, wollen sie vom Zentrum des Mittelalters nichts wissen: der Religion. Mit ihr war es dem Mittelalter vollkommen ernst, während ihm alles Weltlich-Zeitliche nur als Tand galt; sie war es, die diese tausend Jahre zusammenhielt. Wir sehen im Dom einen der Spieler, den es wohl als Irrgast hierher verschlagen hat, verkleidet als Bischof, als wäre er gerade noch bei einer Nikolausbescherung aufgetreten. Er blickt umher, ratlos und nahezu bestürzt. Das Mittelalter, wo es ihm in eigener Gestalt entgegentritt und nicht als Bruegel'sches Idyll, überfordert ihn sichtlich.

DER SCHMERZ EINER STADT

Eine Figurengruppe hebt sich aus der Fracht des Doms heraus. Es sind die klugen und die törichten Jungfrauen, ein Gleichnis des Neuen Testaments: Zehn Jungfrauen erwarten den Bräutigam, der säumt bis in die Nacht hinein. Fünf davon haben mit diesem Fall gerechnet und sich entsprechend mit Öl für ihre Lampen versorgt; fünf nicht. Als der Bräutigam endlich doch erscheint, sind fünf vorbereitet, fünf nicht. Das Gleichnis spricht vom langen Ausbleiben des Erlösers nach seiner Himmelfahrt und soll ermutigen, die Flinte dennoch nicht ins Korn beziehungsweise die Lampe ins Gebüsch zu werfen. Man muss die Geschichte kennen, sonst versteht man den Ausdruck dieser Gruppe nicht: die absolute Freude, dass doch noch geschieht, was verheißen ist; und die völlige Verzweiflung über das verscherzte Heil. Solcher Überschwang der Gefühle war nicht bei irdischen, sondern nur bei himmlischen Dingen am Platz.

Sie stehen alle zehn im Gewände eines Portals, das sich in einer Vorhalle im Inneren des Doms befindet; so hat die Zeit, die sonst die Außenskulpturen an den Kirchen benagt, ihnen auch in fast achthundert Jahren wenig anhaben können. Die glücklichen Jungfrauen stehen links, das heißt aus ihrer eigenen Sicht natürlich rechts. Obwohl jede ihre Nische hat, schließen sie sich doch in lockerer Weise durch Wendungen von Kopf und Körper zu einer Gruppe zusammen. Zum überwiegenden Teil bestehen sie aus Gewand und Frisur, das konnte in dieser Zeit nicht anders sein. Aber wie sehr leben sie in diesen Accessoires! Die antiken Motive von Standbein und Spielbein, die in ihrem Zusammenspiel den Leib aus seiner symmetrischen Starre lösen, sind nach fast tausend Jahren zurückgekehrt und setzen die langen Falten in Bewegung. Die Überwürfe gestalten sich wie ein Wasserfall, dem Felsen in den Weg treten, gebauscht, gerafft und dann wieder senkrecht niederstürzend. Die Hände, immer die rechten, halten die becherförmigen Lampen wie einen Schatz, während die freie linke auf dem Herzen liegt und, in einem Fall, auf den Schoß weist. Vor allem aber: Sie lächeln. Dieses Lächeln war damals neu, es kam von den französischen Kathedralen, wo es vor allem den Engeln vorbehalten war, und nahm den Weg über Straßburg und Bamberg. Man hat öfter festgestellt, dass die frühen Meister es aus Mangel an Erfahrung mit diesem Gefühlsausdruck übertrieben hätten und das himmlische Lächeln in ein irdisches Schmunzeln oder Grinsen gekippt sei. Dies ist bei den Magdeburger Jungfrauen nicht der Fall: Jede lächelt anders, einige wirken geradezu ernst, wie es sich bei einer so wichtigen Angelegenheit wie dem ewigen Heil geziemt. Diese Mimik gleicht nicht dem Lächeln, wie wir es heute von Fotos kennen; es liegt ihm keine transitorische Heiterkeit zugrunde, sondern große, dauernde Freude; es ist das *Zeichen* dieser Freude, wie im Mittelalter alle Kunst Zeichen war für etwas und nicht die Sache selbst vorführen sollte. Das gilt selbst hier, wo alle Details so realistisch anmuten.

Auf der Gegenseite ist es der Schmerz, der sein Zeichen findet. Die Lampen sind unübersehbar leer; sie werden nicht geborgen, sondern schräg gehalten oder umgedreht, damit sich niemand hierüber täuschen kann. Insgesamt gebärden sie sich kaum heftiger als ihre glücklichen Schwestern – nur dass offenbar eine jede ihren Schmerz für sich allein zu ertragen hat und keine Trost bei den Gefährtinnen findet. Eine der fünf törichten Jungfrauen führt den Stoff ihres Gewandes zum Gesicht, um die Tränen zu trocknen, aber die Fülle des Textils scheint von ihren Augen niederzugehen wie ein ungeheurer Tränenstrom; die Bedeckung verhindert es, dass die Haltlosigkeit des Mundes gestaltet werden müsste. Eine legt die Hand an die Wange, sodass ihr Schmerz auch ein Nachsinnen sein könnte, wie man es von Walther von der Vogelweide kennt. Eine hat die freie Hand an die Stirn gehoben und deutet an, dass dieser Schmerz sich vertieft, dass er die Reue einschließt. Eine faltet die Brauen auf und zieht die Mundwinkel nach unten. Die fünfte, als einzige im vollen Profil zu sehen, hebt ebenfalls den Gewandzipfel gleichsam als Taschentuch empor und ist ganz und gar im Weinen begriffen, was ihr Kinn auf kindliche und fast komische Weise verzerrt. Jede für sich und alle zusammen führen den Schmerz auf wie eine vielstimmige Symphonie.

Gleich ein paar Schritte weiter, im Kirchenraum, hat der Schmerz noch in einem anderen Monument Gestalt gefunden: einem Denkmal für die Toten des Ersten Weltkriegs von Ernst Barlach. Schon die Wahl des Materials macht klar, dass hier etwas Elementares erscheinen soll: nicht der Stein, den die Bildhauer der älteren Zeiten in ihren Werken ringsherum trotz seiner Härte so virtuos zur Feingliedrigkeit zwangen, noch die teure Bronze, aus der die an der Seite aufgereihten Glocken bestehen – sondern Holz, und zwar nicht das bildnerisch so gut zu behandelnde gotische Lindenholz, sondern, soweit ich das beurteilen kann, Eiche, die sich nur schwer der geschnitzten Form fügt. Skulpturen schweigen, das versteht sich von selbst; aber diese sechs Figuren, die zu einem einzigen Block verschmelzen oder vielmehr aus ihm gar nicht erst heraustreten, scheinen das Schweigen in einen höheren Grad der Dringlichkeit zu versetzen.

Ihr Ausdruck ist so karg wie möglich, die Kleidung hängt fast faltenlos herab, als bestünde sie aus schwerstem Leder, die Hände sind groß, aber nicht mit Gestik beschäftigt, die Gesichter, ohne jeden porträtierenden Ehrgeiz, grob ausgearbeitet wie die Zierate an norddeutschen Bauernschränken, dazu bis zur Unkenntlichkeit von Helmen (und, in einem Fall, einem Schleier) verdeckt, die wie ein eisernes Schicksal bis zur Nasenwurzel hinabreichen, sodass man die Augen kaum erkennen kann. Ihr Schmerz ist, anders als bei den törichten Jungfrauen, irdischen Ursprungs. Er verzweifelt nicht, vielmehr hat an ihm die Erschöpfung den wesentlichen Anteil. Diese Leute sind, nach allem was sie erlebt haben, zu müde zum Klagen geworden: Das besagt das Nötige über den zu beklagenden Sachverhalt. Die finstere Geschlossenheit des Ensembles ist die menschenmögliche Antwort auf die Zerfetzung der Leiber im Kanonendonner, aus dem ganz neue menschliche Physiognomien hervorkamen, ohne Beine, Nasen und Unterkiefer. Wo der Künstler sich damit nicht bescheiden wollte, nämlich bei zwei der drei Büsten in der unteren Figurenreihe, landet er sogleich beim lakonischen Kitsch, wie er typisch ist für den Nachkriegs-Expressionismus, dem der Ausdruck zur Masche wurde: die zu den Schläfen erhobenen wehklagenden Hände; unterm eisernen Helm der Totenschädel. Ja, hier treten ersichtlich die Grenzen, die wahrlich engen Grenzen des Künstlers Barlach hervor, die ihn in allem so überraschungsfrei und voraussehbar machen. Da dies so ist, hat er sich widerstandslos von den bundesdeutschen Standardritualen des Gedenkens vereinnahmen lassen müssen; man erinnere sich der aufgeblähten Pietà in der Alten Wache zu Berlin. Der Deutsche, sagt Jan Philipp Reemtsma, denkt an Barlach, wenn er gedenkt. Aber der Schmerz der Magdeburger Skulptur ist echt.

Trotz oder vielmehr wegen seiner langen, reichen Geschichte ist Magdeburg eine Stadt der schmerzlichen Diskontinuitäten. Der Bau des Doms, wie er heute steht, verdankt sich einem Großfeuer im Jahr 1207, das die gesamte Stadt vernichtete. Im Dreißigjährigen Krieg wurde das protestantische Magdeburg von den kaiserlichen Truppen erobert, niedergebrannt und die Bevölkerung fast komplett massakriert. Magdeburg war ein wichtiger Vorposten der Protestanten, und darum wollte der katholische Feldherr Tilly sie einnehmen, ehe der schwedische König Gustav Adolf, der nicht weit entfernt stand, ihr zu Hilfe eilen konnte. In den frühen Morgenstunden des 10. Mai 1631 begann der Generalsturm, der Feind drang von vier Seiten zugleich ein. Friedrich Schiller hat das Geschehen in seiner Geschichte des Dreißigjährigen Krieges geschildert: «Die Würgeszene fing jetzt an, für welche die Geschichte keine Sprache und die Dichtkunst keinen Pinsel hat. Nicht die schuldfreie Kindheit, nicht das hülflose Alter, nicht Jugend, nicht Geschlecht, nicht Stand, nicht Schönheit können die Wut des Siegers entwaffnen. Frauen werden in den Armen ihrer Männer, Töchter zu den Füßen ihrer Väter misshandelt, und das wehrlose Geschlecht hat bloß das Vorrecht, einer gedoppelten Wut zum Opfer zu fallen. Keine noch so verborgene, keine noch so geheiligte Stätte konnte vor der alles durchforschenden Habsucht sichern. Dreiundfunfzig Frauenspersonen fand man in der Kirche enthauptet. Kroaten vergnügten sich, Kinder in die Flammen zu werfen – Pappenheims Wallonen, Säuglinge an den Brüsten ihrer Mütter zu spießen.» Als einige Offiziere, die sich vor den Gräueln entsetzen, ihren Feldherrn auffordern, das Blutbad zu beenden, erhalten sie zur Antwort: «Kommt in einer Stunde wieder, ich werde dann sehen, was ich tun werde; der Soldat muss für seine Gefahr und Arbeit etwas haben.» Endlich kommt ein starker Wind auf, die vielen ausgebrochenen Feuer vereinigen sich zum Großbrand. «Fürchterlich war das Gedränge, durch Qualm und Leichen, durch gezuckte Schwerter, durch stürzende Trümmer, durch das strömende Blut. Die Atmosphäre kochte, und die unerträgliche Glut zwang endlich selbst diese Würger, sich in das Lager zu flüchten. In weniger als zwölf Stunden lag diese volkreiche, feste, große Stadt, eine der schönsten Deutschlands, in der Asche.» Es war die größte einzelne Katastrophe in diesem schlimmsten Krieg der deutschen Geschichte.

Im Zweiten Weltkrieg war Magdeburg als Verkehrsknotenpunkt der Wasser- und Schienenwege und als Standort von Panzer-, Flugzeug- und Munitionsfabriken ein Hauptziel der alliierten Luftangriffe; sechshundertzwanzigmal gab es Fliegeralarm. Am 16. Januar 1945 flog die Royal Air Force einen Nachtangriff mit 371 Maschinen. Riesige Sprengbomben rissen die Dächer und Mauern auf, sodass im nächsten Arbeitsgang 26 000 Stabbrandbomben und 5000 Flüssigkeitsbrandbomben ins Innere der Gebäude geworfen werden konnten. Hatte die Katastrophe des Dreißigjährigen Kriegs zwölf Stunden in Anspruch genommen, so benötigte diese nur achtundzwanzig Minuten. Der einsetzende Feuersturm erreichte achthundert Grad und vernichtete fast die gesamte Innenstadt. Da die Royal Air Force eine Finte angewandt hatte, scheinbar auf Berlin flog und erst im letzten Augenblick nach Magdeburg abbog, fiel der Alarm mit dem Angriff praktisch zusammen, und viele Einwohner erreichten die Bunker nicht mehr; sie erstickten und verglühten auf den Straßen, deren Asphalt in Flammen stand. Den Feuerschein des brennenden Magdeburg sah man noch am Rhein, 370 Kilometer entfernt im Westen. Wie viele Tote es gab, konnte nicht zweifelsfrei festgestellt werden, Schätzungen bewegen sich zwischen drei- und sechzehntausend. Die Särge wurden knapp, aber das war nicht so schlimm; von den Leichen, die durch Phosphor-Einwirkungen teils stark geschrumpft waren, konnte man mehrere in einem Sarg unterbringen. Am 18. April 1945 eroberte die amerikanische Armee die Stadt links der Elbe; rechts davon hielt sich die Reichswehr noch bis zum Ende des Monats. Amerikanische Artillerie schoss vom linken Elbufer aus zwölf Tage lang, wie es in einer Quelle heißt, auf alles, was sich bewegte. Nach Kriegsende befanden sich von den 350 000 Einwohnern, die Magdeburg vor dem Krieg hatte, noch 90 000 in der Stadt. Heute hat sie wieder 240 000. Ein Barlach für diese Toten hat sich bislang nicht gefunden; man ist geneigt zu sagen: nicht einmal ein Barlach.

DER KANAL

Von Magdeburg die Elbe hinab kommt man endgültig im Tiefland an. Hier findet man einige der besten Ackerböden Deutschlands, Zuckerrüben und Weizen gedeihen hier. Den Strom aber bekommt man kaum zu Gesicht. In der Ebene wird er zur Gefahr, dem Orte und Straßen, hinter Deichen verschanzt wie an der See, aus dem Wege gehen. Der höchste Wall jedoch, auf den wir stoßen, fünfzehn Meter oder mehr, ist kein Deich, sondern gewissermaßen dessen Gegenteil, denn das Wasser berührt ihn nicht an seinem Fuß, sondern auf seiner Krone. Dort verläuft der Mittellandkanal. Kerzengerade, so weit wir sehen können, geht er in beide Richtungen. Auf ihm kommt uns ein großer Kahn entgegen. Am Anfang scheint er stillzustehen, aber als er auf unsere Höhe gelangt, erweist es sich, dass er doch mit ziemlicher Geschwindigkeit fährt. Er ist sehr lang, hat einen mattschwarzen Rumpf mit einem dunkelblauen Bord darüber, das die Ladung verbirgt, und trägt einen weißen, leicht erhöhten Bug, der auch den Namen anzeigt: «BCF Kurier» heißt das Fahrzeug. Im Heck befindet sich ein Häuschen mit Gardinen darin, ein richtiges Heim, sowie ein Kleinwagen für

Landgänge. Das haben wir auf der Elbe gar nicht gesehen: ernsthaften Schiffsverkehr, der über den leichten, flachgründigen Freizeitbedarf hinausging.

Unter dem Kanal führt ein Straßentunnel hindurch. Es scheint eine paradoxe und prekäre Konstruktion. Sonst gehen Straßen über das Wasser hinweg, das ja seiner Natur nach immer den tiefsten Punkt sucht und unten bleiben will. Hier aber ist es künstlich gezwungen, sich oben aufzuhalten. Ob das auf Dauer gut geht? Es könnte sich rächen. Schon das winzigste Loch genügt, um den ganzen Eimer auslaufen zu lassen. Was passieren würde, wenn hier ein Loch entstünde, malt man sich am besten nicht aus. Schon der Wortschatz für die Technik des Mittellandkanals lässt erkennen, dass er, um zu bleiben, was er ist, der permanenten Wartung und Überwachung bedarf: Man spricht nicht von seinem Verlauf, sondern von seiner Haltung, er geht in Trogbrücken über andere Gewässer hinweg, sein Spiegel wird durch eine Serie von Schleusen geregelt. Die Schleusen sorgen dafür, dass der Kanal verlässlich immer eine befahrbare Tiefe von 2,8 Metern aufweist, nicht mehr und nicht weniger, was bei der Elbe mit ihren unkontrollierbaren Hoch- und Niedrigwassern nicht gelingen will. «Scheitelhaltung» heißt der lange Mittelabschnitt; man denkt an ein Balancier-Kunststück. Nicht weit von hier befindet sich das Wasserstraßenkreuz Magdeburg, wo der Mittellandkanal die Elbe quert und jenseits von ihr in den Elbe-Havel-Kanal übergeht.

Der Mittellandkanal misst mehr als dreihundert Kilometer und verbindet, einschließlich seiner Anschluss-, Stich- und Seitenkanäle, das ganze Gebiet von den Beneluxstaaten bis nach Polen auf dem Wasserweg, das Ruhrgebiet, Hamburg, Hannover, Wolfsburg, Berlin. In einem buchstäblichen Sinn setzt er sich über das alte Flusssystem hinweg, das in Rhein, Ems, Weser, Elbe, Oder von Süden nach Norden läuft, und schafft stattdessen die große

Verbindung von West nach Ost, wobei er die Ströme überspannt, ohne sie zu berühren und sich mit ihnen zu vermischen.

So bleibt die Elbe entlastet und leer zurück. Wir müssen einen holprigen Seitenweg nehmen, um uns ihr zu nähern, und kommen an einer Lände heraus. Hier kann man, auch wenn man gegenwärtig keines sieht, Boote mieten. So verkündet es jedenfalls die Schrift auf dem Wagen, der aussieht, als gehöre er zu einem Wanderzirkus. Er ist an der Seite aufgeklappt, und auf diese Weise öffnet sich eine Art Terrasse, auf der ein Ehepaar mittleren Alters sitzt und seinen Spätnachmittagskaffee trinkt. Nein, mit Publikum rechnen sie heute nicht mehr, die Saison ist vorbei. Auf der Lände stehen nebeneinander zwei blaue Klappstühle, die gemeinsam auf den Fluss zu blicken scheinen. Als Sitze zum Angeln eignen sie sich nicht, dafür sind sie ein paar Meter zu weit vom Wasser entfernt. Sehr beschaulich wirkt das alles. Der Fluss, wie an so vielen Stellen, bleibt auch hier für sich.

Als wir weiterfahren, fällt uns ein riesiger Berg auf, ein ganzes Gebirge vielmehr, das in seiner geometrischen Schroffheit überhaupt nicht zur Landschaft passt und mit seiner weißlich-grauen, ins Rosa spielenden Farbe scharf vom satten Grün der Umgebung absticht. Was mag das sein? Die Braunkohle ist von hier ein ganzes Stück weg, außerdem weisen deren Abraumhalden dunklere Töne auf. Dies ist augenscheinlich ein besonderes Material, kein gewöhnlicher Erdaushub. Es stellt sich heraus, dass es sich um das Kalibergwerk Zielitz handelt, das größte Deutschlands und eines der größten weltweit. Auf einer Fläche von neunzehn Kilometern Länge und über sechzig Quadratkilometern werden hier jährlich zwölf Millionen Tonnen Rohsalz gefördert, das sind täglich rund vierzigtausend Tonnen, was ausreichen würde, um zweitausend große Laster zu füllen, jeden Tag; es ist der größte Arbeitgeber der ganzen strukturschwachen Region. Anders als die sonstigen Bergbaubetriebe der alten DDR, als die Uran- und Zinnbergwerke des

Erzgebirges, als die Braunkohle, der es nun endgültig an den Kragen gehen soll, anders auch als die Kaliminen in Thüringen, um die es damals so viel Wirbel gab, ehe sie doch dicht machen mussten, hat dieses Unternehmen sich halten können. Wie kommt es, dass wir den Namen Zielitz noch nie gehört haben? Es gibt offenbar Gegenden in Deutschland, die auf der Landkarte im Kopf, der «Mental Map», so gut wie überhaupt nicht in Erscheinung treten. Dort warten Überraschungen; und besonders gilt das für die Elblandschaften des nördlichen Sachsen-Anhalt.

TANGERMÜNDE IN FLAMMEN

Tangermünde ist im Wesentlichen ein Werk des römischen Kaisers und böhmischen Königs Karl IV., der es im 14. Jahrhundert zum wichtigen Stützpunkt auf seinem geplanten Vorstoß zum Meer ausbaute. Ich müsse mir, hat mir ein Berliner Bekannter gesagt, unbedingt Tangermünde anschauen; er und seine Frau führen jedes Jahr im Urlaub hin, es wirke in seiner Abgeschiedenheit und altertümlichen Anmutung ungemein beruhigend. Tatsächlich ist es gar nicht mehr so ruhig, denn es hat sich zur bevorzugten Station des Elbradtourismus entwickelt. Wie immer bei diesem Ausflugs- und Durchgangstourismus scheint die einheimische Wirtschaft mit dem Ergebnis nicht so recht zufrieden; die Leute sollen Mahlzeiten zu sich nehmen und übernachten, nicht bloß eine Tasse Kaffee trinken. «Liebe Kundschaft!», verkündet der Aufsteller vor einem Laden. «Kauft in unserer Stadt, damit diese eine Zukunft hat! Denn vom Flanieren kann keiner existieren.» Mehr als Flanieren tun wir auch nicht. Das dauert nicht allzu lange, denn der Ort besteht im Wesentlichen aus zwei gepflasterten, parallelen Hauptstraßen mit ein paar Quergassen, einigen Fachwerkhäusern und, sobald man das unmittelbare Zentrum verlässt, einstöckigen Katen, die mit der Traufseite zur Straße stehen. Erstaunlich allerdings bieten sich das Rathaus und die Kirche dar. Was sich mit diesem Backstein alles machen ließ! Man sollte meinen, Backstein, das sei wie Lego, ein phantasiearmes Spiel auf der Basis vorgegebener Module; aber hier läuft er zur echten spitzen- und durchbruchsreichen Hochgotik auf. Mit einem Maßwerk, von dem man nicht glauben mag, dass es so viele Jahrhunderte hielt, wirkt es eher wie ein feines, zerbrechliches Gebäck, kross und mürbe; und hat doch gedauert. Dieser alte Backstein besitzt nicht die quasimetallischen Eigenschaften des neuzeitlichen Klinkers, der bei hoher Hitze durch und durch gebrannt ist. Sondern unter einer dünnen Kruste, die durch Windschliff leicht abgeht, erweist er sich als ganz weich, sodass man mit bloßem Finger mohnroten Staub davon abstreifen kann. Aber vielleicht haben die Feuersbrünste, denen Tangermünde, wie so viele Städte dieser Gegend, ausgesetzt war, dazu beigetragen, dem Backstein größere Härte zu verschaffen, indem sie ihn in einem zweiten Brand sozusagen zu Biskuit machten, während die Fachwerkhäuser aus Holz, Lehm und Stroh zugrunde gingen. So ging die große Bibliothek von Alexandria mit ihren Papyrusrollen in den Flammen unter – während die Keilschriftarchive aus dem Zweistromland nur dann erhalten geblieben sind, wenn in ihnen Feuer ausbrach, welches die ursprünglich ungebrannten Tafeln steinhart verziegelte.

Mit Feuer hat auch die berühmteste Geschichte Tangermündes zu tun. Zufällig geraten wir in eine Stadtführung hinein, eine Gruppe, die im Kreis um eine Bronzefigur herumsteht. Wie alle Bronzestatuen, die man in den letzten Jahren aufgestellt hat, weist auch diese keinen Sockel mehr auf, was sicher sympathisch ist, indem es die Ehrfurcht vermindert, aber auch zur Folge hat, dass man sie im Straßengewimmel nicht mehr deutlich sehen kann. Bei dieser hier dauert es eine Weile, bis wir sie überhaupt als den Mittelpunkt wahrnehmen, um den die Gruppe sich versammelt hat. Denn sie ist kleiner als die Passanten, dazu gebückt. Barfuß ist sie und streckt die geöffneten Hände vor; an Händen und Füßen trägt sie Ketten. Es handelt sich um Grete Minde, die im Jahr 1619 auf dem Scheiterhaufen starb, nachdem sie auf der Folter gestanden hatte, sie sei es gewesen, die das schreckliche Feuer gelegt habe, welches zwei Jahre zuvor die ganze Stadt in Schutt und Asche gelegt hatte. Wahrscheinlich war sie unschuldig; aber es half ihr nichts. Denn so ziemlich alles an ihr war verdächtig. Sie entstammte einer verarmten Patrizierfamilie, ihr Vater wurde wegen Totschlags der Stadt verwiesen, ihre Mutter war möglicherweise (denn das bleibt unklar) eine Spanierin und also Katholikin, was in dieser kernlutherischen Gegend Unmut erregen musste; sie ließ sich mit einem Landfahrer namens Tönnies ein und verdiente ihren Lebensunterhalt durch Kräuterverkauf und Wahrsagerei; und sie hatte vergebens versucht, ihre Verwandten gerichtlich zur Herausgabe ihres Erbteils zu bewegen. Eine Ketzerin also, eine Hexe, eine Vagabundin und außerdem etlichen Leuten durch ihre Ansprüche im Weg: Was lag näher, als sie anzuklagen, zu verurteilen und zu verbrennen?

Theodor Fontane hat sich, zweihundertfünfzig Jahre später, ihrer angenommen und eine Novelle über sie verfasst, die den Namen in den Titel setzt: «Grete Minde». Mit den historischen Fakten schaltet er frei. Was die Akten nicht hergeben, erfindet er und beginnt seine Erzählung mit einer Idylle. Die beiden kindlichen Liebenden, Grete und den Nachbarsjungen Valtin (von Tönnies dem Landfahrer ist nicht mehr die Rede), lässt er unter einem Kirschbaum und über einer Kirsche den ersten Kuss tauschen. Vor das Feuer aber hat Fontane das Wasser gesetzt. Grete und Valtin fliehen aus der Stadt, was am zwanglosesten auf dem Fluss geschehen kann. Ein vorbeischwimmendes Floß nimmt die beiden freundlich auf. «‹Was meinst du›, sagte Valtin, ‹wenn wir mitführen? Du bist müde vom Gehen. Und mitten auf dem Strom, da sucht uns niemand.›» Mitten auf dem Strom, da kämen sie vermutlich noch heute durch, wenn ein Schiffer ihnen Hilfe gewährte, denn dort findet man eher noch weniger Menschen als vor vierhundert Jahren. Mit Grete, daran lässt der Autor keinen Zweifel, wird es ein schlimmes Ende nehmen, nicht nur weil die Leute sie schlecht behandeln, sondern auch, weil die Rachsucht sie treibt, die Fontane verständlicher und womöglich verzeihlicher findet als das Justizsystem, welches Rache allemal unter die niederen Beweggründe rechnet. Am Fluss findet Grete letztmals Frieden, äußeren wie inneren. «Am Ufer hin stand das grüne Schilf, und wenn dann das Floß den grünen Schilfgürtel streifte, flogen die Wasservögel in ganzen Völkern auf und fielen plätschernd und schreiend an weiter flussabwärts gelegenen Stellen wieder ein. Der Himmel wölbte sich immer blauer, und ein Mittagswind, der sich aufgemacht hatte, strich frisch an ihnen vorüber und kühlte die Tageshitze.» Die Elbe selbst scheint sie noch einmal besänftigen zu wollen.

Bei Fontane aber ist es wirklich Grete, die Tangermünde anzündet, obwohl die historische Grete vermutlich unschuldig war. Eine echte Untat funktioniert besser als eine falsche Anklage, das weiß der alte Fuchs genau. Eigentlich verleumdet er sie also. Aber so wirkt es nicht, weil er nämlich die Umstände so gestaltet, dass eine durch ihre Ohnmacht gedemütigte Frau sich nicht mehr anders zu helfen weiß, als schuldig zu werden. Fontane gestaltet eine Szene, in der die wildäugige Grete ihr Erbteil vom Tangermünder Stadtrat fordert und abgeschmettert wird, speziell von ihrem höhnischen vollbürtigen Halbbruder Gerdt, der alles einbehält. Danach wird sie, wovon man fast wünschen möchte, dass auch die historische Grete es geworden wäre, wenn sie schon den Scheiterhaufen bestieg, zur Brandstifterin und Vernichterin des gesamten korrupten Gemeinwesens. Der Leser entsetzt sich und drückt ihr heimlich die Daumen: Das muss ein Schriftsteller erst mal hinkriegen. Nunmehr also steht Grete mit Gerdts gekidnapptem Sohn hoch oben auf dem Turm der Stadtkirche, während die Stadt darunter schon in Flammen aufgeht.

«Und jetzt fielen einige der vom Winde heraufgewirbelten Feuerflocken auf das Schindeldach ihr zu Häupten nieder, und sie sah, wie sich vom Platz aus aller Blicke nach der Höhe des Turmes und nach ihr selbst richteten. Unter denen aber, die hinaufwiesen, war auch Gerdt. *Den* hatte sie mit ihrer ganzen Seele gesucht, und jetzt packte sie seinen Knaben und hob ihn auf das Lukengebälk, dass er frei dastand und im Widerscheine des Feuers von unten her in aller Deutlichkeit gesehen werden konnte. Und Gerdt sah ihn wirklich und brach in die Knie und schrie um Hilfe, und alles um ihn her vergaß der eigenen Not und drängte dem Portal der Kirche zu. Aber ehe die vordersten es erreichten oder gar die Stufen der Wendeltreppe gewinnen konnten, stürzte die Schindeldecke prasselnd zusammen, und das Gebälk zerbrach, an dem die Glocken hingen, und alles ging niederwärts in die Tiefe.»

Was für ein Satzschluss, was für eine wahre Kadenz! Nochmals hundertfünfzig Jahre nach Fontane ist Grete Minde zur Touristenattraktion und zum Maskottchen der Gemeinde geworden, die ihr ein so schlimmes Schicksal bereitet hat. Ein kommunaler Bau, frisch in Rot und Weiß renoviert, trägt groß an der Stirn den Schriftzug «Grete-Minde-Haus», als ehrte die Stadt hier ihre Tochter, deren Größe ihr eigentlich nie zweifelhaft war, und als wäre diese hier nicht vielmehr geschlachtet worden. Aber vielleicht darf man es nicht ganz so streng und aburteilend sehen.

Jede Bronzefigur, die sich in Reichweite des Publikums befindet, weist eine Stelle auf, wo das oxidierte dunkle Metall durch regelmäßige Berührung zu seinem ursprünglichen tief goldenen Ton poliert ist. Bei Tieren, auf die Kinder klettern können, sind es gern Ohren oder Schnauze, wo man sich festhalten kann, bei der Julia am Alten Rathaus in München die eine Brust; bei der gebückten Grete Minde aber die gefesselten Hände, die sie den Vorüberkommenden entgegenstreckt. Diese Hände zu ergreifen ist wohl das Einzige und darum gewiss nicht Überflüssige, was sich nach vierhundert Jahren für sie tun lässt.

EINE IGELMÜTZE

Ein paar Kilometer elbabwärts, obwohl nicht direkt am Strom, liegen Ort und Schloss Schönhausen. Hier wurde im Jahr 1815 Otto von Bismarck geboren, dieses Gut übernahm er als sein Erbteil nach dem Tod der Eltern. Da hatte er schon ein recht wirres Leben hinter sich: ein Studium an mehreren Orten, bei dem er sich vor allem durch seine Fertigkeiten im Duell ausgezeichnet hatte, ein Rechtsreferendariat, aus dem er wegen unerlaubter Abwesenheit rausflog, verschiedene Liebschaften und eine Neigung zum Glücksspiel, was beides sehr ins Geld ging. Als Gutsbesitzer wirtschaftete er erfolgreich und machte sich einen Namen durch Jagdgesellschaften und Gelage; seine Trinkfestigkeit verschaffte ihm den Respekt der Gutsnachbarn, und er selbst hielt auch später noch große Stücke darauf. Alle diese privaten Aktivitäten befriedigten ihn auf die Dauer nicht. Dann ließ er sich, mit rund dreißig Jahren, zum Deichhauptmann an der Elbe ernennen, wo er die altersschwachen Deiche zu erneuern hatte; es war das erste Mal, dass er eine öffentliche Verantwortung übernahm. Bis heute gibt es in der Nähe den Bismarckdeich. Wenig später, im Revolutionsjahr 1848, empfahl er sich dem preußischen König als Helfer gegen die Revolution. Dieser aber hielt sich zurück und notierte: «Riecht nach Blut.» Und: «Ist nur zu brauchen, wo unumschränkt das Bajonett regiert.» Der große Politiker der Einigung und Einigkeit war er damals noch nicht.

Schönhausen aber wurde, was Bismarck sich immer strikt verbeten hatte: ein Museum. Dieses Museum, das vor allem die Geschenke enthielt, die der alte Bismarck von seinen Verehrern und Verehrerinnen erhielt, wurde in der DDR als feudales Relikt aufgelöst und seine Exponate an verschiedene Institute verteilt, wo sie zum Teil verschwanden. Das Schloss steht nicht mehr, aber eine provisorische Ausstellung gibt es im Pförtnerhaus. Man kommt ohne Weiteres hinein, sieht aber niemand, bei dem man ein Ticket erwerben könnte. Nachdem wir fragend die Treppe hinaufgerufen haben, erscheint eine Angestellte und erklärt uns, dass es sie überfordere, wenn sie gleichzeitig oben Büroarbeit verrichten und unten den Eingang kontrollieren müsse, was wir natürlich verstehen. Aber dann führt sie uns doch recht gern herum. Wir sollten bitte nicht fotografieren, die Eigentums- und mit ihnen auch die Bildrechte an den von überallher wiederaufgetauchten Ausstellungsstücken seien immer noch zu großen Teilen fraglich. Dafür brauchen wir aber auch keinen Eintritt zu zahlen. Ablichten dürfen wir allein die im Kassenbereich angebotenen Alkoholika: einen trockenen Pfälzer Bismarck-Riesling zum Beispiel und einen Bismarck-Wodka nach russischem Rezept mit Porträt und kronentragendem Doppelkopf-Adler zu 18,50 Euro.

Und was sie ihm alles geschenkt haben, die Verehrer und Verehrerinnen! Eine Heldenjungfrau mit Brünne, Banner und Schwert etwa, oder ein reich gefasstes Trinkgefäß aus einem Büffelhorn nach altgermanischer Manier, oder ein lebensgroßes Porträt von ihm in Uniform, alles sehr gediegen, ja kostbar ausgeführt. Die Reichsinnung der Küfer stellte auf einem skulptierten Fassdeckel den Fürsten als Fassbinder dar, der das Fass des Reichs zustande brachte; wüsste man nicht, dass dies aus Ehrfurcht geschah, man würde es für eine Karikatur halten, denn das begrenzende Rundformat verwandelt Bismarck in einen grimmigen Zwerg. Ein Rechnungsbuch verzeichnet alle Präsente, die zum achtzigsten Geburtstag hereinkamen; es müssen Tausende gewesen sein. Die unbrauchbarste Gabe waren bestimmt die drei Kanonen, die er vom Kaiser erhielt, Beutestücke aus dem Krieg gegen Frankreich, die ihm gegen den hiesigen Erbfeind Nummer eins, das Elbhochwasser, das immer wieder die ganze Anlage flutete, nicht helfen konnten; die kurioseste eine Schirmmütze, verfertigt aus dem Balg eines Igels, der mit seinen Knopfaugen über den Rand des Mützenschilds hinunterlugt. Ob Bismarck das Ding je getragen hat? Behalten hat er es jedenfalls.

SEITENBLICK AUF IMMOBILIEN

Kleine bis höchstens mittlere Städte gibt es viele in dieser doch eher dünn besiedelten Gegend, der Altmark. Wie der Name andeutet, gehörte sie von jeher zu Brandenburg, während der Rest der preußischen Provinz Sachsen erst nach und nach vom 17. bis zum 19. Jahrhundert dazukam. Alle diese Städte weisen eine gewisse Familienähnlichkeit auf, die im Wesentlichen darin besteht, dass sie unzerstört den Krieg überstanden haben. Für Bombenangriffe der Westalliierten waren sie zu unbedeutend, und als die Rote Armee sie erreichte, war Berlin schon erobert, sodass keine Bodenkämpfe mehr stattfanden, wenigstens keine, die ähnlich zerstörerische Wirkung entfaltet hätten wie in den Orten östlich der Reichshauptstadt, wo öfters kein Stein auf dem anderen blieb. Die Zeit scheint hier stillzustehen: erstens, weil so viel alte Bausubstanz erhalten ist; zweitens, weil in der Provinz während der DDR-Zeit wenig geschah und in den letzten zehn Jahren dieses Staats eigentlich gar nichts mehr; drittens, weil die Gegend sich im globalen Ganzen, als die Grenze aufging und auch das Mittelelbgebiet sich endlich zur weiten Welt hin öffnete, als eine Schwächezone erwies, aus der die Menschen und Ressourcen fast sofort, wie durch ein Naturgesetz, abgesogen wurden. Stendal, ein paar Kilometer von der Elbe weg, ist so eine Stadt, die größte der Altmark, was aber nicht viel heißt. Von ihr weiß ich nur, dass Johann Joachim Winckelmann hierherstammt, der Begründer des deutschen Klassizismus, und dass der französische Schriftsteller Henri Beyle sich aus Ehrfurcht vor ihm «Stendhal» genannt haben soll (ohne Vornamen). Von Winckelmann finden sich wenig Spuren (ein Kinderbuchladen heißt nach ihm), von Stendhal gar keine. Ein Wunder ist das nicht. Winckelmann, Sohn eines Schusters, verließ seine Geburtsstadt, in der sich so gar nichts von seinem südlich-klassischen Ideal fand, schon früh. Und für Stendhal war Stendal wohl nichts als ein Achtung gebietender Name.

Aber leben könnte man hier bestimmt ganz gut, wenn man ein Dasein ohne Aufregung sucht und seine Bequemlichkeit zu wohlfeilem Preis haben möchte. Wenn man über eine Gegend etwas herausfinden will, ist es immer hilfreich, sich die Angebote der Makler anzusehen. Ein Reihenendhaus mit Garage in Stendal Nord, Baujahr 1958 (sieh da, auch in der DDR gab es privaten Wohnungsbau!), ab 1990 saniert (da hat jemand die Gelegenheit der ersten Stunde genutzt), 80 Quadratmeter Wohnfläche, vollunterkellert, mit einem Grundstück von 338 Quadratmetern kostet 135 000 Euro – VHB, Verhandlungsbasis, das heißt, am Preis lässt sich noch was drehen. Ein Einfamilienhaus mit 145 Quadratmetern Wohnfläche, Garage, teilunterkellert, mit Garage beziehungsweise «Nebengelass» und einem Grundstück von 3500 Quadratmetern, freilich sanierungsbedürftig (es sieht aber gar eigentlich ganz gut in Schuss aus), ist für 125 000 Euro zu haben, auch dies «VHB». Wem die Rente nicht reicht und wer nicht jede Woche eine Theaterpremiere braucht, wer ein Typ ist, der sich leicht mit Nachbarn anfreundet und am Wochenende mit ihnen grillt, der wird sich hier gut aufgehoben finden. Und wenn ihn seine alten Freunde aus der großen weiten Welt besuchen wollen, so kann er ihnen jederzeit ein Gästezimmer offerieren sowie einen Ausflug ins Biosphärenreservat, was von Frankfurt oder Düsseldorf aus deutlich schwerer fällt. Ist das nichts? Auch für junge Familien klingen diese Angebote nicht schlecht – solange sie sich nicht mit der Frage befassen müssen, wie weit der nächste attraktive Arbeitsplatz entfernt ist.

KLEINE FEIGEN, KLEINER HECHT

Stendal ist für den Erstbesucher ein freundlicher Normalfall; Havelberg aber eine echte Überraschung. Die eigentliche Stadt liegt auf einer Insel. Inseln, Wasser: Wie viel das für einen Ort bedeutet! Man denke bloß an das Licht, das zu verschiedenen Tages- und Jahreszeiten vom Wasserspiegel zurückgeworfen wird, alles Gesehene verdoppelnd und die Helligkeit vermehrend; oder wie man sich fühlt, wenn man weiß, dass man auf allen Seiten von Wasser geborgen ist, als könnte einem nichts geschehen, und wäre es auch so schmal, dass ein bloßer Steg genügt, um herüberzukommen. Die Insel liegt in der Havel, diesem unentschlossenen, windungs- und seenreichen Nebenfluss der Elbe, dieser Ansammlung von lieblichen und freizeitattraktiven Blinddärmen. Erst in jüngster Zeit, das heißt den letzten paar Jahrhunderten, hat sie sich mit ihrem Hauptlauf um einige Kilometer von Havelberg wegbewegt und damit dessen ökonomischen Niedergang eingeläutet. Wir begegnen einem Mann mit Angel, der einen Plastikbehälter trägt. So friedvoll geht er seines Weges, dass wir uns ihn anzusprechen trauen: Und, haben Sie was gefangen? Das ist ziemlich frech. Er aber öffnet uns den Behälter, der früher vielleicht einmal Wandfarbe enthalten hat, und zeigt uns einen kleinen Hecht. Hat er gekämpft? Welches Lebewesen, ergeht die Gegenfrage, kämpft nicht um sein Leben? Der kleine Hecht hat also, so gut er es konnte, gekämpft, und verloren. Das stört für einen Augenblick das Gefühl des tiefen Friedens, das diese alte, kleine und doch wohlgegliederte Stadt verbreitet. Aber es ist jedenfalls eine Stadt, wo man im Zentrum mit einer Angel losziehen kann und die Gewissheit hat, ein Mittagessen für mindestens eine Person herauszuholen.

Havelberg war Bischofssitz und hat infolgedessen einen Dom. Er befindet sich nicht auf der mittelalterlichen Stadtinsel, sondern auf einer Anhöhe auf der anderen Seite des Havelarms. Schon geringe Berge wirken erheblich, wenn ringsum nichts als Flachland ist. Wir schnaufen ganz schön, als wir die unerwarteten Treppen zum Domberg emporsteigen. Und dort erwartet uns ein Bau, der mit seinem schmucklosen Westwerk wie eine Eigernordwand emporragt: Als käme es in der Ebene bei solchen Bauten vor allem auf ein Maximum ungebrochen senkrechter Erstreckung an. In den unteren zwei Dritteln sind es Felsensteine, die das fast fensterlose Mauerwerk bilden, in einer Flussniederung gewiss als solche schon ein Luxus; das obere Drittel geht in Backstein über wie in einen freieren Zustand.

Solcher Schroffheit entspricht das Innere nicht. Diese Kathedrale gleicht einer Druse, deren harte, graue Schale den edelsteinernen Kern einschließt und verbirgt. Hier, im Inneren, hat die Steinbildhauerei Wunderbares vollbracht. Man hat sich entschlossen, den Lettner, die Chorschranke, die doch eigentlich das fromme Volk von der heiligen Handlung trennt, beizubehalten, um der Schönheit der Skulptur willen. Diese ist vielleicht weniger ausgefeilt als in Magdeburg, aber desto lebendiger, denn in all ihren Verrichtungen *eilt* sie. Hat in Magdeburg der Evangelist Johannes, dessen Sinnbild der Adler ist, die Regie geführt, so war es hier der Evangelist Matthäus in seiner Dringlichkeit. Dessen Zeichen ist der Engel, der, vom Himmel herabbrausend, immer *akut* auftritt und zunächst einmal, bevor er sein Geschäft bestellen kann, sprechen muss: Fürchte dich nicht! Für die unbefleckte Empfängnis gibt es verschiedene ikonografische Möglichkeiten. Havelberg entscheidet sich für die auf verblüffende Weise sinnfälligste, indem das Wort Gottes wie eine gedrehte Nabelschnur von seinem Mund ins Ohr der Maria niederfährt. Denn das Wort ist Fleisch geworden und hat unter uns gewohnt: Kann man es deutlicher machen? Oder die Kreuzabnahme, die ja, anders als die Kreuzigung selbst, keine fest vorgegebene Bildlösung besitzt und es dem Künstler überlässt, wie er das Abnehmen des Leichnams vom Kreuz ausführt: mehr technisch, unter Zuhilfenahme von Leitern und Seilen, oder mehr feierlich und theologisch. Havelberg wählt keins von beiden und entscheidet sich stattdessen für die Trauer der beiden Akteure Nikodemus und Josef von Arimathäa: wie sie tun, was sie können, und in großer Nähe, vom Erdboden aus; das Kreuz ist so niedrig, wie ihre trauernde Liebe es braucht. Das Relief ist vielleicht, wenn man es mit Magdeburg vergleichen will, kein absolutes Spitzenkunstwerk. Dafür aber gibt es der menschlichen Fähigkeit zur Anteilnahme und wortlosen Hilfe ein Bild.

Beim Abstieg vom Domberg entdecken wir etwas, womit wir nicht gerechnet hatten: einen Feigenbaum, der an dieser windgeschützten Südseite gedeiht. Besonders groß ist er nicht, und noch kleiner sind seine Früchte. In seine niedrige Krone schlingt sich eine Hopfenpflanze. Sollte dies nicht ein Symbol sein? Süden und Norden, süß und herb, miteinander vermählt und verschlungen ... Man kann es auch düsterer deuten, als mahnenden Boten des Klimawandels: Die Feige dringt vor in Bereiche, wo sie, wenn es mit rechten Dingen zuginge, nichts zu suchen hätte.

VON BIBERN UND STÖRCHEN

Havelberg liegt inmitten des Biosphärenreservats Mittelelbe, des größten in Deutschland und eines der größten europaweit. Es zieht sich vierhundert Kilometer die Elbe entlang und hat Anteil an fünf Bundesländern: Sachsen-Anhalt, Brandenburg, Niedersachsen, Mecklenburg-Vorpommern und Schleswig-Holstein.

Der Anteil Sachsen-Anhalts ist der bei Weitem umfangreichste. Ein Biosphärenreservat stellt keine statische Einheit dar wie ein Naturschutzgebiet, sondern gliedert sich in mehrere Zonen. In der Kernzone soll es keinerlei menschliche Aktivitäten geben; sie umfasst nur ungefähr 2,6 Prozent der Gesamtfläche. In der Pflegezone ist immerhin menschliche Anwesenheit gestattet, und in der Entwicklungszone kann mehr oder weniger normal gewirtschaftet werden, wenngleich mit Rücksicht auf die Naturgegebenheiten. Schutzgegenstand ist die Elbaue, die von Menschen weniger tiefgreifend umgestaltet worden ist als andere Flusslandschaften Europas. Es darf sich dort ruhig etwas ändern. Dafür sorgt schon die Natur selbst, denn überall, wo Wasser im Spiel ist, werden die Landschaften unbeständig. Strömungen, Überflutungen, Ab- und Anschwemmungen, Mündungen von Nebenflüssen, die sich, vom eigenen Sediment blockiert, immer mehr den Hauptstrom hinab verschleppen, Mäander, die immer weiter und runder ausholen, bis sie sich in der Konsequenz selbst die Wurzel abgraben, plötzlich eine neue, viel kürzere Gerade bilden und geschwungene Altwasser zurücklassen: Das ist das Schicksal der amphibischen Ebenen. Dazu kommt, was Menschen tun, denn am und im Wasser richten sie viel mehr aus, als wenn es um trockenes Land geht: Sie graben Kanäle, regulieren Wassertiefen und Fließgeschwindigkeiten durch Wehre und Schleusen, stauen Mühlteiche an, legen Sümpfe trocken, hindern das Wasser durch Deiche und Dämme, sich ins flache Land zu ergießen.

Die Elbe ist auf Hunderte Kilometer von einem Korsett aus Buhnen begleitet, künstlich angelegten Halbinseln, die im rechten Winkel in den Strom vorstoßen, um ihn für die Schifffahrt schneller und tiefer zu machen; schaut man auf ein Luftbild von ihr beispielsweise in Höhe von Wittenberg, so sieht sie aus wie das vielwirblige Skelett einer Schlange. Selbst wenn sich an ihr nichts mehr ändert, so ist gerade das eine Änderung, die sich menschlichem Eingreifen verdankt: All die Wasserbegleitbauten legen sie auf ein bestimmtes Bett fest, aus dem sie nicht mehr, wie sie es früher gern tat, alle paar Jahrzehnte ausbrechen kann, um sich ein neues zu suchen. Manche Änderungen sind durchaus vorteilhaft, zum Beispiel, dass die Elbe in den letzten Jahrzehnten viel sauberer geworden ist, nachdem der größere Teil der dreckintensiven Braunkohle- und Chemiebranche der DDR-Industrie einging und der Rest Filtersysteme verpasst bekam. Ein DDR-Witz ging so: Was macht ein Aal in der Saale? Antwort: Er lernt Chemie-Facharbeiter! Das war ein guter, aber trauriger Witz; heute wäre es zum Glück gar kein Witz mehr.

Zur Natur hat das Schutzkonzept des Reservats ein Verhältnis wie die Medizin: ein heilendes. Es ist vieles geheilt worden in der jüngeren Vergangenheit. Man weiß auch heute so viel mehr über die ökologischen Zusammenhänge. Sogar eine neue Tierspezies hat man hier entdeckt: *Brachyopa silviae*, die Silvia-Baumsaftschwebfliege. Von Schwebfliegen kannte man bisher rund sechstausend Arten; jetzt ist es eine mehr. Der Baumsaft erklärt sich so ziemlich selbst; aber gern wüsste man, wie Silvia ins Bild kam.

Mit der Heilung und der Forschung verbindet sich das Vorbeugen. Durch den Klimawandel mit seinen wärmeren und trockeneren Sommern werden die Elbe und ihre Auenlandschaften, die ohnehin zu den niederschlagsärmsten Regionen des zentralen Europas gehören, in Bedrängnis geraten. Also greift man zu Maßnahmen der «Sohlstabilisierung», das heißt, die Elbe, die man lange für die Schifffahrt zu vertiefen trachtete, soll jetzt durch Zugabe von Sediment eher verflacht werden, damit sie trotz verringerter Wassermengen immer noch ausreichende Breite behält; hunderttausend Tonnen werden jährlich in ihr Bett eingebracht wie Zuckerwürfel in eine Tasse Kaffee. Wirft man einen Blick in die entsprechenden Artikel, dann trifft man auf vertrauenerweckende Substantivgruppen wie Feststoffhaushalt, Geschiebebewirtschaftung, Grobkornanreicherung, Erhöhung des Sohlwiderstandes durch Sohldeckwerke; und bleibt mit dem Eindruck zurück, dass die Menschheit, mindestens die mitteleuropäische Menschheit, ihrem Schicksal mit gefasster Handlungsfähigkeit entgegentreten wird.

Vor zweihundert Jahren war ein großer Teil der Auenwälder kahl geschlagen, und den Aufwuchs junger Bäume verhinderte das weidende Vieh. Die Bilder Caspar David Friedrichs, auf denen mächtig ausladende Eichen als Solitäre im Grasland stehen, wirken wie ein romantisches Zurück nur Natur, bezeugen aber vor allem die Degradierung der alten Landschaft. Hude-Eichen hießen sie; Hude, das war die Waldweide. Heute gibt es wieder, wie vor Jahrhunderten, die großen Hartholzauen. Es ist für mich ein Erlebnis, wenn wir die nassen, schmalen Waldwege mit dem Auto durchmessen und nicht wissen, wo wir herauskommen werden. In dem fränkischen Dorf, aus dem ich stamme, gab es die allerletzten Bestände der Hartholzaue am ganzen Main; vierzig Hektar waren es, ein Kleinod, das umso gefährdeter und bewahrenswerter schien, als man direkt daneben ein Kernkraftwerk hochzog. Und hier hört dieser Wald einfach nicht mehr auf.

Aber man will auch nicht alles wieder verwalden und verwildern lassen. Darum lässt man nun doch wieder Vieh aufs Schwemmland, Herden robuster, urzeitlich anmutender Großsäuger, von halbwilden Heckenrindern, die leierförmig geschwungene Hörner haben, und Liebenthaler Wildlingen, einer struppigen, kleinwüchsigen Pferderasse. Wo sie grasen, hat man die Deiche teilweise zurückverlegt und dem Strom Gelegenheit gegeben, wieder größere Flächen zu überfluten, am «Bösen Ort» etwa, der immer besonders gefährdet war, weil die Elbe hier einen Bogen beschreibt und bei Hochwasser die Dämme nicht nur seitlich streifte, sondern frontal traf, sodass es immer wieder zu Unterhöhlungen kam. «Ort» ist hier zu verstehen im alten Sinn von Spitze oder exponierter Punkt, wie heute noch in «vor Ort» oder «Tollerort» in Hamburg, der ja auch keine Stelle ist, wo es toll zugeht, sondern eine Halbinsel mit der alten Zollstation.

Ein wichtiger Landschaftsarchitekt ist der Biber. Der Biber war im Lauf der Jahrtausende den Weg von Ur, Bär, Luchs und Elch gegangen, das heißt in Mitteleuropa so gut wie ausgerottet worden. Nur an der Mittelelbe hielten sich noch einige Exemplare. Sie wurden sozusagen zum Saatgut, aus dem man eine neue Population zog, die sich heute wieder über nahezu ganz Deutschland ausgebreitet hat. Das führte auch zu Konflikten – nicht so erbittert und emotional wie beim Wolf, der, wo er auftaucht, tiefe Ängste aufrührt (oder noch nicht einmal auftaucht, denn die wenigsten Menschen, die ihn fürchten und hassen, haben ihn je zu Gesicht bekommen). Auch den Biber sieht man eher selten, dafür umso mehr die konkreten Spuren seiner Tätigkeit: Er baut seine Dämme und überschwemmt damit größere Flächen, die sich von ihren menschlichen Besitzern nicht mehr nutzen lassen; neuer Besitzer ist der Biber. Außerdem hat er einen hohen Bedarf an Bäumen, die er teils frisst und teils verbaut, wobei er ein charakteristisches Nageprofil im Holz hinterlässt, das unzweifelhaft macht, wer der Übeltäter war. Ich habe einmal als Spaziergänger mithören können, wie sich zwei Grundeigentümer über den Stumpf eines bibergefällten Baums unterhielten. Das sollte mal einer von uns probieren!, meinte der eine, und der andere: Da hätten wir sofort die Naturschutzbehörde am Hals. Das schien mir eine ungerechte Forderung nach Gleichbehandlung, denn die zwei konnten sich frei entscheiden, ob sie ihre Bäume fällen oder stehen lassen wollten. Der Biber nicht.

Der Biber, dessen flächendeckende Wiedereinführung den markantesten Erfolg des Biosphärenprojekts darstellt, ist zu dessen Wappentier erkoren worden. Ein ausgestopftes Exemplar befindet sich im Haus der Flüsse in Havelberg. Er sieht aus wie eine übergroße, rundgefressene Maus mit plattem Schwanz. Das ist ein recht altertümliches Exponat. Ansonsten aber setzt man an diesem Ausstellungsort ganz auf moderne Technik in Verbindung mit naturnaher Architektur, oder was man als solche deklariert: ein ersichtlich kostspieliger, asymmetrischer Bau aus feinen Holzriemen, der wirkt wie ein Parkett in 3D, ausgestattet mit dem neuesten IT-Schnickschnack, einem Lebensraum-Spieltisch beispielsweise. Eine Praktikantin sitzt am Eingang, sonst scheint es kein Personal zu geben. Geht das, Museumspädagogik auf Autopilot? Können Maschinen, allein als solche, etwas lehren? Vermutlich nicht mal dann, wenn sie alle funktionieren, was sie aber nicht tun; schätzungsweise ein Drittel der interaktiven Erlebnislandschaft, obschon ersichtlich ganz neu, erweist sich als defekt. Das kann dem ausgestopften Biber nicht passieren.

Das Storchendorf Rühstädt hingegen hält sich in seinem Dokumentationszentrum an traditionelle Lehrmittel: Schaukästen, Lehrtafeln und vor allem: eine auskunftsfreudige Dame an der Kasse, von der man alles erfahren kann, was man wissen will. Das ist vielleicht ein bisschen altbacken, aber jedenfalls lehrreich und unverwüstlich, genauso wie ein Stück Kreide im Gegensatz zu einer Power-Point-Präsentation nicht abstürzen kann, leicht zu handhaben ist und sich auch für spontan anfallenden Erklärungsbedarf eignet. So erfährt man in einprägsamer didaktischer Aufbereitung, was ein Nest voller Störche am Tag so an Nahrung braucht. «Rechnung für Familie Adebar: Verköstigung am 3. Mai 2021»: Zwei Eltern und zwei Kinder verzehren pro Tag rund 13 Pfund Protein, darunter 130 Mäuse, aber wider Erwarten nur 18 Frösche, dazu 658 Regenwürmer und 682 Wiesenschnaken, die so gut wie nichts wiegen, aber schwer zu erwischen sind – ein mühseliges Geschäft. Und es gibt, trotz aller Erfolge mit dem Biosphärenreservat, immer weniger davon, sodass die Zahl der Störche abnimmt. Von rund dreißig Brutpaaren auf den Hausdächern spricht die Homepage noch, die Ausstellung weiß aber, dass es zuletzt nur noch gut zwanzig waren, Tendenz sinkend. Es wird alles immer trockener, und die Landwirtschaft im Reservat ist nicht so ohne Weiteres storchenfreundlich zu gestalten.

Wir sehen keine Störche mehr, sie sind jetzt, Anfang September, schon fortgezogen, nachdem in nur vier Monaten aus einem bloßen Ei ein Wesen mit einer Flügelspannweite von über zwei Metern hervorgegangen ist, das einen Flug über Tausende von Kilometern zu absolvieren vermag. Die Störche von Rühstädt übrigens gehören zu den Westziehern, die über die Straße von Gibraltar nach Afrika fliegen, während nicht allzu weit davon das Reich der Ostzieher beginnt, die den Weg über den Bosporus nehmen.

Jeder liebt die Störche; in Europa bringen sie dem Haus Glück, auf dem sie nisten, und die Kinder sowieso. Wenn sie am Bosporus eintreffen, heißt es: Die Störche kommen!, und die Leute laufen hinaus und hängen für die erschöpften und hungrigen Vögel kleine Fleischbällchen auf. Aber woher wissen die Störche, wohin sie müssen, zum Bosporus oder nach Gibraltar? Das wenn man wüsste! Doch sie wissen es unfehlbar, und ohne dass es ihnen beigebracht würde. Denn es sind die unerfahrenen Jungstörche, die zuerst aufbrechen und ihren Weg ohne Wegweiser finden. Kommen sie mit einer Landkarte in den Genen zur Welt? Offenbar. Die Waldrappe dagegen, die ebenfalls zu den Störchen zählen und im Herbst in den Süden fliegen, kommen ohne Hilfe nicht zurecht; in ihrem Fall sind die Jungtiere auf die Begleitung durch die Alttiere angewiesen. Und da bei dieser extrem seltenen Vogelart die zugerfahrenen Alten nahezu ausgestorben waren, musste der von Menschenhand aufgezogene Nachwuchs auch von Menschen in den Süden geleitet werden. Das einprägsame Bild von einem Himmel mit motorisiertem Gleitschirm darin, den ein Menschenpilot steuerte, und in seinem Gefolge eine Schar großer, dunkler Vögel ging letzten Sommer durch die Medien. In Zukunft werden *das* die Alten sein, die den Jungen zeigen, wo es langgeht, und vielleicht hat die Spezies Waldrapp damit das Nadelöhr ihrer Existenz passiert und wird überleben; vielleicht auch nicht, denn sie sind trotzdem gar so wenige. Warum ist das so, dass zwei so eng verwandte Spezies mit einander so sehr ähnelnden Bedürfnissen zwei so verschiedene Wege der Tradition gefunden haben, das Lernen und das angeborene Wissen? Denkt man darüber nach, sind es zwei gleichermaßen geheimnisvolle Vermögen.

DIE STADT DAZWISCHEN

Wittenberge sollte man keinesfalls mit dem bekannteren, elbaufwärts gelegenen Wittenberg verwechseln. Der Gleichklang der Namen ist allerdings kein Zufall, denn «weiße Berge» gibt es überall an der mittleren Elbe, Sanddünen also, die sich während und nach der Eiszeit im Vorfeld der Gletscher gebildet hatten.

Wittenberge ist eine für seine moderate Einwohnerzahl sehr weitläufige Stadt. Seine Geschichte gleicht der vieler anderer Städte in der Region: am Ende des Dreißigjährigen Kriegs komplett entvölkert, dann ein verheerender Stadtbrand 1686, dann ein Elbdeichbruch 1709, dann ein weiterer verheerender Brand 1757, dann ein weiterer Elbdeichbruch 1761. Was das Feuer nicht zerstört, vernichtet das Wasser, und umgekehrt. Im 19. Jahrhundert jedoch geht es steil bergauf: Die Stadt erhält einen Dampfschiffhafen, Eisenbahnanschlüsse in alle Himmelsrichtungen, besonders nach Hamburg und Berlin, zwischen denen es ziemlich genau in der Mitte liegt, und Industrien siedeln sich an, eine Ölmühle, ein Bahnausbesserungswerk (der einzige große Betrieb, der immer noch besteht), vor allem aber eine Fabrik des Singer-Nähmaschinenkonzerns, in der DDR als VEB Veritas weitergeführt. Mehr als dreitausend Menschen arbeiteten hier, der große Uhrturm des Betriebs ist immer noch das Wahrzeichen der Stadt. Dann kam die

Wende, Veritas und so ziemlich alles andere krachte zusammen. Die Einwohnerzahl, die in den Sechzigern bei über dreißigtausend gelegen hatte, reduzierte sich auf rund die Hälfte. Als ich Wittenberge das erste Mal sah, im Jahr 2009, da war es eine Gemeinde, die ihre Wunden leckte. Man dachte darüber nach, wie eine schrumpfende Stadt sich auf verschmälerter Basis neu organisieren ließe und wie man damit umgehen sollte, dass viele Gebäude in der Innenstadt abgerissen werden mussten.

Heute sieht Wittenberge besser aus, was vielleicht auch am Wetter liegt und daran, dass wir uns am Elbkai entlangbewegen, der eine hohe, stolze Wasserfront bildet, auch wenn es nicht viele Schiffe gibt; eigentlich gar keine. Aber dafür entstehen Neubauten, und Fabriken werden in Lofts umgewandelt, immer ein Zeichen junger Prosperität. Die Stadt wirbt jetzt mit ihrer guten Bahnverbindung: Nicht alle, aber doch einige ICEs zwischen Berlin und Hamburg machen hier Station. In fünfzig Minuten ist man von hier aus in beiden Städten. Ein Prospekt lässt einen jungen Familienvater und IT-Profi auftreten, der eines Tages bei seiner Pendelroutine Hamburg–Berlin einfach mal spaßes- und neugierhalber ausstieg, sich umsah, feststellte: Ist doch alles ganz nett hier, und so billig!, und mit seiner Familie hierherzog. Er hat es nicht bereut, es gefällt ihm alles, Nachbarschaft, Schule und so weiter. Was als Vorteil dargestellt wird, könnte aber leicht auch als Nachteil erscheinen: Die Äquidistanz zu Hamburg und Berlin bedeutet eben auch, dass Wittenberge auf dieser Strecke derjenige Ort ist, der den größten Abstand zu beiden hat. Und fünfzig Minuten zum Berliner Hauptbahnhof können leicht noch einmal fünfzig Minuten Anreise in der Stadt selbst nach sich ziehen. Vorerst reicht die Strahlkraft der beiden Metropolen noch nicht so weit, dass sie sich zu einem einzigen Bündel vereinigt. Sollte es einmal so weit sein, wird Wittenberge von Neuem erblühen.

DIE GESCHICHTE EINER SCHIFFSSCHRAUBE

Sieben Bundesländer berührt die Elbe und damit mehr als jeder andere deutsche Fluss. Beim Rhein sind es nur vier und bei der Donau sogar nur zwei. Die Elbe fließt aus Sachsen nach Sachsen-Anhalt, das sich des längsten Elbufers rühmen darf, bildet darauf für ein kurzes Stück auf der Höhe von Wittenberge die Grenze zwischen Sachsen-Anhalt und Brandenburg (nachdem Brandenburg schon einmal für ein kurzes Stück bei Mühlberg an die Elbe vorgestoßen ist), dann für ein noch kürzeres die Grenze von Brandenburg und Niedersachsen, tippt aufs Allerkürzeste bei Dömitz Mecklenburg-Vorpommern an, wendet sich dann ins Innere von Niedersachsen, überschreitet bei Lauenburg die Grenze nach Schleswig-Holstein, erreicht Hamburg und lässt danach, wo sie sich im Unterlauf weitet, die Ufer von Niedersachsen und Schleswig-Holstein immer mehr auseinandertreten. Das klingt einigermaßen kompliziert, stellt aber heute kein echtes Problem mehr dar. Vor einigen Jahrzehnten war das noch anders. Denn auf dem kurzen Abschnitt zwischen Schnackenburg und Dömitz war die Elbe nicht nur die Grenze zwischen Ländern, sondern zwischen feindlichen Welten. Hier bildete sie die Scheidelinie zwischen den beiden Machtblöcken des Kalten Krieges, von West und Ost; insbesondere aber den heikelsten Abschnitt der DDR-Grenze.

Überall sonst ließ sich die Staatsgrenze West durch die massiven Mittel einer Landfestung schützen, durch Zäune, Stacheldraht, Todesstreifen, Selbstschussanlagen. Das Wasser aber nimmt keine Markierung und Begrenzung an. Es strömt einfach weiter, egal, wer welche Ansprüche darauf erhebt. An dieser Stelle war der Staat der DDR, was er panisch fürchtete: offen. Nur das Ufer ließ sich bewachen. Nicht einmal der genaue Verlauf der Grenze war eindeutig geklärt – die DDR behauptete, sie befinde sich in der Stromesmitte, die BRD jedoch, am östlichen Ufer, sodass die DDR gar keinen Anteil am Strom gehabt hätte. Das führte zuweilen zu Verwicklungen, wenn westdeutsche Kanuten zu weit auf die östliche Seite gerieten und in Ost-Gewahrsam genommen wurden. Aber was der östlichen Staatsführung vor allem Kopfzerbrechen machte, war der Verkehr in die Gegenrichtung: die Versuchung zur Republikflucht, die von diesem Ufer ausging.

Entsprechende Anstrengungen entmutigte man schon weit im Vorfeld. Mehrere Kilometer im Hinterland des Flusses gab es Schranken und Kontrollposten. Ist es ein Triumphabzeichen, ein schauderndes Memorial oder örtliche Folklore, was wir hier mit ländlichen Mitteln errichtet sehen? Auf drei großen Rollen gepressten Strohs, wie sie typischerweise heute bei der Getreideernte anfallen, hat man ein kleines, hölzernes Häuschen gehievt: einen Wachtturm. Darin halten zwei auf Taillenhöhe halbierte Schaufensterpuppen, die man in Uniformen gesteckt hat, Ausschau in Richtung des Flusses, flankiert von einem Scheinwerfer und einer DDR-Flagge. Ein Stück Metallgitterzaun und eine rot-weiß gestreifte Schranke, nur gerade eben zwei Meter breit, vervollständigen das symbolische Bild der Grenze. Und als Fußnote dabei: ein Hund aus Reisig, eine Figur, wie man sie ähnlich heute in Blumenläden kaufen kann, der ganz genau zuhört, was seine beiden Herrchen ihm zu sagen haben, denn seine Ohren sind gespitzt. Solche Hunde gab es auch sonst wo an der tausendvierhundert Kilometer langen innerdeutschen Grenze. Sie waren eines unter vielen Instrumenten im großen Orchester des Republikschutzes. Mit einer Leine waren sie über eine Rolle an einem langen Seil festgemacht, das parallel zur Grenzbefestigung lief, und darauf dressiert, jeden anzufallen, der ihre Linie kreuzte. Es muss ein elendes Leben gewesen sein, auf eine einzige Dimension beschränkt, noch elender als das der Grenzsoldaten, die wenigstens gelegentlich ins Hinterland durften.

Ein Dorn im Auge war den DDR-Organen der Ort Lütkenwisch. Er befand sich direkt auf dem Elbdeich, in einer einzigen Häuserreihe, und dieser wiederum fast direkt an der Elbe. Aber die Behörden degradierten den Ort systematisch: Wenn Einwohner starben oder zwangsgeräumt wurden, riss man ihren Hof sofort ab, denn jedes Gebäude, das in solcher Nähe zum Strom lag, konnte zum Hinterhalt werden, wo der Republikflüchtling, auch Grenzverletzer genannt, sich versteckte, bis es Nacht war, um dann im Schutz der Dunkelheit das rettende Wasser zu erreichen. Auf den Feldern durften nur Hackfrüchte, kein Getreide angebaut werden, denn hinter einer Zuckerrübe verbirgt es sich deutlich schwerer als hinter Maisstauden. Zuzug war selbst Ehegatten verboten. Wer auf der Deichkrone ging, die zugleich die einzige Straße des Ortes war, dem war es untersagt, stehen zu bleiben oder in Richtung des Flusses, das heißt des Feindes zu blicken. Am Ende der DDR hatte der Ort noch sechzehn Einwohner, nachdem es im 19. Jahrhundert fast dreihundert gewesen waren. 1992 hätte er ganz von der Landkarte verschwinden sollen. Dazu kam es nicht mehr. Heute leben dort schon wieder mehr als zwanzig Menschen, und es existiert sogar ein Café, das natürlich von den Elbradlern lebt. Die Besitzer tragen bei dem schönen Wetter schon mal die Stühle hinaus; wenn wir in zwei Stunden wiederkämen, sagt man uns, könnten wir ein Heißgetränk und ein leckeres Stück Kuchen haben. Aber zwei Stunden lassen sich in Lütkenwisch nur schwer herumbringen.

Stattdessen gehen wir am Ufer spazieren. Dort hat man einen Steinbrocken aufgerichtet, dazu die Inschrift angebracht «Den Grenzopfern der Elbe 1961–1989» und daneben eine Schiffsschraube befestigt. Wieso bitte eine Schiffsschraube? Sie erinnert speziell an einen Flüchtling, Hans-Georg Lemme, dem es gelang, in der Nacht bis an den Fluss zu kommen und mit der schwimmenden Überquerung zu beginnen. Da geriet er in den Scheinwerferkegel eines Patrouillenboots. Für die Grenzer galt der Schießbefehl. Aber wenn sie hier geschossen hätten, hätte es Ärger gegeben, denn erstens wären Schüsse im Westen vernommen worden, und man hätte gewusst, was los war; und zweitens bestand durchaus Unklarheit, ob es sich an dem genauen Punkt, wo man sich befand, um ost- oder westdeutsches Hoheitsgebiet handelte. Es blieb also nichts übrig, als zu einer leiseren Methode zu greifen und mit dem Boot über den Schwimmer zu fahren, um ihn mittels der Schiffsschraube zu zerfleischen, ein Vorgang, der offenbar wiederholt ausgeführt werden musste, bis das gewünschte Ergebnis eintrat. So erzählt es die Beschriftung vor Ort. Die unkenntliche Leiche wurde etliche Tage später am westdeutschen Ufer angespült. Das war 1974. Einundzwanzig Jahre wurde Hans Georg Lenne alt. Die Gedenktafel, die die Geschichte erzählt, hebt hervor, dass die beteiligten Grenzpolizisten nach dem Mauerfall straffrei ausgingen: Das Landgericht in Schwerin sah sich außerstande, ihnen eine Tötungsabsicht nachzuweisen. Dieses Urteil war bestimmt insofern weise, als es sich kaum rechtfertigen lässt, dass man, wenn man die Großen nicht bestraft, die kleinen Befehlsempfänger belangt, denen man höchstens nachsagen kann, sie hätten den Befehl in situationsbedingter Originalität umgesetzt. Und die Großen ließ man deswegen laufen, weil man im neu geschaffenen Gesamtstaat den Frieden wahren wollte und es den früheren Machthabern vergalt, dass sie die Macht im Wesentlichen ohne Kampf und Gewalt abgegeben hatten. Dies zu honorieren, war, wo nicht gerecht, so doch fair und pragmatisch. Dass allerdings jemand, der einem anderen mit der Schiffsschraube übers Gesicht fährt, keine Tötungsabsicht haben soll, ist schwer glaublich. Die Autofähre, mit der wir hier ans niedersächsische Ufer übersetzen, mag nur ein unbedeutendes Vehikel sein und die Strecke kurz. Aber wir denken an die Schiffsschraube und daran, wie leicht das heute alles geht und wie schwer es früher war.

EIN KRIEGSSCHIFF IM TROCKENDOCK

Von der einen untergegangenen Republik, der die BRD die Anerkennung versagte, führt uns der Weg gleich zur nächsten. Hier, auf der anderen Elbseite und ein paar Kilometer stromabwärts von Lütkewisch, befand sich die Republik Freies Wendland. Die Wenden, also die slawischen Ureinwohner, mögen seit tausend Jahren ausgerottet oder assimiliert sein, ihr Name dauert fort in einem der einkommensschwächsten Landstriche mindestens Niedersachsens. DAN tragen die Autos hier auf dem Nummernschild, für Lüchow-Dannenberg; die Anrainer jedoch übersetzen es sich mit «Die Armen Nachbarn». Dort, im Wald von Gorleben, sollte das große deutsche Endlager für Atommüll entstehen. Angeblich boten die Salzdome im Untergrund die Garantie, dass der hier versenkte strahlende Müll auch in Jahrtausenden und Jahrmillionen noch sicher verwahrt wäre. Tatsächlich ist Salz aber löslich in Wasser, das sich im Boden überall befindet; und erst vor Kurzem wurde offiziell bestätigt, was viele schon immer geargwöhnt hatten, nämlich dass Gorleben noch aus anderen als geologischen Gründen ausgesucht worden war: weil es so abseits in einer Gegend lag, wo Fuchs und Hase sich gute Nacht sagten und man nicht mit viel Widerstand rechnete. Zonenrandgebiet und die DDR praktisch in Sichtweite: Da guckte keiner so genau hin. Noch bevor die Prospektionsarbeiten begannen, brannte der Wald ziemlich genau auf jener Fläche ab, die man für das Lager ins Auge gefasst hatte, welches, wäre es realisiert worden, die größte Industrieanlage Europas dargestellt hätte. Dass Brandstiftung vorlag, war von Anfang an klar; die Täter indessen wurden nie gefasst.

Der Widerstand aber fiel weit stärker aus als erwartet. Hunderttausend Menschen protestierten in der Landeshauptstadt Hannover gegen die Pläne, in unmittelbarer Nähe des geplanten

Lagergeländes entstand ein Zelt- und Hüttendorf mit mehreren Tausend Bewohnern, das sich etwas überschwänglich zur Freien Republik ausrief. Es wurde in einem der größten Polizeieinsätze der bundesdeutschen Geschichte abgeräumt. Wer etwas älter ist, erinnert sich an die Bilder von Hubschraubern über Bretterbuden und gepanzerten Fahrzeugen, die einer Armada von Traktoren gegenüberstanden, welche ihre Ladeschaufeln dem Feind entgegenhoben wie Schwerter; denn auch die hiesigen Landwirte machten gegen die Pläne mobil, aus wohlverstandenem Eigeninteresse. «Ist das Schnitzel erst verstrahlt, ihr keinen Cent dafür bezahlt!», lautet ihr mitgeführtes Motto. Die Szenerie erinnert an das gallische Dorf von Asterix und Obelix; nur dass diesem im Kampf gegen die Legionen der Zaubertrank fehlte.

Das Endlager wurde dennoch nie gebaut, so wenig wie die beiden anderen Schlüsselprojekte, an denen sich die grüne Bewegung kristallisierte, das Atomkraftwerk Wyhl in Baden und die Wiederaufbereitungsanlage Wackersdorf im Bayerischen Wald. Das hieß allerdings nicht, dass der Konflikt schon ausgestanden war, denn ein Komplex zur Zwischenlagerung entstand wirklich; und jedes Mal, wenn wieder ein Castor-Behälter mit radioaktivem Abfall eintreffen sollte, kam es zu Auseinandersetzungen, auf beiden Seiten mal mehr, mal weniger gewaltfrei ausgetragen. Zugunsten beider Seiten muss man sagen, dass die gewaltlosen Auftritte überwogen: Die Demonstranten beließen es beim Sitzen und Anketten, die Polizisten beim Losschweißen und Wegtragen, und nachher bedankten sich beide beieinander für so viel Ruhe und Augenmaß (was gelegentliche Prellungen und Rippenbrüche nicht ausschloss). Schon einige Zeit vor dem Entschluss zum Atomausstieg war eigentlich klar, dass eine Form der Energiegewinnung, bei der es jedes Mal, wenn ein Mülleimer rausgebracht wird, zu Aktionen kommt, die es in die Abendnachrichten schaffen, keine dauerhafte Lösung sein kann. Seit rund zehn Jahren ist auch das vorbei.

Im Ort selbst existiert noch ein Informationszentrum der BGZ, der für die Zwischenlagerung zuständigen Gesellschaft, und lädt ein: Machen Sie sich selbst ein Bild von unserer Arbeit und besuchen Sie uns! Wir freuen uns auf Sie! Aber die Öffnungszeiten liegen bei Dienstag bis Freitag 14 bis 17 Uhr, und wir kommen nicht rein. Das Lagergelände liegt ein Stück außerhalb. Das Zwischenlager steht noch, eine Serie von Industriehallen, soweit sich beim Blick durch den hohen Zaun feststellen lässt; das Endlager jedoch ist nur noch blasse Erinnerung. Wir begegnen keinem Menschen. Alles ist wieder so friedlich, wie die Demonstranten forderten, wenn sie riefen: Gorleben soll leben! Es lebt; ja sogar der vor einem halben Jahrhundert abgefackelte Kiefernwald ist wieder da, wenngleich etwas schütter. Es lebt, aber es schläft dabei. An die Zeit von damals gemahnen ein paar wacklige Holzkonstruktionen, die auch Schutzhütten für Wanderer oder der Hochsitz eines Försters sein könnten; ferner eine Reihe von herumstehenden rostigen Metallfässern mit dem gelbroten Warnzeichen für Radioaktivität, zweifellos rein symbolische Gegenstände, und natürlich eine Galerie aus Gedenktafeln, die in Deutschland an solchen Orten niemals fehlen und die sich hier ausnehmen wie das Fotoalbum einer großen Familie. «Auf den Spuren des gelben X» lautet das Thema, es ist das Sinnbild des Widerstands. Musikanten mit Fiedel, Gitarre und Ziehharmonika sorgen für lustige Begleitung. Wie von Kinderhand gezeichnet präsentiert sich das Porträt eines Polizisten im Profil mit erhobenem Zeigefinger, dazu der Schriftzug «Wir müssen draußen bleiben!» wie für die armen Hunde, die vor dem Supermarkt angeleint sind und kleinmütig aufs Frauchen warten. Schlauen Aktivisten war es gelungen, das gelbe X selbst auf Polizeiwagen zu praktizieren, das schien wie ein Sieg. Kinder tragen ein Transparent «POLIZIST werde ich wohl doch NICHT», Erwachsene ein Plakat «Die Polizei – KEIN Freund – KEIN Helfer». Wo um Himmels willen kommt diese Enttäuschung her? Haben die Leute hier vorher nicht gewusst, was die Polizei ist?

Auffälligstes Objekt vor Ort ist die «Beluga», das Flaggschiff von Greenpeace, das hier im ewigen Trockendock steht. Man hat es in sechs Teile zerlegt und so ins Hinterland geschafft. Bemalt ist es mit den Farben des Regenbogens, und wie rühmliche Narben wird aufgezählt, wo es, ehe es in den Ruhestand trat, seine Kämpfe austrug: In Kanada focht es für die Rettung der Urwälder, in der Nordsee widersetzte es sich der Versenkung einer ausgedienten Ölplattform, an Rhein und Schelde, Seine und Humber kämpfte es gegen die industrielle Verschmutzung der Gewässer. Das Schiff wirkt recht merkwürdig hier, inmitten des Kiefernwalds.

Der beschriftete Standort drückt die Sorge aus, dass hier nun vielleicht doch noch, durch die Hintertür, ein Endlager entstehen könnte. Aber ein sicheres Endlager müssen auch die Gegner der Atomenergie wünschen. Alle Kernkraftwerke hierzulande sind nunmehr abgeschaltet, der radioaktive Dreck jedoch ist geblieben. Bislang liegt er schlecht gesichert und provisorisch in irgendwelchen Abklingbecken am Fuß der alten Reaktoren herum. Das Problem ist bekannt, wird aber von allen, den alten Befürwortern wie den alten Gegnern, gemieden. Den Ton geben quer durchs politische Spektrum die NIMBYs an – ein schönes englisches Akronym für «not in my backyard». Vor nicht allzu langer Zeit gab es den Entwurf für ein Gesetz zur Suche nach einem geeigneten Endlager, womit der Bundestag sich zu befassen hatte. Das lasse man sich auf der Zunge zergehen. Also man hat kein Endlager, man sucht eins. Man sucht aber auch nicht so geradewegs drauflos, sondern braucht ein Gesetz dafür. Doch auch ein Gesetz muss erst mal beraten und auf den Weg gebracht werden. Wahrscheinlich muss man dafür zunächst eine vorbereitende Kommission zusammenstellen; und wer soll in diese Kommission hinein? Darüber hat vermutlich ein noch zu ermittelndes Gremium zu befinden. Übereilung ist jedenfalls nicht am Platze. Egal wie die Sache ausgeht und wie lange es dauert, es wird bis dahin nur ein kleiner Teil der Halbwertszeit von Plutonium vergangen sein. Die beträgt zwanzigtausend Jahre oder fünftausend Legislaturperioden.

VIERTER TEIL

DIE UNTERELBE

WAS IST EIN NACKEDEI?

In Lauenburg sind wir schon ziemlich dicht an Hamburg dran; ab hier machen sich in der Strömung des Flusses Ebbe und Flut der Nordsee bemerkbar. Die Stadt liegt hoch auf dem Steilufer und traut sich deswegen näher an den Fluss heran als die meisten anderen Elbstädte, die wir bislang aufgesucht haben. Alte Häuser, enge Gassen, Kopfsteinpflaster, oben ein Schloss: Man kommt sich eher vor, als wäre man in Mittel- oder Süddeutschland und nicht im Vorfeld der Nordsee. Wir sehen einen Raddampfer mit Touristen anlegen, der immer noch «Kaiser Wilhelm» heißt, als hätte es im 20. Jahrhundert keine Revolution gegeben.

Was uns hergeführt hat, ist das Elbschifffahrtsmuseum. Ja, es gab sie einmal, die Elbschifffahrt in großem und ökonomisch wichtigem Sinn, nicht so wie heute, wo man den Strom nur noch zum Spaß befährt, mit Vehikeln, die so flach wie möglich ins Wasser tauchen. Das Material ist so umfangreich und vielschichtig, dass wir nach einem Katalog fragen. Den gibt es leider nicht. Es wünsche sich, sagt die etwas schnippische Dame an der Kasse, so mancher mancherlei, doch nicht immer mit Erfolg. Eine Antwort verkneifen wir uns, denn wenn sie auch noch so schlagfertig ausgefallen wäre, sie hätte uns nicht weitergebracht. Immerhin dürfen wir fotografieren.

Überhaupt ist das Fotografieren für mich auf dieser Reise zum Hauptmittel der Erkundung geworden. Als ich vor anderthalb Jahrzehnten ein Reisebuch über die deutschen Bundesstraßen geschrieben habe, war zwar auch schon eine Kamera dabei, aber noch keine wie heute, ins Handy integriert, wo das Knipsen vollkommen mühelos geworden ist. Damals diente es illustrativen Zwecken; heute trägt es die Last der Dokumentation. Ich muss mir kaum noch Notizen machen. Früher habe ich vielleicht zehn Bilder am

Tag geschossen; heute sind es hundert. Ich werfe ein Netz in trübes Gewässer und sehe, wenn ich es herausziehe, vorerst nur, dass es darin zappelt. Aber was genau ich gefangen habe, erkenne ich erst, wenn ich den Fang an Land studiere. Während die Zeit unterwegs knapp ist, habe ich daheim beim Schreiben alle Muße, die ich mir wünschen kann. Ich ziehe die Bilder auf dem Display mit zwei Fingern groß, bis sie mir nicht nur alle Details herausgeben, die ich angeschaut habe, sondern auch solche, die mir vor Ort ganz entgangen waren – ungefähr so, wie in Antonionis Film «Blow Up» das vergrößerte Bild auf einmal den Beweis für einen Mord liefert. Das Magazin «National Geographic» hat vor Kurzem eine Fotografie gebracht, die es vor hundert Jahren schon einmal veröffentlicht hatte. Zu sehen ist darauf der Speisesaal eines Kurhotels im Erdgeschoss, mit reich bestückter Tafel. Was damals den Augen aller entgangen war, jetzt hat man es sichtbar gemacht: Ganz hinten streckt ein Pferd den Kopf zum Fenster herein und frisst in aller Gemütsruhe die Salatschüssel leer. Das meine ich: In jedem Foto steckt ein Überschuss, ein Schatz, den noch keiner gehoben hat. Es ist ein Geschäft voller Überraschungen.

Vor der deutschen Teilung, vor dem Ausbau der Seiten- und Stichkanäle, vor dem Sieg der großen Laster auf den Autobahnen und vor der großen Trockenheit, die inzwischen nicht mehr nur im einen oder anderen Sommer auftritt, sondern zum Dauerzustand der Elbländer zu werden scheint – vor alldem also gab es einen lebhaften Verkehr auf der Elbe, und zwar in mehreren historischen Phasen. Schon die vielen Namen der Wasserfahrzeuge! Sie heißen Quack, Putzer oder Schute, Schaluppe, Ewer oder gar Nackedei. Was ein Nackedei wohl für ein Vehikel war? Bis heute, wo die Elbe fast gänzlich frei von Frachtschiffen ist, hat sich die Redewendung gehalten, jemand habe Schuhe wie Elbkähne; diese können also nicht klein gewesen sein. Ehe es Motoren gab, fuhr man elbabwärts mit der Strömung, elbaufwärts wurde gesegelt oder getreidelt, das heißt, das Schiff wurde mittels eines Seils am Ufer von Pferden oder Männern gezogen: eine schwere Arbeit, aber offenbar doch leichter zu bewerkstelligen als ein Transport mit Zugvieh auf hölzernen Rädern durch Straßenschlamm. Flüsse waren lange Zeit, besonders für Massengüter wie Ziegel und Getreide, die wichtigsten Verkehrsadern. Das erklärt, warum Flüsse fast nirgends im alten Europa, außer bei ausgesprochen feindseligen Verhältnissen wie etwa zwischen Römern und Germanen, zu Grenzlinien wurden: Sie waren Mitte und nicht Rand eines Landes. Die Frage des Rückwegs erübrigte sich für die Flöße, bei denen die Zweiheit von Gefäß und Ladung dahinfiel. Man band das Stangenholz in Böhmen oder dem Erzgebirge zusammen, ließ es in großen Verbänden den Fluss hinabtreiben und verkaufte das Ganze in Magdeburg oder Hamburg. Zurück reisten die Flößer dann zu Fuß oder, wenn sie besonders gute Geschäfte gemacht hatten, auch mit dem Wagen.

Im 19. Jahrhundert kamen die Dampfschiffe auf, nach demselben Prinzip und etwa zur selben Zeit wie die Eisenbahnen. Wegen der geringen Tiefe der Fahrrinne baute man Schaufelraddampfer wie am Mississippi; die Räder waren haushoch, tauchten aber nur ganz unten ins Wasser ein. Und dann kam die Kettenschifffahrt, die einmal sehr wichtig war und heute fast vergessen ist. Man verlegte auf dem Grund des Flusses eine Eisenkette, und zwar eine einzige, die aber eine Länge von rund sechshundert Kilometern aufwies, ununterbrochen von der Sächsischen Schweiz bis zum Hamburger Hafen. Ein kleines Stück davon, vielleicht vier Meter, liegt im Museum als Exponat, gefügt aus Eisengliedern, die fast so stark sind wie ein Handgelenk. Es müssen ungefähr drei oder vier Millionen gewesen sein. Das Kettenschiff, das geformt war wie ein Weberschiffchen, sehr schlank und mit geringem Tiefgang, vorn und hinten zugespitzt und an Bug und Heck leicht abwärts geneigt, nahm die Kette vom Grund mit einem großen Zahnrad auf, das sich, angetrieben von einem starken Motor, langsam drehte; so hangelte sich das Fahrzeug voran, indem die Kette über das Deck lief, oder genauer, indem die Kette an Ort und Stelle blieb und das Schiff unter ihr durchglitt. Es wurde immer ein ganzer Konvoi solcher Schiffe gebildet, zwanzig oder dreißig Stück hintereinander. Sie beherrschten jahrzehntelang das Bild des Flusses und vertrieben die meisten anderen Schiffstypen von der Bildfläche, denn an Segeln oder Flößen war, wo ein solcher (manchmal sogar doppelter) Konvoi die Flussmitte okkupierte, nicht mehr zu denken. Aber es gab Probleme: So dick das Eisen auch war, die Kette riss immer wieder und musste dann zeitaufwendig geflickt werden. Und wenn zwei Konvois sich begegneten, blieb nichts übrig, als die Kette zu öffnen, sie für eine Zeit lang dem Gegenverkehr zu überlassen und sie dann wieder durch Schmieden zu verschließen; zu diesem Zweck führte man Schiffsschmiede mit.

Überhaupt, was für Berufsbilder es damals am Strom gab! Jedes Schiff hatte seine Mannschaft. Die Treidler und Flößer freilich waren schon verschwunden; doch immer noch brauchte man Schauerleute, die die Schiffe be- und entluden, es gab Wassermüller, die auf Schiffsmühlen arbeiteten (diese schwammen auf dem Fluss, hoben und senkten sich mit ihm und waren daher immun gegen Hoch- und Niedrigwasser), Waschfrauen, die heftig scheuernd ihre Wäsche im Fluss reinigten, auch sie ausgerüstet mit eigenen Waschschiffen, Fischer, Gastwirte, Blumenverkäuferinnen ... Die Elbe muss damals ein anderes Bild geboten haben als heute, wo sie über die längsten Strecken so gut wie menschenleer ist (immer die Elbradler abgerechnet). Viele Gruppenbilder haben sich erhalten, schwarz-weiß, grobkörnig und ausdrucksvoll. Jedem sieht man gleich an, was er tat, an Kleidung, Gerät und Gesicht. Jede Arbeit war damals schwer, aber sie war je anders schwer. Diese Leute waren keine Muskelpakete, wie sie heute aus den Muckibuden kommen, doch sie hatten Kraft; diese Kraft gab ihnen Selbstgefühl, und man sieht es. Und selten fehlt die Schirmmütze, diese Krone des Proletariers. Dass der Mensch nach oben einen Abschluss braucht, so gut wie eine Flasche einen Korken – diese Einsicht leuchtete damals allen ein und ist heute so gut wie verschollen. Denn was die Elbradler heute auf dem Kopf tragen, diese seltsam stromlinienförmigen Helme, schlappen Rundhütchen oder Kappen eines Sports, den sie nicht treiben, das schützt vielleicht vor Sturz und Sonneneinstrahlung, aber es verbindet sich nicht mehr organisch mit seinem Träger.

Was für eine tief reichende Erfindung war doch die Fotografie. Praktisch über Nacht trat sie im Jahr 1839 fertig hervor und zerlegt die Geschichte damit säuberlich in zwei Teile: den älteren, für dessen Überlieferung immer die Vermittlung eines Subjekts erforderlich war, welches aufschrieb, meißelte, malte, was ihm wichtig und richtig schien; und den jüngeren, in dem ein unbestechlicher Mechanismus, gefügt aus einem Lichtstrahl und einer chemischen Reaktion, festhält, was der Fall ist. Erst seit 185 Jahren kennen wir die Wahrheit der Welt. Vorher gab es an solcher Wahrheit nur die Totenmasken, über die die Zeit keine Macht mehr besitzt; jetzt haben wir die Masken der Lebendigen mitten in ihrer Zeit. Allerdings sind die Bilder hier mehr als hundert Jahre alt, und alle diese Leute tot.

Ein Schiffstyp fehlt noch in der Liste: der Eisbrecher. Heute ist er entbehrlich geworden, denn weder friert die Elbe in unseren milderen Wintern so fest zu, dass nur noch Gewalt hilft, noch gibt es einen Schiffsverkehr, dem der Weg auch unter widrigen Bedingungen gebahnt werden müsste. Ein flimmriger Film zeigt, wie man das machte: Der Eisbrecher stemmt sich bäuchlings auf die Eisschollen wie eine landende Robbe, unter seinem Gewicht brechen sie auseinander, der Weg ist frei für ein paar Meter, der Vorgang wiederholt sich, kurzzügig und wie ein Schluckauf. In Rudeln treten sie auf, sie heißen Widder, Büffel, Stier, und so sehen sie auch aus: nicht gar so groß, aber sehr kompakt und mit viel stoßender Energie im Bug.

DER ALTE IM SACHSENWALD

Die Elbe ist der Strom Otto von Bismarcks. Er gestaltete nicht nur Deutschland, sondern Europa um; aber seine persönlichen Koordinaten blieben an den Fluss gebunden, der einen großen Teil seines Lebens für ihn in fußläufiger Entfernung lag. Man könnte geradezu sagen, dass er Flusspolitik betrieb: Er warf die Donaumonarchie, das habsburgische Österreich und Ungarn, aus dem Deutschen Bund hinaus und stellte eine Brücke zwischen den vorher getrennten Hälften Preußens her, dem rheinischen und dem elbischen, indem er das Königreich Hannover, das Kurfürstentum Hessen-Kassel, das Herzogtum Nassau und die Freie Stadt Frankfurt annektierte, dazu Schleswig-Holstein. Den Schwerpunkt Preußens verlagerte er damit nach Westen, aber den Schwerpunkt des neu geschaffenen Reichs insgesamt nach Osten hin. Von da an war Deutschland ein Land, das zwar weiterhin ein Gefälle von Nord nach Süd aufwies, dessen Haupterstreckung aber von West nach Ost verlief, von der Maas bis an die Memel. Der weite, aber rückständige und dünn besiedelte Osten konnte nun im Gesamtstaat eine Rolle spielen, die seine wirtschaftliche und demografische Bedeutung weit übertraf. Die ostelbischen Junker hielten Einzug in die Schlüsselstellen von Politik und Militär. Der Süden, zumal Bayern, geriet zum pittoresken, aber letztlich unbedeutenden Sonderfall. Man spricht gern von der Mainlinie und noch lieber vom Weißwurstäquator, um das süddeutsche Reservat kenntlich zu machen; ja, es gab ausdrücklich die bayerischen «Reservatrechte», zum Beispiel das Recht, eine Gesandtschaft beim Heiligen Stuhl zu unterhalten und Briefmarken mit dem Porträt des Prinzregenten zu drucken. Aber das war eigentlich nur noch Folklore. Die Achse des Reichs bildet seit und dank Bismarck die Elbe.

Das erste Mal auf unseren Elbreisen sind wir Bismarck bei Hradec Králové begegnet, auf dem Schlachtfeld von Königgrätz, wo er Österreich aus dem Deutschen Bund zwang, die kleindeutsche Lösung durchsetzte und damit die Gründung des Deutschen Reichs fünf Jahre später ermöglichte. Das zweite Mal trat er uns in Schönhausen entgegen, als Deichhauptmann der Elbdämme und Herr eines Guts, wo sich später die Geschenke für den Reichsgründer ansammelten. Das dritte Mal aber treffen wir ihn in Friedrichsruh, jenem Alterssitz, den das dankbare neue Reich ihm schenkte, gleich nach seiner Gründung, zusammen mit dem Titel des Herzogs von Lauenburg. Erst war er nur ein einfacher preußischer Adliger gewesen, dann stieg er auf zum Grafen, dann zum Fürsten, dann zum Herzog. Bemerkenswerterweise blieb der Fürst hängen, der Herzog spielte praktisch keine Rolle; wahrscheinlich, weil in Preußen keiner was damit anfangen konnte. Herzog, das war was für die Regenten in Anhalt oder Sachsen-Meiningen, die Preußen in Amt und Würden beließ, aber schwerlich ernst nahm.

Als Hauptquartier bezog Bismarck ein altes Forsthaus, das sich bis heute mit vielen Hirschgeweihen als solches beglaubigt. Denn zu Friedrichsruh gehört der Sachsenwald, mit siebentausend Hektar der größte Forst des waldarmen Schleswig-Holstein. Hier stehen bis zum heutigen Tag gewaltige, alte Bäume; eine Fotoausstellung im Obergeschoss zeigt und nennt sie, denn die größten von ihnen tragen Namen. Außerdem besitzt Friedrichsruh einen eigenen Bahnhof, wo anlässlich von Bismarcks achtzigstem Geburtstag im Jahr 1895 nicht weniger als fünfunddreißig Sonderzüge mit Gratulanten eintrafen.

Während Schönhausen vor allem ein Depot kurioser Liebesgaben enthält, kommt man in Friedrichsruh dichter an Bismarck als Person heran. Hier finden sich Dinge, die ihm selbst angehörten.

Sein Arbeitszimmer natürlich, in massiver altdeutscher Eiche, wie es damals üblich war, aber deutlich eine Nummer größer. Kernobjekt ist sein Outfit, mit glänzendem stählernem Kürass und einem Paar Schaftstiefeln, in denen sich zwei achtjährige Kinder verstecken könnten. In dieser Kluft, dazu mit einem schleppenden Säbel an der Seite, trat er sogar im Reichstag auf. Nichts an diesem Mann ist klein oder leicht. Auch die Pistole ist ausgestellt, mit welcher der Attentäter Ferdinand Cohen-Blind ihn erschießen wollte; die Kugeln blieben in Bismarcks dickem Überzieher stecken, und, obwohl leicht verwundet, entwand er die Waffe dem Schützen eigenhändig. Wenn man das lächerliche Spielzeug betrachtet, begreift man, dass aus diesem Anschlag nichts werden konnte. Hier hängen auch die berühmten Bilder: eines der Porträts von Lenbach; Anton von Werners Ausrufung des Kaisers im Spiegelsaal von Versailles durch die deutschen Fürsten. Wer es unvoreingenommen sieht, muss zum Schluss gelangen, dass nicht der frisch gebackene Kaiser, sondern Bismarck in seiner weißen Uniform die Hauptperson ist. Wilhelm der Erste pflegte zu klagen, es sei nicht leicht, unter einem Kanzler wie diesem Kaiser zu sein. Ein weiteres Gemälde zeigt Bismarck im Reichstag, diesmal in Zivilkleidung, aber als Giganten jenseits menschlicher Proportion, mit einem Oberkörper wie ein Fass; so blickt er beziehungslos über das Gewimmel der Abgeordneten hinweg, die sich zu seinen Füßen tummeln, Altliberale mit weißem Rauschebart, unreife Jünglinge, Gecken mit aufgezwirbelten Schnurrbartspitzen. Es ist kein gutes Bild, aber es gibt klaren Aufschluss über die Verhältnisse.

Und es befindet sich hier, ein Stück abseits, die Grabstätte Bismarcks und seiner Ehefrau Johanna. Die beiden schweren Sarkophage stehen nebeneinander in einer neuromanischen Kapelle, man muss auf einer kleinen Treppe zu ihnen hinaufsteigen. Neuromanisch musste die Anlage sein, weil Bismarck im Bewusstsein der Zeitgenossen eine Reichsherrlichkeit wiederherstellte, die zuletzt sechshundert Jahre vor ihm geblüht hatte, und alles, was danach kam – Gotik, Renaissance, Barock, Klassizismus –, in politischer Hinsicht nichts als eine Kette des Niedergangs darstellte: die lange, schreckliche Zeit, in der das Heilige Römische Reich nur noch ein Zerrbild seiner selbst war, zerrissen von Zwietracht und in seiner Schwäche die Beute und der Spott der Nachbarn. Auf dem Umweg über die Wahl des Stils für sein Grab lässt sich die Tiefe der Dankbarkeit für einen Mann ermessen, der anderen, den besiegten Franzosen vor allem, wie ein Oger und Unhold erschien.

Ein Grab, und gar eines, das nicht nur selbst historisch ist, sondern seinerseits die Geschichte zitiert, gibt Gelegenheit nachzudenken, was man an dem Begrabenen gehabt hat. Bismarck ist immer auch kritisch gesehen worden und wird es heute wieder. Gern zieht man die Linie: Bismarck – Wilhelm – Hindenburg – Hitler. Dabei übersieht man aber zum Beispiel, dass Bismarck als Kanzler zurücktrat, weil er die Außenpolitik Wilhelms II. entschieden missbilligte.

Bismarck plante weit im Voraus alle drei Kriege, die seiner Ansicht nach nötig waren, um das Deutsche Reich herbeizuführen, denn es ging, wie einer seiner bekanntesten Aussprüche lautet, nicht ohne Eisen und Blut. Aber er setzte genau so viel Eisen und Blut ein, wie er brauchte, und nicht ein Gramm und einen Tropfen mehr; darin unterscheidet er sich etwa von Napoleon. Bismarck erklärte das Reich nach seiner Gründung für «saturiert» und suchte nach Wegen, wie er den Rest des Kontinents über den neuen Riesen in seiner Mitte beruhigen konnte. Ohne ihn, so darf man vermuten, wäre es bei Preußen geblieben, vielleicht längerfristig mit einem «Ausgleich» zwischen den deutschen Staaten, wie ihn Österreich nach 1866 praktizierte, der aber den Zerfall des k. u. k. Gemischtwarenladens, wie Karl Kraus das nannte, letztlich nicht verhindert hat.

Wie man es auch dreht und wendet, Bismarcks Wirkung hält bis heute an. Die deutsche Außenministerin hat es vor Kurzem für gut befunden, dem Bismarck-Zimmer im Auswärtigen Amt seinen Namen abzuerkennen. Was für ein kurzsichtiger Akt. Ohne Bismarck gäbe es kein Auswärtiges Amt in Deutschland.

KLINKER

Hamburg mag nur halb so viel Einwohner haben wie Berlin und nicht viel mehr als München, aber es herrscht darin ein anderer, ein größerer Zug. Nicht eigentlich reicher sieht es aus, bloß offener. Es geht ihm das Miefig-Piefige ab, das mehr oder weniger Verwahrloste, das für die Hauptstadt so typisch ist, und ebenso die Selbstgefälligkeit der Isarmetropole. Selbst um die Obdachlosen, die es hier natürlich auch gibt, scheint irgendwie eine steife Brise zu wehen.

Viel davon liegt am Backstein, aus dem ganze vielstöckige Straßenzüge bestehen, und zwar in seiner harten, dunklen Variante, dem Klinker, der bei hohen Temperaturen gebrannt wird und darüber eine fast metallische Beschaffenheit annimmt: So entsteht eine Stadt wie aus Eisen. Merkwürdig bleibt, dass der Klinker, obschon er manchmal fast schwarz ist, dennoch eine besondere Art von Licht auszustrahlen scheint, eine Art Ultraviolett, und nicht bedrückend wirkt, nicht einmal an einem Tag wie heute. Jede Stadt hat ihre Zeit und ihr Wetter, wo sie sozusagen erst zu sich selbst kommt; und wenn dies bei Berlin der Hochsommer ist und in München der sonnige Oktober, so bei Hamburg ein bedeckter Herbsttag mit feinem Nieselregen.

Diese atmosphärische oder auch mineralische Qualität der Stadt verdichtet sich symbolhaft in seinem bemerkenswertesten Gebäude: dem Chilehaus. Dessen scharfe Spitze stößt an einer Straßenecke vor wie ein ungeheurer Schiffsbug, als wäre es nicht auf einer Baustelle, sondern in einer Werft entstanden. Die Ziegel weisen eine tief rotbraune, aber keineswegs warme Farbe auf, die ins Purpurne spielt. Die Formen sind völlig klar, aber die Oberfläche dennoch gegliedert in jedem Zoll; die Backsteine, einheitlich dimensioniert und trotzdem keine Industrieklone, sondern jeder ein wenig anders gefleckt und gekerbt, ordnen sich zu straffen Mustern wie ein Korbgeflecht. Alles Ornament bleibt knapp, die Fensterumrahmungen sind schmal wie Schuhriemen, die Fenster werden von ihren Sprossen streng und doch komplex unterteilt wie der Himmel über einem Segelschiff von Rahen und Takelage. An einigen wenigen Stellen luxuriert der Bau trotzdem, er zeigt dann in Bogenstellungen vernetzte Gurte wie ein Klosterkreuzgang, oder es taucht ein Sims aus weißen Dreiecken auf; besonders aber trägt er an prominenter Stelle statt des heimischen Wappenadlers einen Kondor, Emblem einer neuweltlichen Ferne. Ich kannte das Chilehaus von Bildern – aber kein Bild kann darauf vorbereiten, was dieser Bau ist, weder im Großen seiner Ordnung noch im Kleinen seines Muskelspiels. Eigentlich kann man sich gar nicht vorstellen, dass er auch zu irgendwas gut wäre, dass er Büros und Läden enthält. Und doch ist dem so: Im Erdgeschoss befinden sich Geschäfte der gehobenen Klasse, eines offeriert Klaviere, ein anderes edle Zigarren und Spirituosen. Aber selbst diese teuren Einrichtungen wirken fast wie ein Missbrauch und eine Fehlnutzung des hoch gespannten Baus.

Das Rathaus weist gewisse Ähnlichkeit mit dem Münchner auf, ist aber größer und in seiner Neugotik auf angenehme Weise schlackenloser als dieses, wenn man von einigen Details der Bauplastik absieht, wie zum Beispiel einem heiligen Michael, der einen völlig verzweifelten Satan in die Hölle stürzt. Im Inneren gibt es gerade eine Ausstellung zum Thema «Hamburg und die Elbe».

Manche Dinge sieht man viel klarer auf Landkarten und Luftbildern, als wenn man sich vor Ort befindet. Zum Beispiel das

Muster der Marschhufendörfer, die von Hamburg flussabwärts an den Elbufern vorherrschen: lange, fadenförmige Häuserreihen, quer zu ihnen noch längere und noch schmalere Felder in vielen Farben, weil jeder dieser Höfe einen Streifen Land zugeteilt erhielt, der nicht breiter war als er selbst. Besonderen Wert hat man bei der Ausstellung auf die beiden dynamischen Prozesse gelegt, denen das Umland von Hamburg ausgesetzt war: flussabwärts den natürlichen, die ewige Unruhe der Tiden und Strömungen, die schleichend das Land umwandeln und akut in Sturmfluten immer wieder Orte, Äcker und Menschen vernichtet haben; flussaufwärts den politischen, die Umwälzungen nach der Wende von 1989, die dazu führten, dass das lange Zeit abgeschnittene Hamburg wieder in Beziehung zum Mittel- und Oberlauf der Elbe trat. An den zwei deutschen Staaten interessiert hier vor allem die Grenze: Wie die DDR nach und nach ein Grenzregime schafft, das immer unüberwindlicher wird, bis es in seiner letzten Phase die unmittelbar tödliche Gewalt gar nicht mehr braucht, weil nämlich die Prävention dafür sorgt, dass potenzielle Republikflüchtlinge weit im Vorfeld abgefangen werden; und wie die BRD in einer Art amtlicher Grusellust ihre Bürger zugleich davor warnt, in den Wirkungsbereich ostzonaler Minen zu geraten und sie doch so dicht wie möglich an den Zaun heranführt, damit sie sich selbst ein Bild vom Grenzterror machen können. Ansonsten beschränkt man sich auf ein paar Zonenwitze.

Aber man sieht auch Bilder aus dem alten Hamburg, dem völlig übervölkerten Gängeviertel etwa, wo aus jedem Fenster des Hinterhofs «Langer Jammer», wenn der Fotograf kam, vier oder fünf Köpfe herausschauten, lauter ernste Gesichter – niemand, der den Kindern sagte, sie sollten jetzt mal alle «Cheese» oder «Ameisenscheiße» rufen. Kein Wunder, dass hier noch 1892 die Cholera einen ihrer letzten großen Auftritte in Europa hatte. Zehntausend Menschen starben; Hamburg entschloss sich widerstrebend, das

Gängeviertel abzureißen (heute steht dort die Speicherstadt) und, so teuer es auch wurde, ein modernes Kanalisationssystem anzulegen.

MONUMENTE

Im Innenhof des Rathauses stellte man im Zusammenhang mit dieser Innovation einen Hygieia-Brunnen auf – Hygieia ist die griechische Göttin der Gesundheit. Man lästert gerne über die akademische Kunst des Kaiserreichs; doch wenn man gerecht sein will, muss man ihr zugestehen, dass sie, besonders in der Bildhauerei, eine hohe technische Meisterschaft besaß, ja mehr als das: eine Lebendigkeit, die vorher selten und später eigentlich nie mehr erreicht wurde. Zu Füßen der weiblichen Allegorie, an der unteren Brunnenschale, sitzen vier lebensgroße Assistenzfiguren: ein Knabe, versunken in das Segelschiffmodell auf seinen Knien; eine Nixe oder Nymphe, die einen Kranz aus Pflanzen flicht, deren schlaffe Nässe ganz wunderbar in Bronze ausgedrückt ist; eine weitere, die sinnend aus einem Krug schenkt; und ein junger Mann, der mit bloßen Händen einen Fisch fängt, dass man an beiden Kreaturen das Zucken ihrer Muskeln zu sehen meint. In Hamburg kommt man, zum Guten oder Schlimmen, immer auf das Wasser zurück. Und diese Figuren sind auch nicht «glatt», wie man es dieser Kunst gern nachsagt: Das Wasser, das sie von allen Seiten umgibt, vom Brunnen her, vom Regen im offenen Hof, hat sie mit einer Musterung von blaugrünen Strähnen überzogen wie eine zweite, wildere künstlerische Idee.

Für eine so nüchterne und gegenwartsbezogene Stadt wie Hamburg gibt es hier generell eine ziemliche Menge von Denkmälern. Längst nicht alle sind so gelungen wie der Hygieia-Brunnen. Das Denkmal für Heinrich Heine zum Beispiel: Am Rathausmarkt steht es auf einem Kegelstumpf von Sockel, und als ob man sich der Virtuosität der früheren Epoche geschämt hätte, bestehen drei Viertel der Masse aus einem langen Mantel oder Rock völlig ohne Strukturierung, wie eine verputzte Hauswand. Als konstitutiv für den Dichter, der den größten Teil seiner Jugend in der Hansestadt verbrachte, hat man die melancholische Pose erachtet, in der sich der Dandy gern darstellen ließ: die Hand geschmiegt an Kinn und Wange. Bloß dass die Pose nur im Sitzen funktioniert, wenn man nämlich den Ellbogen auf ein Knie oder Tischchen stützen kann. Im Stehen geht das nicht, beziehungsweise es geht nur so, dass der Dichter den linken Arm vor den Bauch legt, um dann den rechten daraufzusetzen – eine völlig unglaubwürdige Haltung. Da er außerdem noch das linke Bein, das so gut wie keine Last mehr trägt (nur noch die Stiefelspitze berührt den Boden), über das rechte gekreuzt hat, sieht der ganze Mensch wie ein höchst unbequemes X aus, dem man den Ehrennamen eines Standbilds kaum mehr zuerkennen mag. Nein, die Kunst des Denkmals muss heute wohl als verschollen gelten.

Und so verwandelt es sich vom schönen Ausdruck der Ehrung und Ehrfurcht sozusagen ins Dokument seiner selbst. Gut sehen lässt sich das an der Denkmalserie nahe dem Dammtorbahnhof. Dort hatten die Nazis Mitte der dreißiger Jahre, recht spät also, ein Monument für die Gefallenen des Ersten Weltkriegs errichtet, einen Kubus von beachtlicher Seitenlänge, auf dem Soldaten mit tief in die Stirn gezogenen Stahlhelmen in mehreren Reihen übereinander im Gleichschritt marschieren, das Gewehr geschultert und völlig einheitlich, eher wie Zinnsoldaten als wie echte. Darunter steht, in Fraktur: «Deutschland soll leben, und wenn wir sterben müssen.» Man hat sich nach dem Zweiten Weltkrieg überlegt, ob man das Ding in die Luft sprengen soll, es aber schließlich unterlassen, denn abgesehen davon, dass das Gedenken für den Ersten Weltkrieg hier zur Propaganda für den Zweiten geronnen war, stellte es doch auch ein Erinnerungszeichen für die realen Toten dar. Das kann man, wie immer in diesem Land, einer beigegebenen Tafel entnehmen, die sozusagen das Gegenteil einer Inschrift ist. Ein paar Meter weiter stößt man auf ein Werk von Alfred Hrdlicka, «Mahnmal gegen den Krieg». Es sollte zusammen mit drei weiteren Komplexen die Gestalt eines zerbrochenen Hakenkreuzes bilden. Da diese jedoch nicht mehr zur Ausführung kamen, erkennt man, trotz einiger figürlicher Andeutungen, so gut wie überhaupt nichts mehr daran, das Ganze sieht aus wie das Resultat eines silvesterlichen Bleigießens. Und dann ist da noch ein Denkmal für Deserteure und andere Opfer der NS-Justiz, der jüngste Beitrag im Themenpark: ein paar Betonmauern, ergänzt wie von einem Gartenzaun aus Metallletttern durch ein Gedicht Helmut Heißenbüttels mit dem Titel «Deutschland 1944», das zu verstehen der Betrachter vermutlich selbst dann Schwierigkeiten hätte, wenn er den Text klar lesen könnte; aber durch das übergroße Arrangement ohne Wortabstände, vor dunklem Hintergrund, der die Buchstaben frisst, und spiegelverkehrt, wenn man von der falschen Seite herantritt, ist dafür gesorgt, dass es so weit erst gar nicht kommt. Was hilft? Der beigegebene Kommentar natürlich. Er macht das Ensemble zu einer Art Zoo, mit Namensschildern an den Käfigen, auf dass ja niemand den Strauß für einen Nandu halte.

Keiner Zweideutigkeit hingegen macht sich das größte Monument von allen schuldig, das Bismarck-Denkmal. Es ist das vierte und letzte Mal, dass wir dem Eisernen Kanzler auf dem Weg die Elbe hinab begegnen. Ungefähr dreißig Meter dürfte der steinerne Riese messen, aus großen Blöcken gefügt, weithin sichtbar, aber von Bäumen verdeckt und schwer aufzufinden, wenn man näher kommt. Man geht nicht einfach zu ihm hin, man steigt hinan, wie ein Pilger zu einer Wallfahrtsstätte. Er trägt eine Ritterrüstung, wiewohl er im wahren Leben doch höchstens einen Kürass anlegte, und stemmt ein nahezu mannsgroßes Schwert vor sich auf den Boden, obschon er seine Siege mit dem neuen preußischen Hinterlader errang. Seine Brauen lasten schwer, zu seinen Füßen sitzen zwei Adler, die den Flügel wie einen Schild vor sich halten. Von hinten bietet sich sein Ordensmantel dar wie ein Abgrund. Seinen nächsten Verwandten hat dieses Monument am Leipziger Völkerschlachtdenkmal: derselbe düstermassige Kolossalstil, scheinbar Ausdruck des Triumphs, in Wahrheit unbewusste Vorwegnahme eines ganz anderen Typs von Krieg als desjenigen, der hier verherrlicht werden soll; eine Vorahnung der Bunker von Verdun. Die Seele ändert sich, bevor es die Welt tut, hat Kafka gesagt. Hier sieht man, was er meinte. Als der Erste Weltkrieg kam, konnte sich keiner vorstellen, was es bedeuten würde, wenn die industriellen Produktivkräfte der Moderne sich zur Zerstörung entfalten würden; aber insgeheim, in ihrem Inneren waren alle darauf vorbereitet. An den Sockel ist mannsgroß und in Regenbogenfarben gesprüht «Peace». Den jedenfalls hat Bismarck gebracht, für seine Zeit und eine Generation darüber hinaus; er hielt dreiundvierzig Jahre. Hamburg profitierte von ihm und von der Reichsgründung, durch die es ein wirtschaftlich einheitliches Hinterland erhielt, wohl noch mehr als das siegreiche Preußen; jedenfalls lässt der Maßstab des Denkmals keinen Zweifel am Dank der freien Hanseaten für den Bringer der Monarchie.

Eine Ausstellung in einem eher unscheinbaren Haus erinnert an Helmut Schmidt, Hamburger Bürgermeister, Finanz- und Verteidigungsminister und zuletzt, von 1974 bis 1982, Bundeskanzler. Für mich sind das jene acht Jahre, in denen ich allmählich zum Bewusstsein dessen kam, was in der Welt vor sich ging. Die Exponate heimeln mich an als Gefährten meiner Jugend: «Stoppt Strauß», steht da, und Strauß guckt aus dem Foto wie ein Schwerverbrecher. Aber auch: «Am 3. Oktober hauen wir sie in die Pfanne!», begleitet von einer Stiege Eier, die krakelig mit den Porträts der damaligen Regierung bemalt sind, Schmidt und sein Außenminister Genscher vornweg. Das muss 1980 gewesen sein; der 3. Oktober, der Wahltag, war damals bereits ein markantes Datum, aber noch nicht auf Dauer gestellt. Das In-die-Pfanne-Hauen gelang zu diesem Termin noch nicht, erst zwei Jahre später, und nicht wie erhofft durch Wahl, sondern durch einen Bruch der Koalition. Von Schmidt gibt es eine Reihe von Erinnerungsstücken, um nicht zu sagen Reliquien: seine Elblotsenmütze, die ins Bonner Binnenland ein Stück Waterkant brachte; sein Original-Aschenbecher, noch ein schweres, altes Modell, kreisrund, mit Druckhebel und rotierender Deckelscheibe, das Asche und Kippen schluckte wie ein Ausguss. Helmut Schmidt, das war der letzte schamfreie Raucher, und er behielt diese Angewohnheit bei bis zu seinem Tod mit sechsundneunzig Jahren. Sie begleitete ihn sogar länger als seine Frau Loki, die fünf Jahre vor ihm starb und die er schon seit der Grundschule kannte; ein Foto zeigt sie zusammen als Kinder. Wenn zwei Menschen fünfzig Jahre zusammen sind, spricht man von einem goldenen, und wenn es sechzig sind, von einem diamantenen Jubiläum. Wie aber nennt man es, wenn sie die achtzig erfüllen? Auch ein Original-Haarnetz ist ausgestellt, wie Schmidt es während seiner Zeit im Verteidigungsministerium anordnete, ein Kompromiss, damit langhaarige Wehrpflichtige ihre Lockenpracht auch unterm Stahlhelm behalten konnten, ohne Anstoß zu erregen: So sah die Epoche Schmidt aus, als die Revolte in der Mitte der Gesellschaft ankam und dort ihren Dampf verlor, das wahre sozialdemokratische Zeitalter.

SCHAUERLEUTE

Hamburg lasse sich heute kaum wiedererkennen, sagt der Schriftsteller Michael Kleeberg, der in der Hansestadt aufwuchs und seine prägenden Jahre verbrachte. Das waren die Siebziger, speziell die mittleren bis späten. Hamburg, meint er, war damals noch eine Nachkriegsstadt, wo sich seit den Zwanzigern und Dreißigern nicht ernsthaft etwas verändert hatte; eine proletarische Stadt. Der große Wandel, die Gentrifizierung, kam ab den Achtzigern. In den Siebzigern jedoch arbeitete er als Schauermann.

Das klingt heute wie eine Figur aus dem Horrorfilm. Diesen Begriff muss man nunmehr erklären, er stellt ein untergegangenes Berufsbild dar, so wie der Setzer im Bereich der Printmedien. Heute läuft im Hafen alles über Container, aber vor einem halben Jahrhundert kam noch die Hälfte der Importe auf Stückgutfrachtern an. Das heißt, die Waren lagen in Netzen auf Paletten; um sie aus dem Schiffsbauch zu holen, brauchte man menschliche Arbeitskraft. Das eben besorgten die Schauerleute, mit deren Singular und Plural es steht wie bei Seemann und Seeleuten. Seeleute und Schauerleute verhielten sich wie Köche und Kellner. Ein Seemann, der Schauermann wurde, stieg ab.

Die Schauerleute wurden nicht gut behandelt, besonders nicht ihre untere Klasse, die «unständig Beschäftigten». Es war eine Form des Tagelohns. Um 4.45 Uhr fanden sich die Interessenten in der Hamburger Admiralitätsstraße ein, in der großen Halle eines Gründerzeitkontors. Dort erwarteten sie den Auftritt des Dispatchers, der zu einer Tür auf einen kleinen Balkon hinaustrat, in der Hand die Karten der Arbeitswilligen mit deren persönlichen Daten. Es muss gewesen sein, wie wenn der Kuckuck aus der Uhr herauskommt. Immer gab es mehr Arbeitswillige als Jobs. Zweihundertfünfzig bis dreihundert Leute warteten im Schnitt dort unten. Es waren die Niedrigsten der Niedrigen, das, was Marx verächtlich als Subproletariat bezeichnet hat, Alkoholiker, Asoziale, Ausländer, damals vor allem Italiener, Spanier und Türken. Dann wurden sie einzeln aufgerufen und zugeteilt: Name, Schiff, Kai. Eine Barkasse brachte sie hin, um sechs Uhr begann die Schicht, ohne Unterbrechung bis zwei Uhr nachmittags.

Es war ein Knochenjob. Am schlimmsten war das Ausladen der Kohle, dort, wo sich heute die Elbphilharmonie befindet; dafür gab es dreißig Prozent Schmutzzulage. Bei einem normalen Auftrag ging es darum, Haken in die Netze auf den Paletten zu schlagen und die Last, welche etwa zweihundert Kilo wog, an die Kräne anzuhängen, die sie dann emporzogen. Dazu brauchte man drei bis vier Leute. Das ging nicht im Stillen vor sich. Die Vorarbeiter waren ständig am Brüllen und beschimpften alle, die da unten mit dem Verankern der Lasten beschäftigt waren, als «Scheißkanaken». Diese Anrede war kein Rassismus, denn sie schloss auch die deutschen Arbeiter ein. Eher könnte man von Klassismus sprechen, da sie insgesamt die unständig Beschäftigten im Gegensatz zu den Ständigen mit Tariflohn meinte, die nicht ganz so hart schuften mussten. Den «Kanaken» empfand man wohl damals noch nicht als so ehrenrührig wie heute.

Eine Sklavenarbeit sei es trotzdem gewesen, sagt Kleeberg, nicht so sehr wegen der ritualisierten Beschimpfungen, sondern wegen der Härte der Tätigkeit. Sieben bis neun Meter tief ging der Frachtraum der Schiffe, und alles musste innerhalb *einer* Schicht bis hinab zum Kardantunnel entladen werden. Kleeberg selbst arbeitete am liebsten mit den Ausländern zusammen, die sich auch unter widrigen Umständen ihren Humor bewahrten und Schlupflöcher fanden, um der Gnadenlosigkeit des Jobs immer mal wieder zu entwischen. In den Schattenbereichen, die es im Schiffsbauch reichlich gab, zweigten sie Konservendosen ab (ein erheblicher Teil der Ladungen bestand aus Konserven), öffneten sie mit den großen Haken und spachtelten Ananas oder was es sonst so gab, wozu sie auch ihre deutschen Kollegen einluden. Am Ende der Schicht wurde der Tageslohn ausgezahlt, in bar. Kleeberg, damals achtzehn oder neunzehn Jahre alt, schlief auf dem Heimweg regelmäßig in der S-Bahn ein; zu seinem Glück wohnte er an der Harburger Endstation.

Wie empfindet es Michael Kleeberg heute, wenn er zurückdenkt? Es war eine traumhafte Zeit, sagt er. Er hatte sich nicht als Schauermann verdingt, weil er das Geld brauchte. Schon damals wollte er Schriftsteller werden; und das ging nur, wenn man das wahre, das authentische Leben kennenlernte, das gebot ihm sein Autorenstolz. Dazu gehörte es, die Anerkennung der hier Einheimischen zu suchen. Man fand sie auf dreierlei Weise: durch Kompetenz, durch Arbeitswillen, durch Trinkfestigkeit. Überflüssig zu sagen, dass sein literarisches Ideal damals Hemingway war.

IM HAFEN

Alles in Hamburg hat mit dem Wasser zu tun. Bei der Alster ist jede Erinnerung daran verloren, dass sie einmal ein Fluss war. Sie hat sich heute in zwei stehende Gewässer verwandelt, die kleine Binnenalster im Zentrum, um die herum man flanieren kann, und die weit größere Außenalster, die sich nur von besonders ausdauernden Joggern umrunden lässt. Auch beim Hafen vergisst man leicht, dass es sich bei ihm im Grunde um den Elbstrom handelt.

Der Hamburger Hafen unterscheidet sich von anderen großen Häfen der Welt darin, dass er mitten in der Stadt liegt und leicht von dort aus erreicht werden kann. Und er ist riesig. Die Hafenrundfahrt ist der Höhepunkt jedes Hamburg-Besuchs. Der gut gelaunte Guide unseres Boots verfügt über ein lautstarkes Organ. Nicht nur würden wir alle Wunder dieses Hafenbeckens erleben, sondern es würden auch Getränke angeboten «bis zum Verlust der Mudders-prache». (Es ist zehn Uhr früh.) Das setzt den Ton. An Bord hingegen lässt sich viel süddeutscher Dialekt vernehmen, eine komplette Jungenfußballmannschaft aus der Oberpfalz ist mit dabei, und auch sonst viele Kinder, besonders gern mit den Großeltern. Der Hafen eignet sich speziell als Enkelausflug.

Ein Containerschiff wird entladen, wir sehen die riesigen Kräne, die gleich an mehreren Stellen dieses dreihundert Meter langen Fahrzeugs zugreifen. Es heißt «Baby Jane», ein Name, der viel Zärtlichkeit für eine solche Gigantin ausdrückt. Wie herrlich so ein Kran ist! Benannt nach dem Kranich, gleicht er in seiner Erscheinung noch mehr einer Giraffe. Einem Saurier, meint Thomas. Doch selbst der größte Saurier würde ihm kaum bis ans Knie reichen. Wie hoch er wohl sein mag – fünfzig Meter? Siebzig? Wovon das Bauhaus träumte, das *ist* er. Wie eine Brücke kennt er kein Innen und kein Außen, sondern nur das nackte und gänzlich transparente Skelett seines Funktionierens. Die Kräne, entschieden in Gestalt und Farbe (gern rot und dunkelblau, aber es gibt auch rein türkisfarbene, die schon halb und halb dem Himmel angehören, in den sie greifen), prägen das Bild des Hafens mehr als jede andere Struktur. Wir sehen einem zu, wie er seinen langen, muskulösen Hals senkt und einen Container mit dem sogenannten Spreader, der seine Greifspanne behutsam kalibriert, von Bord hievt. Er nimmt die Box auf wie eine Zuckerzange den Zuckerwürfel, hebt ihn an und bringt ihn dorthin, wo er hinsoll. Auf diese Weise erreicht uns, obwohl wir es kaum deutlich wissen, das meiste von dem, was wir im Leben brauchen, vom Turnschuh über den Computerchip bis zum Auto aus Japan. Die asiatischen Autohersteller ihrerseits lassen sich von europäischem Metallschrott beliefern, der haushoch auf Plattformen liegt und darauf wartet, per Schiff nach Fernost abzugehen.

Mehrere Kriegsschiffe der deutschen Marine, kenntlich an ihrer grauen Farbe, warten auf Reparatur. Einen Seitenblick können wir ins Trockendock tun, wo ein enormes Schiff komplett aus dem Wasser gestemmt worden ist, damit man seinen empfindlichen und stets bedrohten Bauch inspizieren kann, an den man sonst nicht herankommt, weil er im Wasser steckt. Was für Kräfte hier mobilisiert werden! Auch mehrere große Jachten haben sich versammelt. Sie gehören arabischen und russischen Oligarchen und sollen hier generalüberholt werden. Als problematisch erwiesen sich jüngst die russischen. Die Konten ihrer Besitzer sind eingefroren, die Schiffe selbst möglicherweise der Konfiskation verfallen, denn es handelt sich um Eigentum des nunmehrigen Feindes. Damit dieser seinen verfallenen Besitz nicht heimlich bei Nacht und Nebel wegschafft, hat man die Schiffsschrauben abmontiert.

Mehr als dreieinhalb Meter beträgt der Tidenhub der Nordsee, die sich hier, rund hundert Kilometer vor dem offiziellen Ende des Elbstroms, dennoch mit ihren Atemzügen bis tief ins Binnenland bemerkbar macht. In die Speicherstadt können wir nicht einfahren, da gerade Ebbe herrscht. Wir halten auf ein Kreuzfahrtschiff zu, die «MSC Euribia», die unter der Flagge von Malta fährt und in Valletta registriert ist. Schwer vorzustellen, dass ein so großes Schiff in einem so winzigen Land daheim sein soll, selbst wenn man berücksichtigt, dass es sich vermutlich um eine Ausflaggung aus steuerlichen Gründen handelt. Mit rund einem Dutzend weitgehend identischer Decks wirkt es mehr wie ein Hochhaus als wie etwas, das schwimmen kann. Die vielen Rettungsboote an den oberen Decks haben jeweils etwa die Abmessung unseres Ausflugsschiffs. Ganz oben, von hier unten aus gesehen kaum größer als Ameisen, stehen Passagiere und winken uns mit beiden Armen zu; viele auf unserem Boot winken zurück. Niemand an Land würde einem vorüberfahrenden Fremden winken, es scheint eine maritime Geste, etwas das vom Wasser ermöglicht und ermuntert wird, oder auch vom Wind, der über dem Wasser weht und die Fahnen flattern lässt. Etwas von dieser freien Bewegung teilt sich unbewusst den Armen mit, und sie geraten wie von selbst ins Winken, was immer heiter stimmt.

Das Wasser im Hafenbecken hat eine dunkle Farbe, aber glitzert stark, alles auftreffende Licht wird zurückgeworfen bis in die Wolken hinauf, und die Welt wirkt viel deutlicher als an Land. Irgendwie verkleinern sich die Dinge auf diese Weise auch wieder, was bei den Schiffen in ihrer Gewaltigkeit nur wenig auffällt, wohl aber bei den Gebäuden. Der Hamburger Michel, das offizielle Wahrzeichen der Hansestadt und mit 132 Metern einer der höchsten Kirchtürme dieses Landes, wirkt kaum mehr als mittelhoch. Die Elbphilharmonie, jahrelanges Sorgenkind der Kultur- und Finanzpolitik und doch fertig geworden, zu einem Preis, der ungefähr um das Zehnfache über dem ursprünglichen Kostenvoranschlag lag, ist von der Landseite besehen ein Koloss, unterscheidet sich aber von der Wasserseite her kaum von anderen Bauwerken. Sie gewinnt von dieser Seite an Schönheit, was sie an Masse verliert. Wer sich ihr von Land her naht, sieht eine hohe Ziegelwand und darüber aufgesattelt eine milchige und zerdellte Last. Vom Hafen her aber nimmt das Glaskonstrukt ein tiefes, lichtes Blau an, und auch die Zeltstruktur, die sich sonst als ein etwas unmotiviertes Gezipfel ausnimmt, zeigt auf einmal die Kraft großer, unregelmäßiger Wogen. Drei weiße Kräne mit hochgerecktem Arm stehen vor der Wasserfront, scheinen begeistert und in ihrer Gleichform doch auch wieder sehr diszipliniert zu grüßen, als wären sie Marineinfanteristen.

Was die waagrechten Elemente des Hafens angeht, so haben Stein, Metall und Holz daran ungefähr gleichen Anteil. Alle sind sie, auf sehr robuste Belastung ausgelegt und durch die gleichmäßige Konfrontation mit Wetter und Wasser in einer Weise zugerichtet, dass man sie in ihrem matt schimmernden Grau kaum noch voneinander trennen kann, zu einer einzigen widerständigen Materie geworden. Öfters auch ruhen Eisen und Stein dem Holz auf, was an Land eher selten geschieht. Solange man sich auf Höhe des Wasserspiegels befindet, erhält man kaum einen zulänglichen Eindruck vom Ausmaß dieses Hafens. Aber wir sehen ihn noch einmal anders, aus der Höhe, als wir die Köhlbrandbrücke überqueren, eine ungemein kühne Konstruktion, die die Fahrbahn 53 Meter über dem Wasserspiegel spannt, sodass selbst die größten Schiffe darunter durchpassen. Wie leicht sie dabei wirkt! Als wären ihre Stahltrossen bloß die Saiten eines Instruments, auf denen der Wind spielt, und die zwei Pylone, von denen sie gehalten werden, dessen Steg oder Hals. Dabei sind diese Seile, wenn man nah daran vorbeifährt, so stark wie ein menschlicher Arm.

REEPERBAHN

Von der Reeperbahn ist nicht viel übrig. Die berühmte Sündenmeile besteht heute überwiegend aus Gastronomie, Dönerbuden vor allem, und Spielhallen. Erotische Etablissements finden sich nurmehr vereinzelt, wenigstens nicht so, dass sie sich von der Straße her bemerkbar machen würden. Ein Sexkino existiert noch und ein Laden namens «Sexy Devil» mit einer vergnügten roten Teufelin im Wappen. Samstagabend um sieben bei kaltem Nieselregen ist vielleicht auch nicht die ideale Zeit. Es flanieren Touristen, Pärchen Hand in Hand, die sich möglicherweise auf unbestimmte Weise was erwarten, aber auch Familien mit Kinderwagen, die sehr unschuldig wirken. Als ich vor vierzehn Jahren zuletzt hier war, gab es da noch mehr. Doch auch damals schon schienen sich alle einig: Seit der Zeit von Hans Albers, dem archetypischen Reeperbahnbesucher in den Dreißigern und Vierzigern, war alles nur noch immer weiter heruntergekommen. «Auf der Rrreeperbahn nachts um halb eins», verkündete er, «ob du en Mädel hast oder hast keins» – ein merkwürdiger Satz, denn wer ein Mädel hatte, brauchte sich ja wohl nicht auf der Reeperbahn herumzutreiben. Aber die Formulierung barg in sich die Hoffnung, dass auch die Prostitution sich als eine persönliche Beziehung vollziehen möge. War das verkehrt? Schwerlich; denn diese Illusion führte vielleicht doch dazu, dass beide Seiten, Freier und Gefreite, einander und also auch sich selbst höher zu achten vermochten, als es bei einer eingestanden rein kommerziellen Transaktion der Fall gewesen wäre.

Was könnte «herunterkommen» bei einem Bordellviertel eigentlich bedeuten? Klar, die Jungs aus Buxtehude und aus Lüneburg machen nicht mehr durch von Freitagabend bis Sonntagfrüh, und auch mit Ringo und den Ladys bei Pommes frites rumhängen, das ist offenbar vorbei, so sah es Udo Lindenberg schon vor Jahrzehnten. «Reeperbahn, wenn ich dich heute so ansehe», so sang er zur Melodie von «Penny Lane», «Kulisse für ’nen Film, der nicht mehr läuft, ich sag dir, das tut weh». Heimweh nach der Ruchlosigkeit, und heute ist alles so brav.

Was die Touristen aufsuchen, ist der Abglanz eines Phantoms. Aber das Bedürfnis besteht noch: Es möge einen Ort geben, wo der Sexus frei wäre, gegen ein vergleichsweise geringes Handgeld, das sich leicht aus der Heuer begleichen ließe. Die Reeperbahn, als das archetypische Rotlichtviertel, hing primär mit dem Hafen zusammen, genauer mit dem Seemann, der monatelang auf See gewesen war und sich nun beim Landgang ausleben wollte. Ein klares und geradliniges Modell. Bloß: Diesen Seemann gibt es nicht mehr. Der Seemann war der Normal- und Zentraltyp der Hafenstadt wie der Bauer im Dorf. Es müssen vor Ort nicht alle Bauern oder Seeleute sein. Aber wenn dieser Zentraltyp aufhört zu existieren, kann sein Ökosystem nicht länger bestehen. Zwar ist der Hamburger Hafen heute größer denn je, und man kann ihn auf einer Rundfahrt in seinen Dimensionen wenigstens andeutungsweise ermessen. Jedoch sind nicht nur die Seeleute inzwischen zu einer recht kleinen Schar zusammengeschmolzen – ungefähr zehn von ihnen dürften genügen, um einen Containerfrachter durchs Weltmeer zu navigieren –, sondern ein solcher Schiffskoloss wird nunmehr in bloß zwölf Stunden «gelöscht», wie der Fachausdruck lautet, das heißt entladen, und in diesem knappen Rahmen sind erotische Eskapaden nicht vorgesehen.

Die Reeperbahn wirkt irgendwie gestrandet. Sie trägt einen Namen, den so ziemlich alle kennen, das Ideal jeder Werbeagentur; doch niemand macht was draus, obwohl jeder weiß, dass Aufmerksamkeit und Gedächtnis die beiden absolut knappen Ressourcen des Konsumgeschäfts sind. Aber der Name, der Name ist noch da! So, wie die Reeperbahn sich heute darbietet, ist sie eine ungeschürfte Goldader. Freilich müsste sie, damit die Touristen in nennenswerten Scharen strömen, entschärft werden zu einer Art Disneyland. Zu seinem Ursprung, der Sexualität, dürfte dieses Freizeitland kein direkteres Verhältnis mehr unterhalten als Neuschwanstein zum Mittelalter. Und ausgeschenkt würde alkoholfreier Champagner.

Die Reeperbahn, sagt Kleeberg, war noch in den Siebzigern eine ganz andere. Es gab keine Restaurants und keine Clubs, stattdessen dominierten die ausgesprochenen Säuferkneipen. Diese müssen vor allem für die Wirte anstrengend gewesen sein, denn nicht nur kam es oft zu Schlägereien, woraufhin dann die Polizei im Peterwagen mit Blaulicht aufkreuzte, die Personalien aufnahm und anschließend wieder abzog (meist war dann schon eine gewisse Beruhigung eingetreten); sondern die Stammgäste verlangten Kredit für die vielen «Lagen», die sie konsumiert hatten, und einige betrachteten es als ihr Recht, auf einer Bank in der Kneipe auch schlafen zu dürfen, ehe sie am nächsten Morgen wieder ihren Job als Schauermann antraten. Ihre Nächte waren kurz.

Das war für die Ansässigen. Für die Auswärtigen gab es die Animierbars, wo man zwar für zwei Mark ein Bier erhielt, doch dann setzte sich eine Dame an den Tisch, machte freundliche Konversation und schlug irgendwann vor, man möchte ihr doch ein Damengedeck bestellen, welches ungefähr fünfundzwanzig Mark kostete. Kleeberg erinnert sich an eine ihm damals peinliche, heute eher amüsante Szene, als er und ein Kumpel, beide angehende Schriftsteller im halbwüchsigen Alter, es aus lauter Übermut auf so sein

Damengedeck ankommen ließen, bloß um dann festzustellen, dass ihr Bargeld dafür nicht reichte. Daraufhin entfiel alle weitere Freundlichkeit, es tauchte hinter den zwei Damen eine männliche Gestalt auf, und die beiden hatten Glück, dass sie knapp diesseits der Prügel aus der Tür kamen. Am meisten eingeprägt haben sich ihm die Beschimpfungen seitens der Damen, die die beiden als Schlappschwänze verhöhnten – als wäre der Mangel an Geld gleichbedeutend mit einem Mangel an männlicher Potenz. Darin spricht sich möglicherweise eine tiefere soziale Wahrheit aus, ganz gewiss aber ein berufsspezifischer Standpunkt. Wer nicht zahlen kann, der kriegt keinen Sex, und den Schaden haben am Ende beide, Freier *und* Prostituierte.

Die keifende, höhnende Prostituierte: Sie trat auch noch an einer anderen Stelle in Erscheinung, und zwar an der Herbertstraße, dem Herzstück der Reeperbahn. Die war schon damals Fußgängerzone und folglich vom Verkehr abgeschirmt, mit einer Bretterwand, wo man einzeln durchmusste. Der Zutritt war allein Männern gestattet, zwar nicht offiziell, aber faktisch. Denn sobald eine Frau mit durchschlüpfen wollte, Kleebergs Freundin zum Beispiel, bekam sie es mit einem Spalier der dort tätigen Anwohnerinnen zu tun, die Zeter und Mordio schrien. Sie hatten ihre Gründe. Ein Mann, der dort mit weiblicher Begleitung auftauchte, war als Kunde verloren; und die Begleiterinnen ihrerseits wollten einfach nur gaffen, umsonst, als Touristinnen, und dabei womöglich noch ihre sittliche Überlegenheit genießen, das war in den Siebzigern wahrscheinlich mehr so als jetzt. Sie hatten dort wirklich nichts zu suchen.

Wie auf die Frauen die Prostituierten, so wirkten die Zuhälter auf die Männer: als Angst- und Faszinationsfiguren, allerdings ohne die Zutat der Verachtung. Kleeberg erinnert sich einer Szene, als er und sein Freund mit ein paar Zuhältern Karten spielten. Weiter war nichts; aber es kam ihnen vor wie ein Ritterschlag. Und es gab damals auf der Reeperbahn noch Tätowierstudios, im Unterschied zu den Tattoo-Shops von heute, mit hygienischen Standards, mit denen sie in unserem Zeitalter, das Aids und Corona hinter sich hat, nicht mehr durchkämen. Undenkbar, dass eine Frau dorthin gegangen wäre. Das war eine Sache für die Indigenen dieses Milieus, die See- und Schauerleute, die Kleinkriminellen jeder Couleur. Eingraviert wurden keine Stammesabzeichen und flächendeckenden Großkunstwerke, sondern Anker, Herzen, Mutti. Hatte Kleeberg nicht auch Lust auf so was? Ja, schon; aber für so einen Anker brauchte man etwas, das ihm fehlte, nämlich einen knotenförmigen, stahlharten Bizeps. Und der ging ihm ab, dafür war er nicht lange genug Schauermann gewesen.

Übrigens findet man hier sogar einen Beatles-Platz, richtig mit Straßenschild. Im zwielichtigen Hamburger Club «Indra» starteten sie vor sechzig Jahren ihre Karriere. Es gibt auch noch die Gaststätte «Gretel & Alfons», wo die Fab Four ihr Bier zischten. Was ebenfalls noch existiert, ist der «Goldene Handschuh», jene Kneipe, die durch das gleichnamige Buch von Heinz Strunk zu einigem Ruhm gelangt ist. Sein Erkennungszeichen ist ein großer, goldener Boxhandschuh über dem Eingang. Das Buch nennt sich Roman, handelt aber vom realen Fall eines Frauenmörders, der hier seine verwahrlosten Opfer auflas, um sie bei sich daheim umzubringen. Gleich ums Eck, keine dreihundert Meter vom «Goldenen Handschuh», gibt es einen Friseursalon, der «Golden Finger» heißt und statt eines Boxhandschuhs eine Schere als Zunftzeichen führt. Man sollte meinen, das passt doch zusammen, goldener Finger und goldener Handschuh! Ob sie voneinander wissen? Beim einen handelt es sich um örtliches Urgestein, beim anderen offenbar um jüngeren Zuzug, vielleicht aus Vietnam oder Syrien. Thomas meint, ja, die müssen sich kennen, denn die ganze Umgebung sei heute so grundhaft ethnologisch und soziologisch durchgeackert, dass diese Zusammenhänge nicht einmal dem unschuldigen

Gegenstand solcher Forschung selbst entgangen sein könnten, zumal der Zusammenhang förderlich fürs Geschäft sein könnte. Ich meine eher, nein. Golden, die Farbe des Traums und des Trugs, da kann an dieser Stelle jeder ganz von allein draufkommen.

AM UNTERLAUF

Wenn man Hamburg elbabwärts am linken Ufer verlässt, wird die Gegend rasch ländlich – aber nicht schlechthin plattes Land, sondern auf eine stadtbezogene Weise: Es wächst, was die Stadt zur Versorgung braucht. Hier finden sich große Obstplantagen, Äpfel vor allem, die in zahlreichen Höfen verkauft werden. In Finkenwerder gehen wir was essen. Der Ort wirkt wie ein Dorf, aber im Hintergrund bleibt immer der Hafen präsent. Auch das Bistro zitiert ihn, indirekt, mit Bildern von Schiffen an der Wand und mit Tischen, in deren gläserne Platten Sand, Muscheln und Schnecken eingelassen sind.

Hier gilt mehr denn je: Die Elbe ist da, aber man sieht sie nicht. Das Marschland, der gute, fette Boden, der einmal Schlick vom Meeresgrund war, liegt so tief, dass es immer flutgefährdet bleibt und durch Deiche geschützt werden muss. Langsam beginnt der Strom sich zu seinem Ende hin zu öffnen. Man spricht von einer Trichtermündung. Genauer wäre es, man bezeichnete diese letzten hundert Kilometer als eine Fanfare, denn die Weitung geschieht nicht gleichmäßig, sondern zunächst recht zaghaft, sodass der Flusscharakter noch auf eine lange Strecke erhalten bleibt. Dann aber, kurz vor Brunsbüttel, treten die Ufer so jäh auseinander wie die Schallöffnung des Instruments an seinem vorderen Ende, und unzweifelhaft beginnt hier das Meer.

Hier habe ich zum ersten Mal das Meer gesehen – wo genau, daran erinnere ich mich nicht, es liegt mehr als ein halbes Jahrhundert zurück. Doch da es sich um einen Familienurlaub mit dem Ziel Schleswig-Holstein handelte, muss es wohl die rechte Seite gewesen sein. Wir hielten mit unserer Familienkutsche, einem Opel Rekord, in den wir alle sechs hineinpassten, die zwei Erwachsenen vorn, die vier Kinder hinten, am Fuß des Deichs an und verzehrten (das weiß ich noch) hart gekochte Eier. Dann traten wir auf die Deichkrone hinaus, und da lag es vor mir. Der Eindruck war für mich, auch wenn ich es nicht in Worte fassen konnte, ungeheuer, wie es nur bei wenigen Dingen der Fall ist, die man das erste Mal im Leben erlebt und nie wieder so wie dieses erste Mal. Es war noch der Trichter; aber dort, wo er sich schon ins überwältigend Offene verlor.

Zwei Strömungen verhalten sich hier teils einander aufschaukelnd, teils antagonistisch zueinander: der Fluss, der sich weiterhin der Schwerkraft folgend abwärts bewegt, wenn auch das Gefälle inzwischen nur noch sehr schwach ist; und die Tiden, Ebbe und Flut, die mit der Gravitation nichts zu tun haben, vielmehr dem Einfluss des Mondes folgen und durch Wind und Sturm modifiziert werden können, manchmal katastrophal. Der Pegelstand von 1962, der schlimmsten Sturmflut der jüngeren Geschichte, deren souveränes Management die Karriere des nachmaligen Kanzlers Schmidt gestartet hat, ist an die Wand eines Gebäudes in Assel angetragen, etliche Meter über dem Niveau der Straße. Wir steigen aus, um uns das genauer anzusehen.

Es handelt sich um ein Heimathaus. Heimatmuseum mag man es nicht recht nennen, weil man das Gefühl hat, als dränge man in eine private Wohnung ein, mit Wohnzimmer, Küche und Keller wie vor hundert Jahren, zweifellos auf dem gehobenen Niveau der Dorfhonoratioren. Alles ist hier zusammengefasst, was für das Leben dieses kleinen Orts bedeutsam war. Am Sonntagnachmittag, da sollte so eine Einrichtung eigentlich offen haben. Wir klingeln. Aber die Person, die wir im Fenster zu erkennen glaubten, erweist sich bei näherem Hinsehen als Trachtenpuppe in maritimem Gewand. Dafür hat uns aber eine ältere Dame erblickt, die gerade mit einem Kuchenpaket vorüberkommt. Wir werden in einen kleinen Festsaal geführt, wo eine Schar von Senioren mit Kaffee und Gebäck gesellig beieinandersitzt. Ob wir nicht auch was abhaben wollen? Doch da werden wir auch schon dem Verantwortlichen vorgestellt, der die kommunale Sammlung als sein Hobby betreibt. Er lässt Kaffee und Kuchen stehen und führt uns, obwohl, wie gesagt, ja geschlossen ist, herum, ohne die Stunde, die wir ihn kosten, als Verlust seiner Freizeit zu buchen.

Mehrere Buddelschiffe stehen auf den Regalen, jene langwierigen Geschicklichkeitsübungen, bei denen es darauf ankam, ein ganzes Segelschiff mit hoch aufgerichteten Masten durch die enge Öffnung einer Flasche hindurch zu montieren. Wie kann man so etwas machen, ohne wahnsinnig zu werden? Wir bekommen das komplette Instrumentarium eines Schiffszimmermanns vorgeführt, einen Kalfaterhammer zum Beispiel. Wozu benötigt man denn einen Kalfaterhammer? Nun, die Teermasse, mit der man die Schiffe dicht machte, musste in die Plankenritzen hineingeschlagen werden. Und so sehen wir auch Sackheber, Teerstrickeisen und manche anderen Werkzeuge, die man meistens ganz gut durchschaut, wenn man ihre Namen liest; denn das Deutsche mit seinem Reichtum an handwerklichen Spezialbegriffen und zusammengesetzten Substantiven mag eine umständliche Sprache sein, aber einen Mangel an Klarheit kann man ihm nicht vorwerfen. Der Keller beherbergt verschiedene Typen von Backsteinen, die meisten davon recht zerbröselt. Davon hat die Gegend früher gelebt: von ihren Ziegeleien. Siebenunddreißig davon gab es hier und in der Umgebung. Ein Modell (man liebt hier den Modellbau) zeigt alle Schritte vom fetten Marschenlehm zum fertigen Stein, mit dem großen Ofen im Zentrum. Jeder dieser Orte hatte seinen Hafen, von dem aus die kleinen Schiffe mit ihrer schweren Last nach

Hamburg aufbrachen. Ziegel und Äpfel, das war, was Hamburg offenbar am meisten brauchte. Heute existiert keine einzige Ziegelei mehr, die Backsteine kämen aus dem Osten, mehr oder weniger einem einzigen Riesenbetrieb in Mecklenburg-Vorpommern. Unser Führer sagt es mit Bedauern. Die Äpfel gibt es noch.

WO DIE GROSSEN SCHIFFE WARTEN

Noch ein Stück geht es den Fluss hinab, dann wechseln wir das Ufer, oder vielleicht sagen wir an dieser Stelle bereits besser: die Küste. Es ist die letzte der zahlreichen Fähren, denen wir an der Elbe begegnet sind. Mit den kleinen Flussfähren, die auf Zuwinken vom Ufer aus die Fußgänger und Radfahrer herüberholen, hat dieses Gefährt nichts mehr zu tun. Viele Autos passen auf sein flaches Deck, und es braucht, nachdem es in Wischhafen abgelegt hat, mehr als eine Viertelstunde, bis es drüben ist. Das Landschafts- oder eher das Wasserbild ist verwirrend. Eine große Wasserfläche mit viel Schilf an den Seiten bietet sich dar, aber der Verlaufscharakter des Stroms hat sich völlig verdunkelt, man sieht nicht mehr, wo vorn und hinten ist. Eine Landmarke in dieser verschwimmend amphibischen Umwelt mit ihren vielen Vögeln bildet ein ferner Kuppelbau: Das muss das Kernkraftwerk Brokdorf sein, auch dies wie der Wald bei Gorleben ein Monument geschlagener Schlachten, bei denen es inzwischen nicht mehr drauf ankommt, wer gewonnen, wer verloren hat.

Wir kommen nach Brunsbüttel. Hier beginnt der Nord-Ostsee-Kanal, der die schleswig-holsteinische Halbinsel durchschneidet und es dem Schiffsverkehr gestattet, den langen Weg um Jütland herum, durch Öresund, Kattegat und Skagerrak abzukürzen. Als er gebaut wurde, hieß er Kaiser-Wilhelm-Kanal und sollte vor allem dazu dienen, die deutsche Kriegsflotte von ihren geschützten Ostseehäfen rasch und ohne bedenkliche Nadelöhre zu ihren Einsatzorten in der Nordsee zu bringen, wo sie die Auseinandersetzung mit England erwartete. An der Mündung des Kanals und in dessen Nähe stehen Chemiewerke und Kräne, es wird offenbar viel gebaut, das Ganze ist so sachlich wie möglich. Da es aber inzwischen schon anfängt, dunkel zu werden, und die markanten Umrisse dieser Strukturen sich vor der verweilenden Helligkeit des Himmels und des Wassers mit filigraner Schwärze scharf abheben wie Scherenschnitte, so ergibt sich eine besondere, nur zu dieser Zeit des Tages mögliche Schönheit. Später sieht man kaum mehr davon als die vielen Lichter, ein doppelter Sternenhimmel, stetig in der Luft und noch einmal funkelnd auf die Wasserfläche gespiegelt.

Die Gegenküste ist weit weg. Aber den Lauf des Stroms zieht diesmal, anders als bei der Wischhafener Fähre, die Linie der großen Schiffe nach, die auf Einfahrt warten, auf Einfahrt in den Kanal oder den Hamburger Hafen. Sie liegen auf Reede, wer weiß wie lange, eins hinter dem anderen, weiter, als wir blicken können. Wie können sie nur so sicher im Wasser liegen, wo ihr Schwerpunkt sich doch unverkennbar in solcher Höhe befindet? Hat niemand Angst, dass sie kentern könnten oder dass einer der aufgetürmten Container bei schwerer See ins Wasser kippt? Da ist offenbar alles genau austariert und festgemacht. Ihre vielen Lichter geben dem Bild etwas Feierliches. Inzwischen hat eine Wolkendecke den größten Teil des Himmels überzogen, nur am Horizont reißt sie auf und gibt den Blick in eine wilde rote Ferne frei.

Hier steht, getrennt vom restlichen Ort, ein mehrstöckiges Apartmenthaus, der typische, inzwischen angegammelte Betonbau der Siebziger für die sozialen Unterschichten, bei dem man sich in spätestens zehn Jahren wird überlegen müssen, ob man sanieren oder abreißen will (wahrscheinlich Letzteres). Aber an dieser Stelle offeriert er einen überschwänglichen Luxus. Wer hier in einer der oberen Etagen wohnt, dem bietet sich, sooft er aus dem Fenster schaut, ein Blick, wie er so in diesem Land wohl nirgends sonst zu haben ist: Wenn es überall ringsherum schon dunkel ist, blickt man auf die Lichter der großen Schiffe und das Licht des Wassers, das sich hier ins Grenzenlose öffnet. Hier endet die Elbe.

DANK

In diesem Buch ist fast immer von «wir» die Rede, öfter als von einem «Ich». Das liegt daran, dass meine Elbreisen in Begleitung stattgefunden haben. Ich besitze kein Auto, aber wer der Elbe folgen will, braucht unbedingt eines, denn die Eisenbahnlinien schneiden sie zwar kreuz und quer, doch sie folgen ihr nicht. Ich danke allen, die mir und meinem Elbprojekt ihr Automobil und vor allem sich selbst zur Verfügung gestellt haben. Denn wenn man reist, braucht man jemanden, mit dem man sich austauschen kann darüber, was man sieht und erlebt. Ich danke also denen, die dabei waren: Thomas, meinem alten Gefährten, mit dem zusammen ich auch schon ein Buch über die deutschen Grenzen gemacht habe; Werner und Ralf, meinen Chemnitzer Freunden; Michael Kleeberg, Rolli und Sterni, die mich an ihren Erinnerungen teilhaben ließen; Joseph Heß, dem Elbschwimmer; und Teresa.